大宗商品国际价格研究
（2023）

李秀香　吴朝阳◎著

中国商务出版社

·北京·

图书在版编目（CIP）数据

大宗商品国际价格研究．2023 = Commodity
International Price Study（2023）/ 李秀香，吴朝阳
著． -- 北京 ：中国商务出版社，2024. 11. -- ISBN
978-7-5103-5196-9

Ⅰ．F740.3
中国国家版本馆CIP数据核字第2024W2N764号

大宗商品国际价格研究（2023）

李秀香　吴朝阳　著

出版发行：中国商务出版社有限公司
地　　址：北京市东城区安定门外大街东后巷 28 号　　邮编：100710
网　　址：http://www.cctpress.com
联系电话：010-64515150（发行部）　010-64212247（总编室）
　　　　　010-64243016（事业部）　010-64248236（印制部）
策划编辑：刘姝辰
责任编辑：韩冰
排　　版：德州华朔广告有限公司
印　　刷：北京明达祥瑞文化传媒有限责任公司
开　　本：710 毫米×1000 毫米　1/16
印　　张：18.25　　　　　　　　　　字　　数：260 千字
版　　次：2024 年 11 月第 1 版　　　　印　　次：2024 年 11 月第 1 次印刷
书　　号：ISBN 978-7-5103-5196-9
定　　价：88.00 元

序　言

　　近年来，大宗商品国际贸易和国际价格成为理论界研究的热门话题。大宗商品的范畴涵盖了能源、矿石类产品、有色金属和粮食等重要领域。能源、矿石类产品和有色金属作为基础投入品，在国家（地区）经济发展中担负着至关重要的角色，而粮食更是与国家的安全和民生息息相关。21世纪以来，全球对原油、天然气、铁矿石、铜精矿、稀土以及粮食等大宗商品的争夺越发激烈，这成为各国无法忽视的核心议题。大宗商品国际贸易的核心问题在于价格。对大宗商品国际价格进行深入持续的研究，揭示其波动趋势、分析其价格形成机制以及影响因素，对于学术研究和实践操作都具有重大意义。中国作为最大的发展中国家，不仅是原油、铁矿石和大豆等产品的头号进口国，还是稀土和钨等产品的主要出口国，在大宗商品国际贸易中扮演着举足轻重的角色。正因如此，中国的地位和影响力日益凸显，对维护国家利益和推动全球贸易平衡发挥着关键性作用。大宗商品价格的研究对拓展大宗商品国际贸易和国际价格领域的理论和实践，探究提升我国在大宗商品国际定价权方面的竞争力，保护我国的贸易利益和国家安全意义重大。

　　江西财经大学国际经贸学院极为重视对大宗商品国际价格问题的研究，并建立了专门的学术创新团队，设立了"大宗商品价格研究中心"。最近几年，学院已获得了多项国家社科基金项目和教育部人文社科项目的立项，同时，在该领域发表了一系列研究成果，对国内学术界产生了重要影响。为了更加科学、系统地研究大宗商品国际价格问题，学院决定编写《大宗商品国际价格研究（2023）》，这不仅能够满足学院教学研究的需求，还将为我国更好地参与大宗商品国际贸易提供决策参考，从而推动国家能源资源贸易战略的制定、完善和实施。

　　该书由江西财经大学国际经贸学院大宗商品国际贸易研究团队编写，由李秀香教授、吴朝阳教授负责组织编写，其分为能源、矿石和有色金属、粮食三部分，其中能源部分研究三种商品：原油、天然气和煤炭；矿石和有色金属部分研究三种商品：铁矿石、铜精矿和稀土；粮食部分研究四种商品：稻米、小麦、玉米和大豆。各章的撰写情况是：第1章由李秀香、熊嘉颖、邬英琪负责；第2章由熊嘉颖、邬英琪负责；第3章由熊嘉颖、邬英琪、吴朝阳负责；第4章由邬英琪、熊嘉颖负责；第5章由吴朝阳、熊嘉颖负责；第6章由吴朝阳、邬英琪负责；第7章由李秀香、邬英琪、熊嘉颖负责；第8章由李秀香、邬英琪、熊嘉颖负责；第9章由李秀香、吴朝阳、邬英琪负责；第10章由吴朝阳、李秀香负责。

　　本书最终能够出版，得益于江西财经大学科研B类品牌项目的资助以及江西财经大学国际经贸学院全体同人的大力支持。毋庸讳言，由于能力、经验、时间和数据信息等方面的原因，该研究报告肯定存在诸多不足，但作为一种尝试和探索，希望得到各位专家学者的包容和理解。学院也将持续努力，力求不断进步。

　　是为序。

吴朝阳

二〇二三年九月二十一日

目　录

第一部分　能源

第二部分　矿石和有色金属

第三部分　粮食

第一部分 能源

1 原油

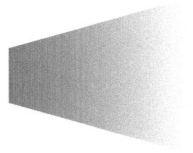

原油，英文名crude oil，是指没有进行任何加工处理的石油。从物理性质上看，原油是一种黏稠性油状液体，整体呈深棕色，带有淡淡的绿色荧光，具有一种独特的气味；从化学组成上看，原油主要由碳、氢两种元素构成，占比分别为83%～87%和11%～14%。此外，它也含有少量的其他元素，如硫、氧、氮等。原油的特性：它的比重为0.78～0.97，分子量280～300，凝结点为–50～24℃[①]。根据它的化学结构，原油可被分为石蜡基、环烷基、中间基三类。1867年，石油在一次能源消费结构中的比例达到40.4%，超过煤炭的38.8%，自此人类正式进入石油时代。原油作为非常重要的能源资源，其衍生品在社会生产中发挥着至关重要的作用，原油产品可以分成以下六类：石油燃料、石油沥青、石蜡、石油溶剂与化工原料、石油焦和润滑剂，其中，产量占比最大的是各类石油燃料，约占原油产品总量的90%；品种最多的是各种润滑剂，约占原油产品总量的5%。从用途上看，原油产品主要用作汽车、拖拉机、飞机、轮船、锅炉的燃料，少量用作民用燃料。

1.1　原油国际贸易概况

1.1.1　近10年国际原油贸易概况

（1）贸易规模

自21世纪以来，国际原油贸易规模总体呈扩大趋势。从图1–1可以看出，2000年国际原油进出口贸易规模为4 337.1万桶/天，并在之后的几年内

[①] 国家粮食和物资储备局.能源知识之三——原油 [EB/OL]. [2019-09-17]（2023-05-06）. http://www.lswz.gov.cn/html/ywpd/nycb/2019-09/17/content_246561.shtml.

持续增长，2007年达到10年间的峰值，平均每日交易量为5 555.4万桶。此后受次贷危机和欧债危机影响，每日交易量有所下降，但2011年国际贸易规模又恢复至5 458万桶/天，接近历史峰值。随后进入快速增长阶段，到2016年达到历史最高值，平均每日交易量为7 123万桶。此后虽受到新冠疫情的影响有所下降，但在2021年开始回弹，每日交易量达到6 695.8万桶。

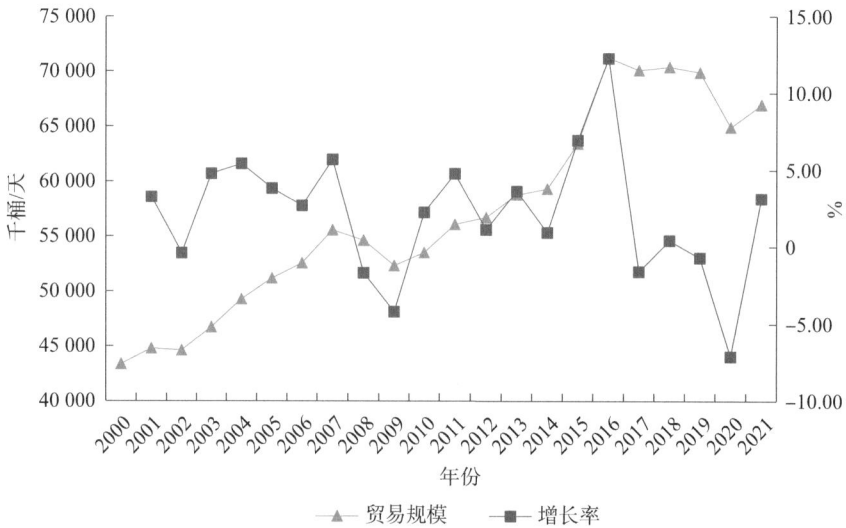

图1-1　21世纪以来国际原油贸易规模

资料来源：根据《BP世界能源统计年鉴2022》相关数据整理所得。

2021年世界石油进出口量为32.84亿吨，较上年增长2.7%。其中原油贸易量为20.59亿吨，油品为12.25亿吨。从表1-1可以看出，国际原油贸易的主要流出地为中东地区、俄罗斯、西非、加拿大以及中南美洲地区，主要流入地有美国、欧洲国家以及中日印等亚太国家。

表1-1　2021年主要地区原油进出口情况

单位：百万吨

国家（地区）	原油进口	油品进口	原油出口	油品出口
加拿大	23.9	30.6	197.4	33.5
墨西哥	—	59	52.9	8.2

国家（地区）	原油进口	油品进口	原油出口	油品出口
美国	304.7	112.9	138.5	244.4
中南美洲	21.8	105.8	124.1	23.6
欧洲	467.7	197.5	36.4	110.5
苏联地区	15.9	8.8	350.7	158.4
中东	21.9	76.8	830.8	243.4
北非	9.3	30.8	85.4	45.4
西非	0.5	46	187.4	8.6
东南非洲	12.4	41.1	4.8	2.7
澳大利亚	14.9	26.2	9.2	5.4
中国	526.0	103.4	1.6	60.6
印度	213.7	49.4	0.1	69.3
日本	122.1	43.0	0.4	11.0
新加坡	47.0	91.8	1	68.9
其他亚太地区	257.1	202.1	38.2	131.2
世界	2 058.9	1 225.2	2 058.9	1 225.1

资料来源：根据《BP世界能源统计年鉴2022》相关数据整理所得。

　　从表1-1及表1-2可以看出，在2021年，中国已经成为世界上最大的油品进口国，进口总量高达6.29亿吨，原油进口总量达到5.26亿吨。从贸易流向来看，中国从周边国家俄罗斯进口石油0.80亿吨，占当年进口总量的15.21%。中东作为全球最重要的石油供应地，也是中国最大的石油供应国。2021年中国从中东地区进口的石油达到了2.58亿吨，占比高达49.05%。美国以4.18亿吨的油品总进口额和3.05亿吨的原油进口额，成为世界第二大石油进口国和北美地区石油进口第一大国。从贸易流向来看，美国从周边国家的石油进口量为2.45亿吨，约占其进口总量的80.33%，其中，从加拿大和墨西哥的进口量合计为2.16亿吨，占其进口总量的70.82%。

表1-2　2021年国际石油贸易主要流向

单位：百万吨

出口地区	进口地区							
	美国	加拿大	中南美洲	欧洲	中东	非洲	中国	其他亚太地区
美国	—	15.5	8.3	51.4	0.4	0.4	11.5	51
加拿大	187.1	—	0.7	4.1	—	—	3.9	1.6
墨西哥	29.0	—	0.1	7.6	0.1	—	0.4	15.7
中南美洲	29.2	0.6	—	11.2	1.1	0.4	57.6	24.0
欧洲	4.4	0.1	0.5	—	0.2	0.2	21.2	9.7
独联体地区	10.8	0.6	0.8	205.7	3.5	1.0	84.4	28.1
中东	27.2	3.5	3.9	77.1	—	13.3	257.7	436
非洲	15.5	3.6	7.3	110.4	4.4	—	67.3	61.4

资料来源：根据《BP世界能源统计年鉴2022》相关数据整理所得。

（2）主要出口方

从国家和地区的出口规模来看（见表1-3），这10年，沙特阿拉伯、俄罗斯和加拿大为国际原油出口贸易最主要的3个国家。除2017年至2020年数据缺失之外，沙特阿拉伯近10年原油出口都超过3亿万吨，居全球原油出口规模的第一位；俄罗斯和加拿大紧随其后，分别以每年出口超2亿吨和超1亿吨居世界原油出口规模的第二位和第三位；美国近年来原油出口发展迅速，从2012年不到1 000万吨跃升至2021年的1.73亿吨，一度超越加拿大成为世界原油出口第三的国家。此外，国际原油出口的主要国家还包括非洲的安哥拉，北美的墨西哥，欧洲的挪威、英国，以及亚洲的哈萨克斯坦、阿曼。

表1-3　2012—2021年主要国家和地区国际原油出口情况

单位：千万吨

国家	年份									
	2012	2013	2014	2015	2016	2017	2018	2019	2020	2021
沙特阿拉伯	37.71	37.68	35.63	35.64	37.18	—	—	—	—	31.87
俄罗斯	24.00	23.66	22.34	24.45	25.49	25.28	26.06	26.92	23.92	23.16
加拿大	—	—	11.17	6.62	10.42	14.49	13.90	14.54	15.69	17.31

续 表

国家	年份									
	2012	2013	2014	2015	2016	2017	2018	2019	2020	2021
美国	0.38	0.68	1.56	2.32	3.44	6.03	9.93	13.95	18.42	17.28
安哥拉	9.81	9.67	9.35	9.99	—	—	—	7.64	7.10	6.26
哈萨克斯坦	6.81	7.07	6.82	6.36	6.23	6.88	6.98	7.00	7.06	6.57
挪威	6.49	6.05	6.33	6.47	6.98	6.79	6.25	6.13	7.60	8.00
墨西哥	6.28	5.93	6.63	4.83	—	5.37	5.46	4.78	4.84	5.59
英国	3.63	3.77	3.73	3.61	4.01	4.64	5.06	4.64	4.62	3.66
阿曼	—	—	3.98	4.54	4.31	4.02	4.14	4.20	4.33	4.36

资料来源：根据联合国COMTRADE数据库整理所得。

（3）主要进口方

从国家和地区的进口规模来看（见表1-4），这10年，世界原油进口格局变化不大，中国、美国、印度、韩国和日本这5个国家是世界原油的主要进口国，同时这5个国家也是近10年原油进口规模超过1亿吨的国家。近年来，中国的石油化工产业进入高速发展阶段。2017年，中国的石化产品出口量超过美国，跃居世界第一，美国排名第二，印度则一直处于第三的地位。日本和韩国的排名在这10年里也一直处于变化之中，但近年来，韩国的表现更胜一筹。德国、荷兰和意大利也是原油进口大国，近年来这3个国家的原油进口量基本保持在5 000万吨以上，分别位列世界原油出口的第六、第七和第八名。此外，国际原油进口的主要国家还有欧洲地区的英国和亚洲地区的新加坡。

表1-4　2012—2021年主要国家和地区国际原油进口情况

单位：千万吨

国家	年份									
	2012	2013	2014	2015	2016	2017	2018	2019	2020	2021
中国	27.10	28.17	30.84	33.55	36.27	41.95	46.19	50.57	54.20	51.30
美国	42.70	38.61	30.90	36.47	44.81	34.70	30.91	27.47	33.18	35.02
印度	18.73	19.33	18.94	19.61	21.28	21.65	22.56	22.01	19.69	21.38
韩国	12.96	12.33	12.46	13.78	14.39	14.87	14.86	14.31	13.14	12.90
日本	17.97	17.84	16.84	6.48	16.44	15.80	14.89	14.66	12.32	12.21
德国	9.28	9.31	8.76	9.05	9.19	9.00	8.48	8.59	8.47	7.94

续　表

国家	年份									
	2012	2013	2014	2015	2016	2017	2018	2019	2020	2021
荷兰	6.36	6.32	6.21	6.55	6.89	7.10	6.91	7.18	6.85	6.80
意大利	6.88	5.75	5.28	6.15	6.10	6.66	6.28	6.18	4.99	5.74
英国	5.63	4.90	4.74	4.41	4.33	5.04	4.81	4.99	4.57	4.46
新加坡	4.69	4.37	4.39	4.47	4.81	5.27	5.13	4.88	4.21	4.31

资料来源：根据联合国COMTRADE数据库整理所得。

1.1.2　国际原油贸易市场交易体系

国际原油市场历经上百年的发展，形成了西北欧、地中海、美国、加勒比海及新加坡五个主要的原油现货市场，以及纽约商业交易所（NYMEX）、伦敦国际石油交易所（IPE）和迪拜商品交易所（DME）三大主要原油期货交易所[1]。西得克萨斯中质（WTI）原油价格与北海布伦特（Brent）原油价格被认为是世界上最具影响力的两种石油定价标杆，它们的期货交易可以让石油的价格波动性变得更为清晰，被誉为国际原油市场的"供需晴雨表"[2]。

历史上，西得克萨斯中质原油在国际原油市场上一直占据着更加核心的地位。西得克萨斯中质原油价格是指纽约商品交易所下一个月交货的中质原油期货价格，它不仅可以反映美国石油供需状况，还可以揭示美国石油储备情况，从而为世界石油市场提供有效信息。北美地区一直是最大的原油消费区和重要的原油生产区，加之西得克萨斯中质原油比布伦特原油具有较高的品质，因此，西得克萨斯中质原油成为世界石油贸易中不可或缺的一部分，其价格波动将会给世界石油交易市场带来深远而持久的影响。

1.2　2021年国际原油价格波动情况

1.2.1　国际原油贸易的价格形成机制

在过去的40年里，世界石油市场的定价机制发生了巨大的变化。目前，国际原油贸易大多以各主要地区的基准油为定价参考，以基准油在交货或提单日前后某一段时间内的现货交易或期货交易价格加上升（贴）水作为原油贸易的最终结算价格[3]。

随着全球石油市场的不断发展和演变，很多原油长期交易合约都采取公式计算法，即在一个或几个参考原油的报价的基础上加上升（贴）水。这一方法的基本公式是：P=A+D，其中，P代表原油的最终交易价，A代表基准价，D代表升（贴）水。基准价并不是某种原油某个时刻的成交价，而是与成交前后一段时间的现货价格、期货价格或某机构的报价相联系，经过精确的计算得出的结果。一些原油可以直接从机构获取参考价，而另一些则需要依赖其他原油的报价来确定。

石油定价参照的油种叫基准油，不同国家会根据当地的市场情况，对基准油进行调整，以确保国际油市的稳定性和可持续性。例如，欧洲地区选取北海布伦特（Brent）原油作为进口和出口的基准油；北美地区选取的进口和出口的基准油都为西得克萨斯中质（WTI）原油；中东地区则比较特殊，会根据出口地区的市场情况对基准油进行调整，其出口到欧洲选取的基准油为Brent原油、出口到北美地区选取的基准油为WTI原油、出口到远东地区则参照阿曼和迪拜原油；中东和亚太地区会将"基准油"和"价格指数"①相结合，并在此基础上加上升（贴）水，最后对石油进行定价。在现货市场中，离岸价FOB是最为普遍的，到岸价CIF则是一种更为特殊的选择。

通过研究石油定价公式，我们发现，尽管石油的价格会受到多种因素的影响，如产地和供需量等，但是石油期货价格的变动对其定价具有至关重要的意义。通过对石油期货价格的分析，我们可以预测出当前市场上的石油价格，从而更好地把握市场的走势。

---

① 信息已成为一种战略资源，许多著名的资讯机构利用自己的信息优势，即时采集世界各地石油成交价格，从而形成对某种油品的权威报价。目前广泛采用的报价系统和价格指数有普氏报价Platt's、阿各斯报价Petroleum Argus、路透社报价Reuters Energy、美联社Telerate、亚洲石油价格指数APPI、印度尼西亚原油价格指数ICP、远东石油价格指数FEOP、瑞木RIM。

1.2.2 近 10 年国际原油价格波动情况

由图 1-2 可知，2011 年以来，尤其是 2014 年后，国际原油价格从 100 美元/桶一路下跌，2015 年国际油价下降 50%，2016 年油价继续下跌，2017—2018 年油价有所回升。2020 年，新冠疫情与沙俄石油价格战的爆发进一步导致国际油价的暴跌，WTI 5 月原油期货结算价收报 –37.63 美元/桶，每桶暴跌 55.90 美元，跌幅达 305.97%，历史上首次收于负值。2020 年底，纽约商品交易所轻质原油期货和伦敦布伦特原油期货分别收于每桶 48.52 美元和51.80 美元，与 2019 年同期相比分别下跌约 21% 和 22%。2021 年，在欧佩克（OPEC）[1] 成员国大规模减产的前提下，沙特阿拉伯对原油产量再次进行减产，供应端的利好加上全球的疫情发展情况偏向缓和，国际油价开始回暖[4]，恢复至 2018 年的水平。

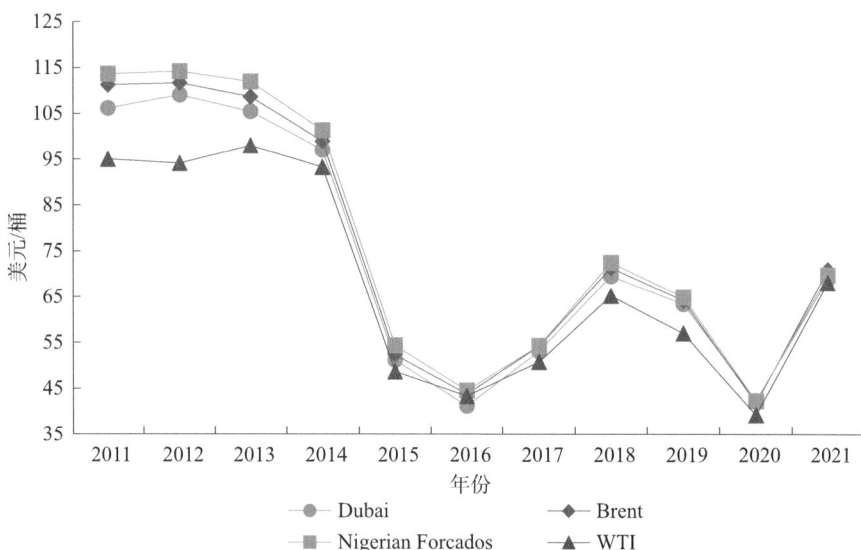

图 1-2 2011—2021 年国际原油价格变化趋势

资料来源：根据《BP 世界能源统计年鉴 2022》相关数据整理所得。

---

① 欧佩克（OPEC）：石油输出国组织（Organization of the Petroleum Exporting Countries），是亚非拉石油生产国为协调成员国石油政策、反对西方石油垄断资本的剥削和控制而建立的国际组织，1960 年在伊拉克首都巴格达成立。

1.2.3　2021年国际原油价格波动情况

2021年是极不平静的一年，国际油价波动频繁。如图1-3所示，油价从1月开始上涨，2月Brent原油价格和WTI原油价格突破每桶90美元大关，3月纷纷达到111美元/桶和107美元/桶的极大值，4月价格发生暴跌，分别达到66.8美元/桶和63.6美元/桶的极小值，在之后几个月时间里油价虽然存在波动，但整体呈上升趋势，到12月，Brent原油价格和WTI原油价格分别为77.8美元/桶和75.2美元/桶。

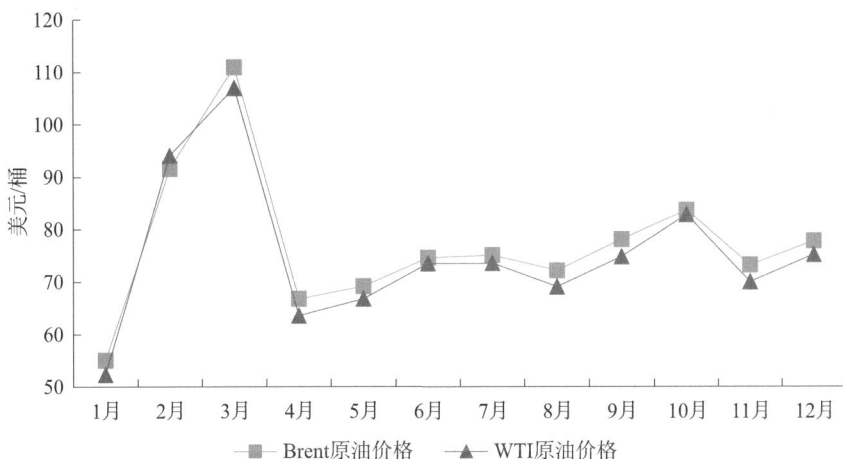

图1-3　2021年国际原油价格变化趋势

资料来源：前瞻数据库。

1.3　2021年原油国际价格波动影响因素分析

1.3.1　国际原油市场定价格局及其影响因素

随着全球经济一体化的加快，国际原油市场的定价格局和定价机制发生了剧变，这一变化体现了资源性大宗商品价格形成过程中各方势力之间的博弈，为我们深入研究这一机制的运行规律提供了重要的参考价值。自160年前世界石油工业诞生以来，国际石油市场和价格体系先后经历了四个不同的发展阶段[5]。

一是石油工业的早期阶段（1859—1928年）。该阶段的石油还不具备现代资源性大宗商品的基本特征，其定价中竞争性仍比较充分。二是跨国石油公司定价阶段（1928—1973年）。该阶段的石油价格主要由美国和西方跨国石油公司控制，西方"七姐妹"跨国石油公司（埃克森公司、英荷壳牌石油公司、莫比尔公司、德士古公司、英国石油公司、加利福尼亚美孚石油公司、海湾石油公司）凭借带有殖民主义色彩的"租让协议"，对中东地区的石油市场进行垄断，并把自己的石油价格作为唯一的参考强加给中东产油国。这一定价规则过分侵占了石油资源国的利益，导致石油资源国之间爆发了广泛的石油国有化运动，对OPEC组织的建立起到了重要的推动作用。三是OPEC阶段（1973—1986年）。1960年，OPEC的建立为当时的全球石油市场带来了重大变革。1973年，OPEC单方面发表声明收回石油定价权，把原油价格从原有的每桶3美元调整为每桶12美元，这也意味着全球石油市场的主导地位正在发生变化。1979年，OPEC进一步将石油的售价推高到每桶30美元，这标志着国际石油市场的重心由"七姐妹"逐渐转移到了具备丰富原材料储量的发展中国家。四是以期货市场为主导的石油定价体系阶段。自1980年以后，由于非OPEC国家的石油产量持续增加，导致OPEC国家的市场份额日益缩小，因此，OPEC国家被迫放弃传统的固有定价策略，将长期合同的价值和现货市场价格相结合，并通过这种方式来决定如何在这个世界上进行石油贸易。目前，WTI原油期货和Brent原油期货被视作国内外原油贸易的两个主流定价基准。但是，以这两种定价为基础的体系中，中国地位及话语权甚微，进口市场势力及其定价权亟待大幅提升。基于这一现实背景，2018年3月26日，上海国际能源交易中心（Shanghai International Energy Exchange，INE）首次发行了人民币标价的原油期货，并致力于逐渐成为亚太地区定价基准[6]。

1.3.2　国际原油生产、消费格局对价格波动的影响

（1）国际原油生产格局

根据《BP世界能源统计年鉴2022》公布的数据，2021年全球石油产量达到 8 987.7 万桶/天，增幅为 1.6%，即 138.3 万桶/日。从地区和国家来看（见表1-5），得益于美国政府推出的"页岩油革命"，美国公司能利用创新技术开发以往未能得到利用的能源，使得美国原油日产量于2017年超过了俄罗斯和沙特阿拉伯，跃居全球首位。2021年，美国原油生产量更是突破 1 650 万桶/天，达到 1 658.5 万桶。2021年沙特阿拉伯原油日产量为 1 095.4 万桶/天，居第二位。俄罗斯原油日产量为 1 094.4 万桶/天，居第三位。2021年，美国、沙特阿拉伯和俄罗斯是世界上仅有的原油日产量突破 1 000 万桶的国家。2021年加拿大的石油日产量创下历史新高，达542.9万桶/天。美国、沙特阿拉伯和俄罗斯的石油产量已占到了全球石油产量的42.8%，如果加上加拿大、伊拉克、中国、阿联酋和伊朗，则世界石油产量前八位国家生产的石油占全球总产量的比重达到了66.0%。可见，受制于不平衡的石油储量地缘分布，世界石油生产格局也表现为地区集中、分布不平衡的特点。

表1-5　2011—2021年各主要国家和地区的原油生产量

单位：千桶/天

国家	年份										
	2011	2012	2013	2014	2015	2016	2017	2018	2019	2020	2021
沙特阿拉伯	11 079	11 622	11 393	11 519	11 998	12 406	11 892	12 261	11 832	11 039	10 954
俄罗斯	10 533	10 656	10 807	10 927	11 087	11 342	11 374	11 562	11 679	10 667	10 944
加拿大	3 515	3 740	4 000	4 271	4 388	4 464	4 813	5 244	5 372	5 130	5 429
墨西哥	2 940	2 911	2 882	2 792	2 593	2 461	2 227	2 072	1 921	1 912	1 928
美国	7 890	8 931	10 103	11 807	12 783	12 354	13 140	15 310	17 114	16 458	16 585
巴西	2 179	2 145	2 110	2 341	2 525	2 607	2 731	2 691	2 890	3 030	2 987
委内瑞拉	2 755	2 704	2 680	2 692	2 864	2 566	2 220	1 631	1 022	640	654
挪威	2 040	1 317	1 838	1 886	1 946	1 997	1 971	1 851	1 762	2 003	2 025
英国	1 114	947	865	854	964	1 015	1 005	1 092	1 118	1 049	874
哈萨克斯坦	1 684	1 664	1 737	1 710	1 695	1 655	1 838	1 904	1 919	1 806	1 811

续　表

国家	年份										
	2011	2012	2013	2014	2015	2016	2017	2018	2019	2020	2021
伊朗	4 452	3 710	3 609	2 714	3 853	4 578	4 854	4 608	3 399	3 084	3 620
中国	4 074	4 155	4 216	4 246	4 309	3 999	3 846	3 802	3 848	3 901	3 994
伊拉克	2 773	3 079	3 099	3 239	3 986	4 423	4 538	4 632	4 779	4 114	4 102
科威特	2 918	3 173	3 134	3 106	3 069	3 150	3 009	3 050	2 976	2 695	2 741
卡塔尔	1 824	1 838	1 887	1 881	1 805	1 790	1 756	1 793	1 727	1 714	1 746
阿联酋	3 300	3 425	3 566	3 603	3 898	4 038	3 910	3 912	3 999	3 693	3 668
阿尔及利亚	1 642	1 537	1 485	1 589	1 558	1 577	1 540	1 511	1 487	1 330	1 353
安哥拉	1 670	1 734	1 738	1 701	1 796	1 745	1 671	1 519	1 420	1 318	1 164
尼日利亚	2 459	2 409	2 276	2 273	2 199	1 898	1 968	2 005	2 101	1 828	1 626

资料来源：根据《BP世界能源统计年鉴2022》相关数据整理所得。

（2）国际原油消费格局

《BP世界能源统计年鉴2022》显示，全球石油消费量增长6.0%，达到9 408.8万桶/日，涨幅为534.2万桶/日，2011—2021年的平均涨幅达到了0.7%，这表明石油仍然是全球主导性燃料。经合组织（OECD）[①]国家的石油消费量增加6.4%（258.1万桶/日），是新冠疫情放缓之后的回暖，但与2018年的最高值（4 642万桶/日）仍有不小差距。非OECD国家的石油消费量增长5.7%，即276.1万桶/日，总消费量逐步回暖到2019年新冠疫情暴发前的水平。美国成为全球石油消费增长的最大来源（增长8.7%，即150.1万桶/日），增速大大高于过去10年的平均水平。

从分区域来看（见图1-4），石油消费较多的三个区域分别是亚太地区、北美洲以及欧洲。亚太地区的石油需求近年来呈现出爆炸式的增加，2007年，它已经取代北美，成为全球石油需求的主要市场，而2019年，这种需求更是创下了历史新高，达到3 613.1万桶/日。受制于地区经济发展，中

---

① 经合组织（OECD）：成立于1961年，全称"经济合作与发展组织"（英语：Organization for Economic Co-operation and Development；法语：Organisation de coopération et de développement économiques），是由38个市场经济国家组成的政府间国际经济组织，旨在共同应对全球化带来的经济、社会和政府治理等方面的挑战，并把握全球化带来的机遇。

东、中南美洲及非洲地区的石油消费规模与前三个区域相比仍低很多，均不到1 000万桶/天。

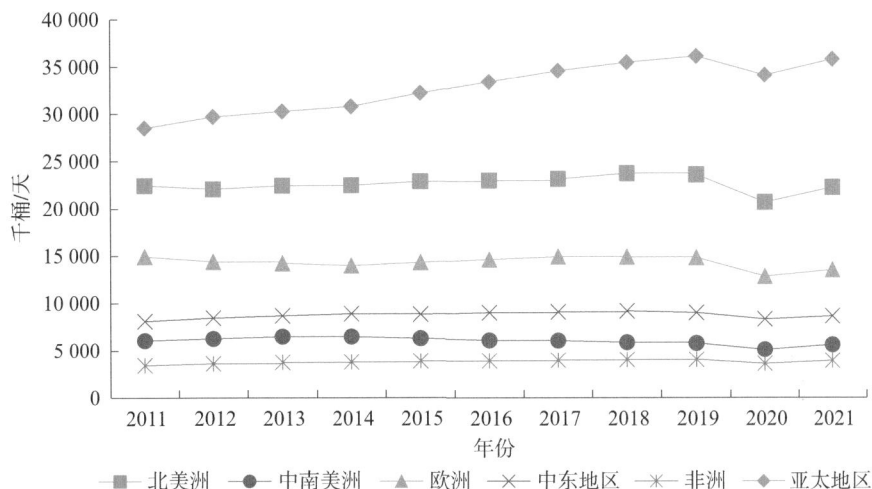

图1-4　2011—2021年世界各地区的原油消费量

资料来源：根据《BP世界能源统计年鉴2022》相关数据整理所得。

从分国家和地区来看（见表1-6），美国仍为全球石油消费量最大的国家，2021年达到1 868.4万桶/天，其也是2021年全球石油消费增长量最高的国家（增长150.1万桶/天，涨幅为8.7%），但与2019年的峰值相比下降了3.81%。中国石油消费居全球第二位，2021年为1 544.2万桶/天，涨幅达7.2%。印度石油消费居全球第三位，2021年为487.8万桶/天，与中美两国有较大差距，其增幅为3.8%。除石油资源丰富的俄罗斯、沙特阿拉伯、加拿大等国家外，日本、巴西、德国、墨西哥也成为国际石油消费量较大的国家。

表1-6　2011—2021年各主要国家和地区的原油消费量

单位：千桶/天

国家	年份										
	2011	2012	2013	2014	2015	2016	2017	2018	2019	2020	2021
美国	17 993	17 581	17 338	18 111	18 499	18 593	18 845	19 417	19 424	17 183	18 684
中国	9 630	10 061	10 563	11 018	11 890	12 297	13 003	13 642	14 321	14 408	15 442

续　表

国家	年份										
	2011	2012	2013	2014	2015	2016	2017	2018	2019	2020	2021
日本	4 410	4 676	4 499	4 283	4 116	3 983	3 949	3 815	3 692	3 269	3 341
印度	3 475	3 674	3 717	3 832	4 147	4 544	4 724	4 974	5 150	4 701	4 878
俄罗斯	3 094	3 140	3 163	3 300	3 197	3 275	3 280	3 310	3 376	3 210	3 407
沙特阿拉伯	3 285	3 451	3 444	3 779	3 901	3 962	3 870	3 762	3 691	3 552	3 595
巴西	2 434	2 519	2 656	2 729	2 488	2 370	2 407	2 293	2 303	2 134	2 252
加拿大	2 400	2 426	2 422	2 420	2 443	2 453	2 424	2 501	2 491	2 191	2 229
德国	2 294	2 276	2 336	2 273	2 269	2 307	2 374	2 255	2 270	2 049	2 045
墨西哥	2 065	2 083	2 034	1 960	1 939	1 950	1 883	1 836	1 698	1 313	1 350

资料来源：根据《BP世界能源统计年鉴2022》相关数据整理所得。

（3）国际原油供需变化对价格的影响

供需因素在解释国际原油价格波动中起到重要作用，需求的增加会带动价格的上涨，供给的增加又会带来价格的下降。这是因为油价被需求拉升，会带动原油采掘技术的发展，进而推动原油供给的增加，而如果没有后续需求的继续攀升，原油价格就不可避免地出现下降[7]。由图1-5可见，需求与供给的差额保持稳定，因此价格也在正常的范围内波动。但自2014年11月起，OPEC组织将其价格战略从之前的限产保价改为维护市场份额，每日石油产量增加近150万桶，供给出现了约每日200万桶的过剩，这导致2015年国际石油价格暴跌。2016年底，OPEC和俄罗斯等非OPEC产油国签署《原油减产协定》，旨在推动国内油价上升，这一协定的执行期限至2018年。因此2016—2018年石油的国际供需进一步拉大，石油价格也在2018年达到峰值。2019年暴发的新冠疫情，导致国际石油供需同时下跌，并在2020年几乎达到均衡状态，原油价格也因此达到自2011年以来的最低值。

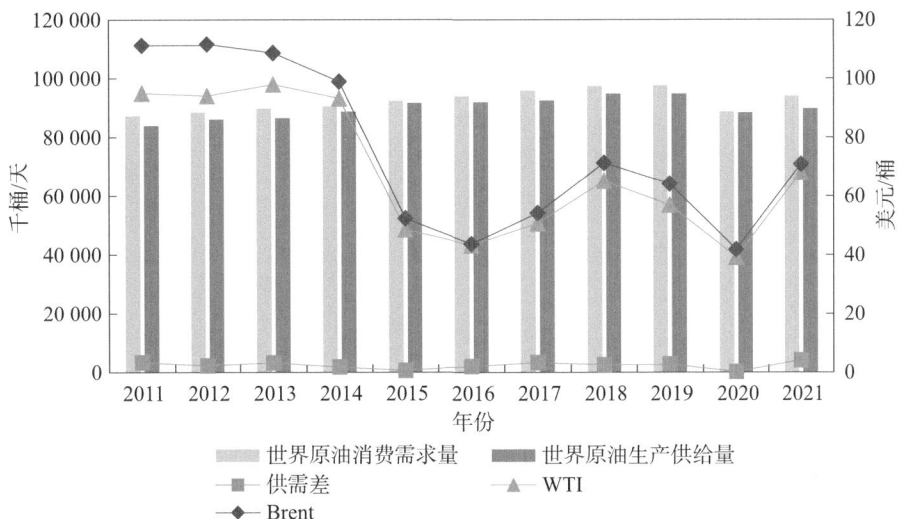

图1-5 2011—2021年国际市场供求与国际油价波动趋势

资料来源：根据《BP世界能源统计年鉴2022》相关数据整理所得。

1.3.3 美元汇率对原油价格的影响

近年来，非金融类因素对油价波动的影响力逐渐减弱，而金融类因素中原油期货持仓量、股票指数以及美元汇率对国际原油价格波动增强[8-9]。这里以美元兑人民币的平均汇率来衡量美元贬值与否，而石油价格主要以美元来计算。所以，当美元贬值时，石油的价格会上涨；当美元升值时，石油的价格会下降。由图1-6可以看出，2014—2016年以及2018—2020年美元大幅增值，对应的原油价格则表现为大幅下跌；2020—2021年美元经历了大幅贬值，对应的原油价格则表现为大幅上升。美元汇率的变动与原油价格走势的关系比较好地反映出美元汇率对原油价格的影响，即美元汇率与原油价格的变动趋势相反。

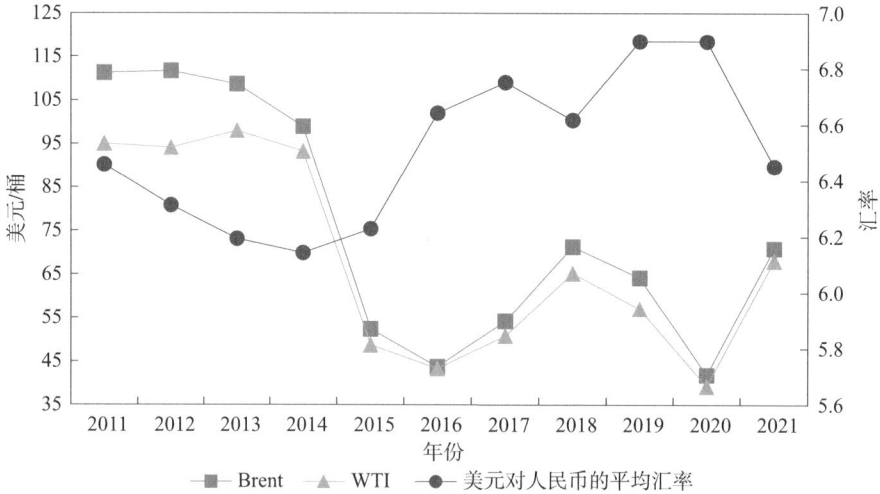

图1-6　2011—2021年美元汇率与国际油价波动趋势

资料来源：根据《BP世界能源统计年鉴2022》和中华人民共和国国家统计局相关数据整理所得。

1.3.4　其他因素

影响原油价格的其他因素还有资源国内部政治和社会动荡、国际石油禁运和制裁、关键输送通道受阻、地缘关系紧张以及重大自然灾害如地震、海啸和飓风对产油设施的破坏等突发自然灾害事件[10]。2021年初，原油供需变化导致石油价格走高，表现为Brent原油价格在3月达到年内峰值的111美元/桶；4月，由于新冠疫情的大规模暴发，原油价格开始断崖式下跌，Brent原油价格下跌至66.8美元/桶，原油价格近乎腰斩；而后，在"OPEC+"协议①产生波折，美国飓风重创墨西哥油气生产，拉尼娜现象等因素的影响下能源价格高涨，Brent原油价格开始表现出震荡上行的走势，并在10月创下下半年的峰值83.7美元/桶；11月，奥密克戎病毒带来的恐慌导致油价再次跳水，Brent原油价格跌至73.2美元/桶；年末，因供应缺口加大，原油供不应求导致油价再次回升。

---

①　"OPEC+"是指：13个OPEC成员国加上以俄罗斯为首的其他主要产油国组成的合作联盟（2019年7月2日，欧佩克与非欧佩克产油国签署《合作宪章》，"OPEC+"的合作机制实现长期化）。

1.4　本章小结

原油，英文名 crude oil，是指没有进行任何加工处理的石油。作为一种核心能源，原油天资优越，极具战略属性，被誉为"大宗商品之王"。近年来，原油在国际贸易中的规模总体呈扩大趋势，并在2016年达到历史最高值，平均每日交易量为 7 123 万桶。在贸易流向方面，国际原油贸易的主要流出地为中东地区、俄罗斯、西非、加拿大以及中南美洲地区，主要流入地有美国、欧洲国家以及中日印等亚太国家。从国家和地区的出口规模来看，沙特阿拉伯、俄罗斯为国际原油出口贸易最主要的两个国家，除2017年至2020年外，沙特阿拉伯和俄罗斯稳居世界原油出口规模的第一位和第二位。从国家和地区的进口规模来看，这10年世界原油进口格局变化不大，美国、中国、日本、印度、韩国以及德国这6个国家是世界原油的主要进口国。

关于原油贸易的市场交易体系，国际原油市场历经上百年的发展，形成了西北欧、地中海、美国、加勒比海及新加坡五个主要的原油现货市场，以及纽约商业交易所（NYMEX）、伦敦国际石油交易所（IPE）和迪拜商品交易所（DME）三大主要原油期货交易所，西得克萨斯中质（WTI）原油价格与北海布伦特（Brent）原油价格被认为是世界上最具影响力的两种石油定价标杆。随着世界石油市场的发展和演变，现在，很多长期贸易合同都采取公式计算法，即在一个或几个参考原油的报价的基础上加上升（贴）水，其基本公式为 P=A+D，其中，P 表示原油的最终交易价，A 表示基准价，D 表示升（贴）水。虽然石油的价格受产地、供需量等多种因素的影响，但是石油期货价格的变动对其定价具有至关重要的意义。通过对石油期货价格的分析，我们可以预测出当前市场上的石油价格，从而更好地把握市场的走势。

由于全球经济的持续进步，人们的能源消耗日益增长，而石油是最重要的能源来源，它的市场行情的变化会给全球经济带来直接的影响。综合来看，原油国际价格主要受到国际原油市场定价格局演化趋势、国际原油生产格局、国际原油消费格局、国际原油供需变化、美元汇率以及地缘政治、战争等其他因素的影响。随着全球经济一体化进程的加快，国际原油市场的定价格局和定价机制发生了剧变，这一变化体现了资源性大宗商品价格的形成过程中各方势力之间的博弈，也为我们深入研究这一机制的运行规律提供了重要的参考价值。

本章参考文献

[1] 王良，李璧肖，马续涛，等.中国原油期货与国际原油期货的价格波动溢出效应及其持续性——基于BEKK-MGARCH模型的研究[J].系统工程，2021，39（3）：102-120.

[2] 鲁训法，刘凯，崔海蓉，等.国际原油期货市场与我国股指期货市场因果传递关系研究[J/OL].中国管理科学，2023：1-12[2023-08-20]. https://doi.org/10.16381/j.cnki.issn1003-207x.2021.1128.

[3] 田惠敏，田天.石油定价机制及我国对策研究[J].中国石油和化工经济分析，2015（11）：53-56.

[4] 刘叶琳.中国大宗能源商品进口涨跌不一[N].国际商报，2021-07-28（3）.

[5] 施训鹏，姬强，张大永.国际原油定价机制演化及其对我国原油期货的启示[J].环境经济研究，2018，3（3）：121-134.

[6] 李怀政，严田.中国原油期货的溢出效应及其价格发现功能[J].学术探索，2023（2）：90-101.

[7] 王天祥.国际原油价格影响因素分析[J].价格理论与实践，2015（2）：81-83.

[8] 高丽，黄莉娜.国际原油价格波动的影响因素研究[J].合肥学院学报（综合版），2022，39（2）：58-64.

[9] 马郑玮，张家玮，曹高航.国际原油期货价格波动及其影响因素研究[J].价格理论与实践，2019（4）：87-91.

[10] 尹佳音.2021年上半年国际石油价格形势分析与展望[J].中国物价，2021（7）：17-18，28.

2 天然气

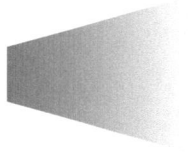

天然气是一种以烃为主体的混合气体，它存在于地下岩石储集层中，具有无色、无味、无毒的特性，比重约为0.65，比空气轻，密度为0.7174千克/立方米，相对密度为0.45，燃点为650℃，爆炸极限（V%）为5～15，是一种极具潜力的能源。广义的天然气是指自然界中天然存在的一切气体，包括大气圈、水圈和岩石圈中各种自然过程形成的气体。从组成上看，天然气主要由大量的甲烷（85%）和少量乙烷（9%）、丙烷（3%）、氮（2%）和丁烷（1%）组成。虽然是气体，但在运输和储存过程中，天然气往往会被压缩成液体。天然气主要用途是做燃料，可制造炭黑、化学药品和液化石油气，由天然气生产的丙烷、丁烷是现代工业的重要原料①。

2.1 天然气国际贸易概况

2.1.1 天然气市场运行状况

（1）世界天然气储量分布格局

燃烧天然气不会产生任何废渣或废水，因此天然气是一种比化石能源如煤炭和石油等更安全、更高效、更清洁、更可靠、更经济的能源。随着世界各国环境和生态保护意识的不断增强，清洁能源的开发利用已成为大势所趋。作为一种高效、环保的清洁能源，天然气逐步成为重要的战略能源，在全球净零排放进程中发挥着重要作用[1]。天然气在全球一次能源消费中的比例不断上升，已经稳稳占据第三的位置（见表2-1），并不断缩小与煤炭的

① 天然气行业总结与展望：国际天然气高位震荡，国内市场长期向好[EB/OL].未来智库/专业分类/行业研究.https://www.vzkoo.com/document/20220606d71eea1ccfe9128e60143389.html.2022-06-06/2023-06-06.

差距。《GECF 2050年全球天然气展望》的研究报告指出，到2050年，天然气在全球能源结构中的份额将增加到27%。

表2-1 世界一次能源消费结构

单位：%

能源	2019年	2020年	2021年
石油	33.10	31.21	30.95
天然气	24.20	24.72	24.42
煤炭	27.00	27.20	26.90
核能	4.30	4.31	4.25
水电	6.40	6.86	6.76
可再生能源	5.00	5.70	6.71

资料来源：根据《BP世界能源统计年鉴2022》相关数据整理所得。

《BP世界能源统计年鉴2022》显示，到2021年底，全球已探明的天然气资源达到189.14万亿立方米，如表2-2所示，俄罗斯以47.80万亿立方米的储量居于首位，伊朗和卡塔尔分别以33.98万亿立方米和23.87万亿立方米居世界天然气探明储量的第二位和第三位，这3个国家天然气储量占比分别达到25.27%、17.97%和12.62%，合计占世界总探明储量的55.86%。

表2-2 天然气探明储量排名前十位的国家

排名	国家	探明储量（万亿立方米）	在世界探明储量中的份额（%）
1	俄罗斯	47.80	25.27
2	伊朗	33.98	17.97
3	卡塔尔	23.87	12.62
4	沙特阿拉伯	15.91	8.41
5	美国	13.17	6.96
6	土库曼斯坦	11.33	5.99
7	中国	6.65	3.52
8	阿联酋	6.09	3.22
9	尼日利亚	5.75	3.04
10	委内瑞拉	5.66	2.99

资料来源：根据《BP世界能源统计年鉴2022》相关数据整理所得。

（2）世界天然气市场生产与消费格局

2011年以来，世界天然气产量基本上保持了稳定增长的态势（见图2-1）。

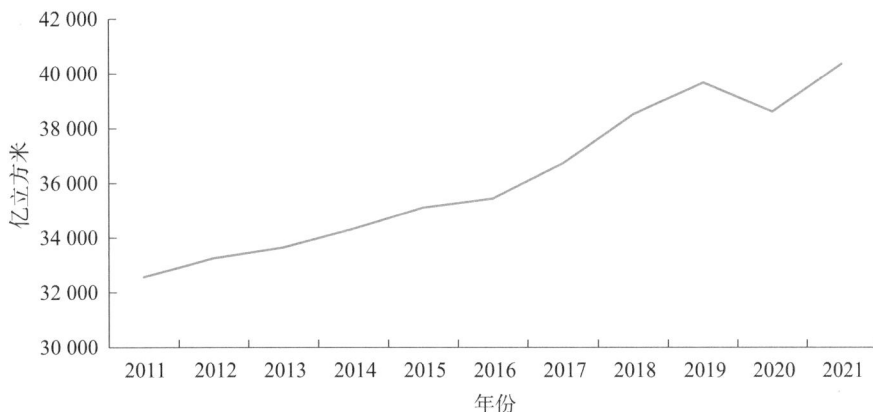

图2-1　2011—2021年世界天然气产量

资料来源：根据《BP世界能源统计年鉴2022》相关数据整理所得。

从2011年到2021年，世界天然气产量从32 573亿立方米增长到40 369亿立方米（364 082.76万吨石油当量[①]）。2021年，世界天然气产量比上年增长4.8%，其中，北美洲、欧洲及欧亚大陆、中东和亚太地区是天然气产量的主要地区，占比分别为28.1%、27.4%、17.7%和16.6%，合计占比为89.8%。美国和俄罗斯是世界天然气的主要生产国，两国合计生产天然气16 359亿立方米，占2021年世界总产量的40.5%（见表2-3）。

表2-3　2021年天然气产量排名前十位的国家

排名	国家	产量（亿立方米）	年平均增长率（%）	在世界总产量中的份额（%）
1	美国	9 342	2.3	23.1

[①] 国际通行的天然气计量方式是以能量计量为主、体积计量为辅。我国的天然气计量长期是以体积计量为主。2009年8月1日起正式实施的《天然气能量的测定》国家标准将我国的天然气计量方式由传统的体积计量变为能量计量，即由"立方米"变为"焦耳"或"千瓦·时"。国际上常用"石油当量""英制热量单位"（BTU，简称英热单位）的能量计量单位，这些单位的近似换算率是1吨石油当量≈420亿焦耳；1千瓦·时＝3 600焦耳；1亿立方米天然气≈90 000吨石油当量≈3.57万亿英制热量单位。

排名	国家	产量（亿立方米）	年平均增长率（%）	在世界总产量中的份额（%）
2	俄罗斯	7 017	10.4	17.4
3	伊朗	2 567	3.1	6.4
4	中国	2 092	8.1	5.2
5	卡塔尔	1 770	1.4	4.4
6	加拿大	1 723	4.3	4.3
7	澳大利亚	1 472	1.1	3.6
8	沙特阿拉伯	1 173	4.0	2.9
9	挪威	1 143	2.8	2.8
10	阿尔及利亚	1 008	24.1	2.5

资料来源：根据《BP世界能源统计年鉴2022》相关数据整理所得。

世界天然气消费量与产量基本保持了同步增长（见图2-2）。

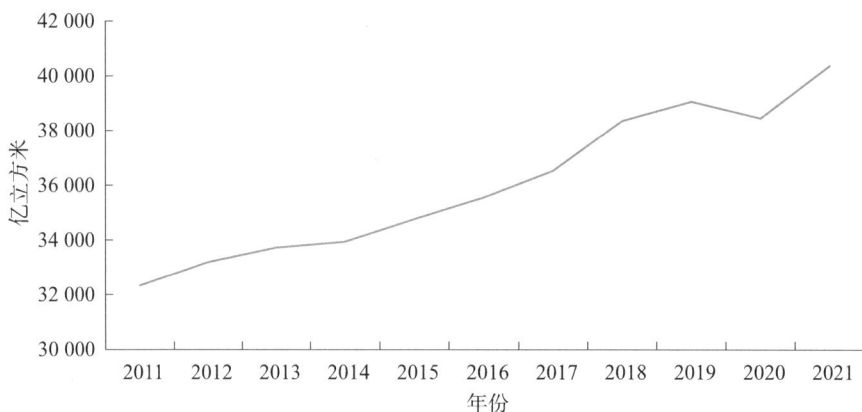

图2-2　2011—2021年世界天然气消费量

资料来源：根据《BP世界能源统计年鉴2022》相关数据整理所得。

从2011年到2021年，世界天然气消费量从32 340亿立方米增长到40 375亿立方米（364 136.87万吨石油当量）。2021年，世界天然气消费量比上年增长5.3%，北美洲、中南美洲、欧洲及欧亚大陆、中东、非洲和亚太地区天然气消费量分别占世界总消费量的25.6%、4.0%、29.2%、14.3%、4.1%和22.7%。欧美国家的天然气产业发育程度远超亚洲国家，美国是世界天然气的最大消费国。2021年消费天然气8 267亿立方米，占当年世界总消费量的20.50%（见表2-4）。

表2-4　2021年天然气消费量排名前十位的国家

排名	国家	消费量（亿立方米）	年平均增长率（%）	在世界总消费量中的份额（%）
1	美国	8 267	-0.40	20.50
2	俄罗斯	4 746	12.40	11.80
3	中国	3 787	12.80	9.40
4	伊朗	2 411	3.20	6.00
5	加拿大	1 192	5.50	3.00
6	沙特阿拉伯	1 173	4.00	2.90
7	日本	1 036	-0.20	2.60
8	德国	905	4.20	2.20
9	墨西哥	882	5.70	2.20
10	英国	769	5.70	1.90

资料来源：根据《BP世界能源统计年鉴2022》相关数据整理所得。

从2011年到2021年，世界天然气产量与消费量基本平衡（见图2-3）。

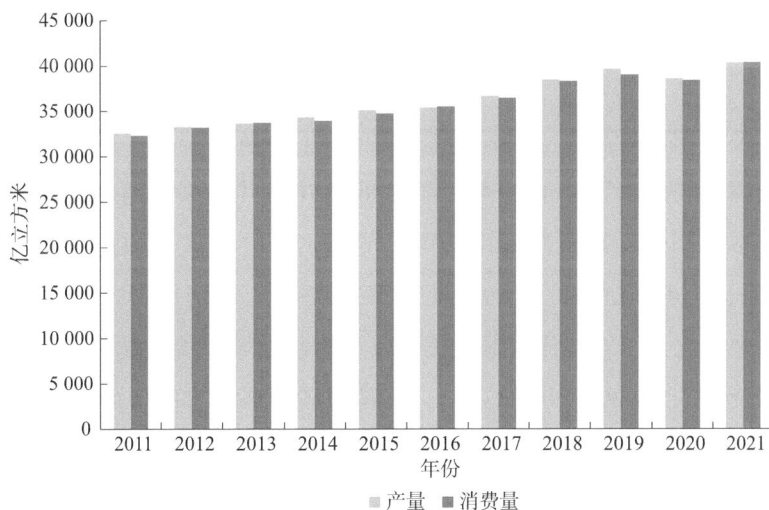

图2-3　2011—2021年世界天然气产量与消费量比较

资料来源：根据《BP世界能源统计年鉴2022》相关数据整理所得。

2.1.2 近年来天然气国际贸易概述

（1）国际天然气市场交易体系

随着全球化的发展，国际天然气贸易已经发展出跨国管道运输和海上进口液化天然气（Liquefied Natural Gas，LNG）两种方式，以满足不同地区的需求。天然气生产和消费的区域错配使得欧洲、北美和亚太三大市场得以建立，并且长期以来，这三大市场保持着相对的独立性。随着中亚和俄罗斯的管道建设，欧洲和亚太地区的天然气消费国将面临激烈的竞争，以获取来自中亚、俄罗斯和中东的LNG资源。这会形成北美地区的市场相对独立，而亚欧地区的市场则更加紧密地联系在一起的全球天然气新格局。

早在1970年前，英国就大力开发北海海域的能源，并建造起一条国际气路，以满足欧洲以及邻国的需求。1986年后，西欧国家纷纷开始从苏联、阿尔及利亚、挪威北海等地获取天然气，这一过程中，苏联、西欧、中欧及其他欧洲市场（如俄罗斯）的天然气输送系统的建立，欧洲及其他欧洲国家的天然气输送干线的连通，液化天然气接收站的建立，以及与此同步的国家及其他地方的天然气供应系统的构筑，都为欧洲天然气的全球化发展带来了巨大的机遇，开启了一个全新的天然气贸易时期。

1959年，第一艘液化天然气船首次出航，装载着27 400立方米的液化天然气，驶向英国坎维艾兰岛，标志着LNG国际贸易拉开了序幕，为世界各地的能源市场带来了新的机遇。自20世纪70年代以来，随着技术的不断成熟和成本的降低，以及国际市场需求的增长，LNG贸易快速发展。日本在1969年开始进口LNG。自1971年以来，美国也开始从阿尔及利亚进口LNG，这种液化天然气相比管输天然气具有跨越地域界线的优势，而且近年来，随着技术的发展，LNG的生产、运输和储存成本大幅下降，使得LNG贸易的增长速度远远超过了传统的管输天然气。

（2）天然气国际贸易规模与流向

天然气国际贸易在20世纪50年代至70年代增长缓慢，80年代至90年代呈快速增长趋势。进入21世纪后，随着跨国运输管道和LNG的快速发展，国际天然气贸易继续保持较快增长（见图2-4）。

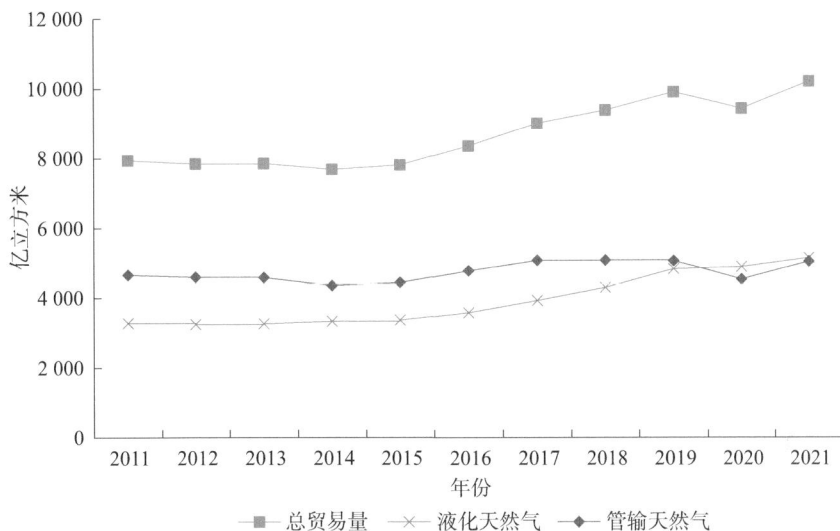

图2-4 2011—2021年天然气国际贸易规模

资料来源：根据《BP世界能源统计年鉴2022》相关数据整理所得。

目前，作为传统的天然气贸易方式，管输天然气在总出口量中占有较大的比重。从2011年到2021年，全球天然气贸易量由7 946亿立方米增长到10 219亿立方米。其中，管输天然气贸易量由4 663亿立方米增长到5 056亿立方米。而LNG出口增长更为迅猛，自2011年以来，全球LNG贸易量一直呈不断上升的发展趋势，2011年到2021年，LNG贸易量由3 283亿立方米增长到5 162亿立方米，10年间出口量增长4.6%。在全球天然气出口中的比重由41.32%提高到50.51%。表2-5列出了2021年LNG的主要进口国和出口国。

表2-5 2021年LNG进出口排名前十位的国家

排名	出口		进口	
	国家	出口量（亿立方米）	国家	进口量（亿立方米）
1	澳大利亚	1 081	中国	1 095
2	卡塔尔	1 068	日本	1 013

排名	出口		进口	
	国家	出口量（亿立方米）	国家	进口量（亿立方米）
3	美国	950	韩国	641
4	俄罗斯	396	印度	336
5	马来西亚	335	西班牙	208
6	尼日利亚	233	法国	181
7	阿尔及利亚	161	英国	149
8	印度尼西亚	146	土耳其	139
9	阿曼	142	巴基斯坦	121
10	巴布亚新几内亚	115	巴西	101

资料来源：根据《BP世界能源统计年鉴2022》相关数据整理所得。

2.2　2021年天然气国际价格波动情况

2.2.1　世界天然气贸易市场交易体系

目前，天然气的国际贸易没有统一的价格，天然气的国际贸易大多是以长期合同的方式进行。由于占据主要国际贸易方式的管输天然气对基础设施（国际天然气管道）的依赖程度极高，因此，控制天然气生产和运输路线的国家在贸易中拥有更大的话语权。

天然气运输管道系统集中在欧洲和独联体国家及北美，在东南亚地区较少。在所有天然气运输管道系统中最有国际意义的当数欧盟，实质上保障着欧盟的能源安全。俄罗斯作为一个具有巨额自然资源储备以及完善的天然气运输体系的全球性经济强国，在整个天然气贸易体系中扮演着至关重要的角色。2021年，俄罗斯通过管道向欧洲供应天然气1 323亿立方米，占当年欧洲管道天然气进口总量的16.3%[①]。近年来，俄罗斯逐步将国内能源企业

[①] 资料来源：根据《BP世界能源统计年鉴》（2022，电子版）相关数据整理所得。

收归国有，以利用其能源优势开展能源外交。俄罗斯天然气工业股份有限公司（以下简称俄气公司）是俄罗斯第一大天然气生产和出口企业，2020年，该公司的天然气年生产达到4 545亿立方米，占俄罗斯联邦全年的65.6%。目前，俄气公司拥有14条天然气管道，其中"北溪1号"的年运输能力更是惊人，达到了550亿立方米[①]。通过不断修建和收购天然气运输管道，同时利用其控制运输管道的绝对优势，低价购入中亚的天然气，到欧洲市场高价销售。中亚国家和欧洲国家对此无可奈何。鉴于俄方在乌克兰采取军事行动，欧盟出台了多项限制性政策，其中最重要的就是禁止从俄罗斯进口天然气。根据国际能源署2022年第三季度天然气市场报告的数据，预计到2025年，俄罗斯经管道对欧盟运输的天然气会大幅下滑，使得俄罗斯在该地区天然气市场的占比下调，最终降低20%。受欧洲地区政策制裁的影响，可以预见俄罗斯天然气贸易战略将发生转变，亚洲地区将成为俄罗斯能源更重要的出口方向。

20世纪70年代以来，长期购销合同交易模式在全球LNG贸易模式中一直占据比较大的比重，远高于现货交易量。根据海关数据，2021年，中国从全球各地进口LNG的总吨位已经突破了7 972万吨，其中，长期采购和销售的LNG的比重高达5 409万吨，占比高达67.85%，相比之下，现货采购的LNG的比重只有2 563万吨，占32.15%。这是因为LNG项目需要的专用船及液化、气化装置等专用实物资产专用性投资规模大，投资周期比较长，为了降低项目风险，保证项目收益，银行需要有长期稳定的贸易合同才会提供资金支持。

长期合同交易模式主要包括以下一些特点。

（1）合同期限长、交易规模大

卖家在进行天然气开采项目的早期，由于成本较高且存在较多的风险，因此，他们的运营主要取决于与客户之间的长期协议。与此同时，买家也会遇到类似的困难，比如如何处理好上游的接收、气化、分配以及能源的

---

① 郭丽丽，杨阳.天然气行业专题研究报告：2022年全球天然气价格展望[EB/OL].未来智库.https://www.vzkoo.com/document/799b7dbe49cab936952a8fce4d7658a1.html.2021-11-27/2023-06-10.

利用，特别是当市场出现供应短缺的情况时，双方都会优先关注能源的安全性与可靠性。因此，双方都会选择签署长期协议以确保供应链的稳定。随着全球经济一体化的加快，越来越多的国家和地区开始实施更加严格的长期LNG供应协定，如中国油气企业与卡塔尔签订的第一份长期LNG资源购销协议，就是一份合同量为200万吨/年，合同期为25年的长期协议。

（2）设立严格的照付不议[①]合同条款

传统的LNG贸易合同条款比较严格，缺乏灵活性，对买方进行较多限制。一是量的限制。传统贸易的合同供气量是长期固定的，并且买方需要向卖方提前提交年度用气计划，除因不可抗力计划不可变更，合同气量中允许的下浮比率通常仅为5%，而照付不议系数往往达到100%。二是时间的限制。合同中规定买方须在合同年度开始前90～120天向卖方提交年度用气计划，并且其中列出的船期安排必须频率固定。这些限制条件限制了买方在市场发生变化时按照自己的判断进行决策，买方利益得不到保障，要承担巨大的价格和气量风险[2]。

（3）以目的港船上交货为主要贸易方式

根据目的港船上交货（DES）条款，卖家必须在合同规定的目的港船上向买方交付货物，而且必须承担所有相关费用及其带来的风险。随着LNG的迅速普及，其初期的需求量远超过其供应量，使得卖家处于绝对的优势，而买家则必须面临许多不利的条件，从而使得LNG的贸易模式变得更加复杂，而且交易的价格也变得更加死板。20世纪八九十年代，随着天然气液化技术的发展，以及运输费用的下降，LNG市场发生了巨大的改变，买家和卖家的地位也发生了巨大的改变，前者加大了对上游的投资，而后者则加大了对下游的拓展。这种业务的延伸和拓展，使得贸易流程更加顺利，提高了贸易参与者的抗风险能力。原先由卖家主导的局面已经不复存在，买方对合同的关注也从供应安全转向降低风险，以减少交易的不确定性。随着时间的推移，全球液化天然气贸易已不再局限于传统的长期双边协议，而是变得

---

① 照付不议（Take-or-Pay）条款是指买方不仅要为年度计划中列出的合同交易量付款，还要为未列入计划的提取量付款。这一条款可以确保买卖双方分别获得稳定的资源供应和资金回报。

越来越具有弹性，可以根据当前的市场情况进行调整，更能体现出市场自由化、经济自由化的市场体系。

与此同时，近年来LNG贸易方式日益多元化，互换交易、转卖交易、现货交易、短期交易及期货交易等新兴的LNG贸易方式不断涌现。

互换交易是一种无须考虑价格因素的气量交换，旨在节省船舶运输成本，提高船舶运输效率，同时也可以满足照付不议量过剩和供给不足的双方需求。通过互相交流消除供需不平衡，提高市场的灵活性。

转卖交易是一种由于双方之间的合同规模过大或者为了追求经济利益而进行转卖的交易活动。

20世纪70年代初，LNG项目和用户屈指可数。90年代开始，LNG现货交易开始稳步增加，近年来增速进一步提高。2000年前，LNG现货和短期合约贸易量占比不到5%，2005年增至8%，2010年达到20%。到了2021年，进口国家和地区增加到44个，出口国家和地区增加到19个。世界LNG贸易量，1990年为550万吨，2010年达到2.2亿吨，2021年则达到3.723亿吨，大约是1990年的68倍。2019—2021年，中国以短约/现货形式进口的LNG占进口总量的比重均在40%以上。

现货贸易量之所以能迅猛增加，一是因为一些国家实施的新的核能发电技术带动天然气需求提高；二是由于日本、韩国、中国等亚太地区国家对LNG的强劲需求，吸引了现货LNG从大西洋、中东地区运输至亚太地区，进而带动了LNG的交易；三是近年来LNG的生产规模不断扩大，使得剩余产能流入现货LNG市场，对现货贸易量迅猛增长形成了有力的支撑[3]。

在现货贸易比重日益增大的今天，全球天然气市场形成了两大贸易体系：一是以俄罗斯为中心，通过管道网对外输出天然气的"陆权"体系，该体系的贸易框架是长协框架，结算货币以美元为主，但也在努力推动采取贸易双方本币进行交易。二是以美国和中东为主要出口国，以海路连接天然气消费国的"海权"体系，该体系的贸易框架是以现货贸易为主，以美元为结算货币，同时大力发展天然气的期货交易。

2.2.2　天然气国际贸易的价格形成机制

与石油相比，国际天然气贸易的价格形成机制存在很大不同。交通方式和物流成本的限制使得天然气贸易和消费具有明显的区域特征，目前还没有建立起一个统一的天然气定价机制。根据国际天然气联盟（IGU）全球大宗天然气价格调查报告（2021）的信息，全球现有八种天然气定价模式[①]。一是多种气源竞争定价（Gas-on-Gas Competition，GOG），根据开放的自由市场贸易来定价。二是油价指数挂钩定价（Oil Price Escalation，OPE），通过基准价格和变化条款，根据长期供应合同中与油价挂钩的公式来定价。三是双边垄断定价（Bilateral Monopoly，BIM），出口垄断和入口垄断的定价机制。四是从终端使用替代能源价格逆推定价（Netback from Final Product，NET），卖方获得的价格反映产品的使用价值。五是监管（服务成本）定价（Regulation：Cost of Service，RCS），允许卖方收回成本并获得合理回报的定价方式。六是监管（社会/政治）定价（Regulation：Social and Political，RSP），价格由政府确定，考虑买方的支付能力、卖方的成本以及政府的收入要求。七是监管（低于成本）定价（Regulation：Below Cost，RBC），政府以确定低于成本的价格来补贴买方，然则可能会补偿卖方的差价。八是无定价（No Price，NP），即免费提供，通常在天然气是其他产品的副产品时出现此类情况，低于成本但没有差价补偿。

在这八种价格体系中，GOG、OPE、BIM、NET被广泛用于"市场"定价，而RCS、RSP、RBC、NP则被用于"受监管"定价。目前，GOG和OPE是最常用的定价模式，它们的应用范围也越来越广泛。

国际天然气贸易具有较强的区域性。在长期的发展过程中，全球天然气生产、消费和贸易形成了三个主要的区域市场：北美市场、欧洲市场和亚太市场，随着天然气实货贸易的发展，天然气期货等金融衍生品工具应运而生，并形成了三大天然气衍生品市场[4]：以美国亨利中心（Henry Hub）

---

① 天然气行业总结与展望：国际天然气高位震荡，国内市场长期向好[EB/OL].未来智库/专业分类/行业研究.https://www.vzkoo.com/document/20220606d71eea1ccfe9128e60143389.html.2022-06-06/2023-06-10.

期货为代表的美洲天然气衍生品市场；以荷兰产权转移设施（Title Transfer Facility，TTF）期货和英国国家平衡点（National Balancing Point，NBP）期货为代表的欧洲天然气衍生品市场；以东北亚日韩基准（Japan Korea Marker，JKM）期货为代表的亚洲天然气衍生品市场。由于天然气现货贸易的蓬勃发展，三大市场的运作模式已经日趋成熟，并为投资者提供更加便捷的服务。

北美、加拿大、英国政府过去均采取某种形式的政府干预来控制天然气的开采，但如今，这种政府的政策已被彻底改变，使得北美、加拿大、英国等地的天然气开采活动更加公平、公正，使得更加多样化的天然气供应得到满足。随着技术的进步，传统的天然气长期合约已经逐渐被更加灵活的短期交易替代。在美国，LNG作为一种重要的竞争能源，它的市场价格取决于管输天然气长期合同以及亨利港天然气短期合同价格，因此美国的天然气市场经常出现剧烈的变化。

欧洲大陆的天然气贸易采用的是与油价挂钩的定价机制，即天然气价格按照百分比与柴油、高硫和低硫重质燃油的市场价格挂钩[1]，旨在通过将LNG的销售量与其他能源的销售量相结合，从而降低LNG的成本，并提升欧洲大陆的能源消费水平。尽管欧盟已经颁布了大量有关天然气的政策，以期实现市场全球化的目标，但是，国家、行业以及管线等各方面的利益冲突使得欧洲尚未能有美国那样的自由准入和市场流动性。所以欧洲LNG的市场表现更加稳定，其市场变化幅度较小。

在亚洲，除部分印度尼西亚出口的LNG价格与印度尼西亚原油出口价格（ICP）挂钩外，东北亚（包括日本、韩国、中国大陆与中国台湾）的LNG贸易定价体系均源自日本[2]。随着LNG的广泛应用，OPE模式在亚洲的作用逐渐减弱，给亚洲的经济增长提供了极其重要的支持，并促进了第一个亚洲天然气基准价格日韩JKM的出现。

---

[1] 在一些新的贸易合同中，也开始引入其他指数（如电力库指数），即以电力价格为参照的LNG价格计算公式，适用于LNG主要与电力竞争的地区，反映天然气在新领域的竞争。

[2] 由于日本只有LNG进口，因此该机制仅适用于LNG。

随着时间的推移，LNG进口价格公式在原来单一等热值计算方法的基础上发展为多种不同的形式，如直线价格模式、S曲线价格模式等其他更加复杂的模式。

从1975年到1986年，日本LNG采用的天然气计价方式是将原油价格按照等热值进行调价，其基本公式如下：

$$P_{LNG} = A \times P_{原油}$$

其中：

P_{LNG}代表LNG价格，单位为美分/百万英热单位（MMBtu）；

A为单位换算常数，即将美元/桶单位换算为美分/MMBtu；

$P_{原油}$代表原油价格，单位为美元/桶。

根据合同条款，油价通常被限制在一个特定的范围内，如果超出这个范围，就必须通过谈判来协商解决。

1986年以后，直线价格公式的出现使得LNG价格不再与原油价格直接关联，但二者之间仍存在一定的关联性，其基本公式如下：

$$P_{LNG} = A \times P_{原油} + B$$

其中：

P_{LNG}代表LNG价格，单位为美分/百万英热单位（MMBtu）；

A为系数，等于与原油挂钩比例和单位换算的乘积；

$P_{原油}$代表原油价格，单位为美元/桶；

B为常数，由谈判确定。

根据合同条款，油价必须符合指定的公式，否则需要进行谈判以确定最终的调整方案。

初期，日本政府为了展示LNG相较于传统石油的优势，进一步满足资源供给方的要求，通常情况下，日本的LNG平均到岸价会比石油平均到岸价高10%~15%。然而，由于LNG的合同价格通常数额巨大，所以如何选择让两个参与者都满意的B值是谈判的重中之重。

20世纪90年代后，由于交易双方希望LNG价格能够不受外部因素的干扰，保持价格的稳定，因此，澳大利亚—日本LNG项目决定使用S曲线价

格公式进行计价。其基本公式为

$$P_{LNG} = A \times P_{原油} + B + S$$

其中：

P_{LNG} 代表 LNG 价格，单位为美分/百万英热单位（MMBtu）；

A 为系数，等于与原油挂钩比例和单位换算的乘积；

$P_{原油}$ 代表日本进口原油平均到岸价，单位为美元/桶；

B 为常数，由谈判确定；

S 为当油价过高或过低时的曲线部分。

根据合同规定，所使用的汽车燃料费率已经被明确界定，如果汽车燃料费率高于协议所确定的标准，则需要双方协商。

S 价格曲线可以有效地帮助双方避免油价波动带来的不利影响。根据此公式，当油价低于合同规定的最低点时，LNG 价格会比直线公式的最高点更高，从而保护资源方的利益；而当油价超过合同规定的最高点时，LNG 价格会比直线公式的最低点更低，从而保护进口方的利益；而当油价处于合同规定的最高点和最低点之间时，LNG 价格会与直线公式相同。合同谈判的焦点是油价上下限的规定和调价常数的确定。

在假设三种公式中的参数相同的情况下，简单比较上述三种公式（见图 2-5），我们发现，LNG 的最终价格主要取决于它们的参数以及变量（油价）的变化。具体来看，A 值为与油价挂钩的幅度，A 值越大曲线斜率越大，LNG 价格受原油价格影响越大；反之影响就越小。B 值与公式的前半部分共同确定 LNG 的基本价格水平，因此一直都是谈判的焦点。S 部分决定了在油价过高和油价过低时 LNG 的价格曲线，油价上、下限等参数也会对 LNG 价格产生巨大影响。由于待定参数的增多广曲线价格公式上涨了谈判的难度。当前，LNG 市场价格所普遍采用的定价公式有两种，即直线价格公式、S 曲线价格公式。这是因为它们可以有效地帮助买家控制定价，从而使 LNG 市场价格保持稳定，并且可以有效地避免产品价格的剧烈波动。

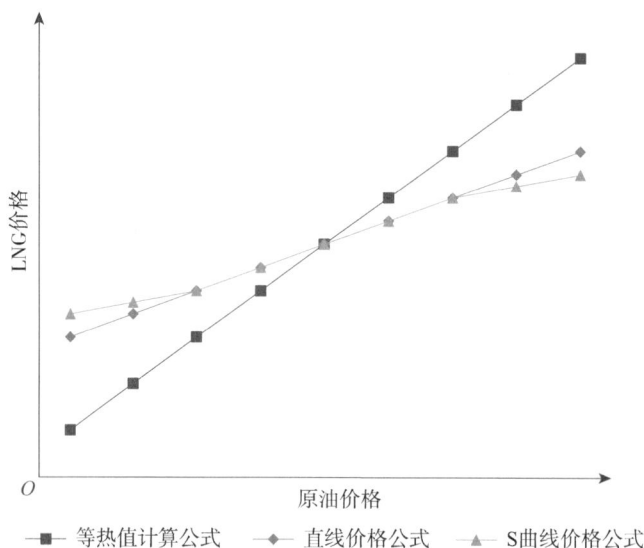

图2-5 三种公式的比较

2.2.3 近10年国际天然气价格波动情况

从历史数据来看，由于天然气与石油的竞争性和替代性，以及天然气定价中与原油价格挂钩的机制，国际天然气市场价格基本上保持着与原油价格相似的走势（见图2-6）。2011年以来，天然气价格大幅下降。2014年下半年，国际原油价格大跌，受国际油价持续下跌影响，2015年天然气价格追随油价的走势也出现大幅下跌。随后2016年油价触底反弹，天然气价格也紧随其后开始回暖。到了2019年，受全球新冠疫情暴发的影响，油价再一次下跌，天然气价格也随之表现出下跌的趋势。到了2021年，疫情影响逐渐减弱，油价和天然气价格开始恢复到2019年前的水平。然而就等热值进行比较，天然气价格通常低于原油。由于地区需求的原因，亚洲地区进口LNG的价格一般高于欧美地区。作为亚洲第一个LNG进口国，日本长期主导着整个亚洲LNG市场的价格。2021年，日本进口LNG的平均到岸价为10.07美元/MMBtu，同期，美国亨利港天然气价格（3.84美元/MMBtu）和阿尔贝塔天然气价格（2.75美元/MMBtu）均显著低于这一水平，但低于同期英国Heren NBP天然气指数（15.80美元/MMBtu）、荷兰TTF指数（16.02美元/MMBtu）和经合组织（OECD）原油到岸价（11.82美元/MMBtu）。

　　从增长幅度来看，与2020年相比，2021年OECD原油到岸价上涨了62.59%，同期，英国Heren NBP天然气指数和荷兰TTF指数上涨幅度最大，分别为361.99%和421.82%；紧随其后的为北美的美国亨利港天然气价格和加拿大阿尔贝塔天然气价格，分别上涨92.96%和74.05%；日本进口LNG平均到岸价的上涨幅度最小，仅上涨29.43%（见图2-6）。

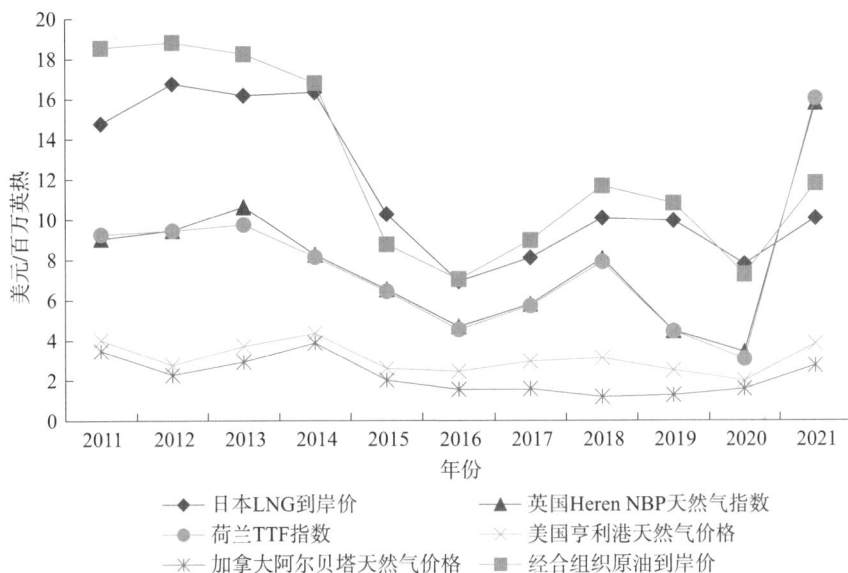

图2-6　2011—2021年天然气与原油价格走势

资料来源：根据《BP世界能源统计年鉴2022》相关数据整理所得。

2.3　2021年天然气国际价格波动影响因素分析

2.3.1　总体供求因素

2021年全球新冠疫情形势好转，世界经济缓慢复苏，能源消费恢复增长，但是，由于地缘政治和金融风险的叠加，能源价格出现了巨大的波动，并导致各个国家之间的天然气供求出现矛盾[5]。2021年，全球消费的40 375亿立方米天然气中，欧洲及欧亚大陆、北美洲和亚太地区天然气消费量分别占总消费量的29.2%、25.6%和22.7%（见图2-7）。

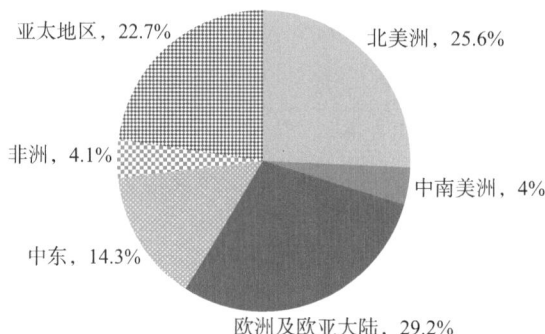

图2-7　2021年各地区天然气消费占比情况

资料来源：根据《BP世界能源统计年鉴2022》相关数据整理所得。

GDP和能源消费结构对全球天然气需求的影响是巨大的，它们共同推动着全球天然气消费的增长[6]。尽管天然气消费量与经济发展成正比，但这种关系在不同的国家和时期也有所不同。《BP世界能源统计年鉴2022》的数据显示，2011—2021年，世界经济年均增长2.6%，同期全球天然气的消费年均增长2.2%；中国10年经济平均增长率为8.88%，同期中国大陆天然气的消费年均增长10.9%；美国10年经济平均增长率为4.02%，而天然气的消费年均增长2.3%。天然气的消费结构呈现出多元化：一方面，大部分仍以发电为主，目前占据了总消费量的40%；另一方面，工业和制造业的使用比例约为24%，民用领域的使用比例为20%，而能源工业本身的消费比例则仅占10%。由于天然气的快速增长，天然气的消费结构可能不会出现显著变化，但会对世界其他地区的经济和社会产生重要影响[7]。

　　根据国际货币基金组织（IMF）的数据，2021年，世界经济整体呈现显著复苏态势，从全年来看，全球GDP增长速度高达6.1%，即使抵消掉2020年3.1%的负增长，世界经济仍有3个百分点的增幅，这意味着全球GDP总量已超过新冠疫情前2019年的规模。经济增长扩大了对天然气的需求，根据《BP世界能源统计年鉴2022》的数据，各大区域中，除了北美洲和中东地区的天然气消费量仅有小幅增长，其他地区的增幅均大于5%。

　　天然气的需求还与人口关系密切，由于全世界总人口的不断增长，天然气的需求量也在不断增长。不仅仅是由于居民本身对天然气直接需求的增加，还有通过产业关联引起的对天然气的间接需求的增加。世界上人均年天然气消费量高于2吨油当量的地区主要集中在北美、欧洲和中东地区。发达国家的人均年天然气消费量已经进入了一个相对稳定的阶段。而来自人口庞大、城市化快速推进的发展中国家的需求则处在快速上升的阶段。其中"金砖五国"中的巴西和俄罗斯，根据《BP世界能源统计年鉴2022》的数据，2021年天然气消费量分别比2020年增长29.1%和12.4%。

　　在全球气候变暖的严峻形势下，环境保护和温室气体减排已经成为各国经济政策中重点关注的领域。长期以来，发展核电和天然气发电成为发达国家替代燃煤发电的主要途径。尽管铀的开发与浓缩会耗费巨额的资源，但做到低碳排放又能大规模生产电能的核电，仍然被认为是应对全球能源紧张局势的方法之一。然而，多次发生的核安全事故说明了核电运行过程中的泄漏风险无法完全避免。自进入核时代已经过去了70多年，核裂变带来的潜在污染也越来越严重。在这一背景下，作为一种清洁、高效的能源，天然气发挥着日益重要的作用。天然气及相关市场的改革使天然气可与其他化石燃料充分竞争，在发电方面体现出明显的环保优势，这也促进了天然气需求的增长。

　　2021年，全世界的天然气产量达到了40 369亿立方米，其中，欧洲及欧亚大陆、北美洲、亚太地区和中东天然气产量分别占总产量的27.4%、28.1%、16.6%和17.7%（见图2-8）。天然气供应受多种因素的影响，包括资源储量、投资规模和勘探开发进度等[8]。

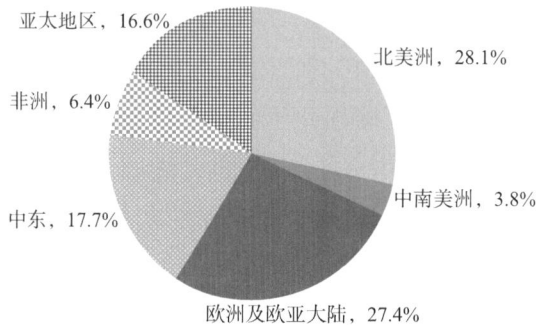

图2-8　2021年各地区天然气生产情况

资料来源：根据《BP世界能源统计年鉴2022》相关数据整理所得。

天然气供应的稳定性取决于资源的充足程度。随着勘探开发技术的不断进步，尤其是非常规天然气资源的开发利用，保证了世界范围内的天然气保持平衡的储采比。《BP世界能源统计年鉴2022》的数据表明，2021年底，全球石油和天然气储量相较于2020年仅有小幅度的下降，其中石油储量为2 362.3亿吨，下降0.2%，天然气储量为205.3万亿立方米，下降0.5%。这是因为大规模的天然气管道、LNG油轮、接收装置等基础设施的建设，为天然气的可持续发展提供了强有力的保障。

2.3.2　替代能源价格和成本因素

由于天然气具有相似的应用特征，它的价格受到原油价格的显著影响，因此，欧洲和一些亚洲国家在制定天然气长期合同时，往往会参考油价来确定最终的价格。从图2-6中可以看出欧洲和亚洲的天然气价格走势与OECD平均油价走势如出一辙。尽管美国的天然气市场已经发展到了相当成熟的水平，但是天然气价格仍然与石油价格存在一定的相关性。近年来的气价和油价对比表明，按同样热值计算，国际市场天然气价格显著低于原油价格，天然气相对于原油具有更高的性价比。

天然气开采成本是影响天然气价格和产量的重要因素之一。如，自

2005年以来，美国的非常规天然气开发技术取得了长足的进步，其中水平井钻井技术和多段压裂技术的突破，使得天然气开采的成本大幅降低，单井每段的成本降低了80%，这也为天然气价格和产量的稳定增长提供了有力的支撑。从2006年的直井320万美元/段开始，经过四年的努力，最终达到了2010年的61万美元/段。其中，每段钻井成本由152万美元降至2010年21万美元，下降幅度达到86%；完井费用由84万美元降至30万美元，下降幅度达到64%。受此影响，非常规天然气的单位供应成本从2006年的\$6.45/MMBtu（1.48元/立方米）大幅下降至2010年的\$3.15/MMBtu（0.87元/立方米），降幅高达50%以上。在资源勘探难度加大和开采技术不断进步的双重影响下，未来天然气的价格预计将在合理的区间内波动。

2.3.3 区域因素

（1）北美市场

北美的天然气交易市场已经实现了从原材料到成品的全面转型，并且经过近20年天然气市场与监管政策的发展，北美天然气1年以内的短期合约逐渐取代10年期以上的长期合约[9]，目前，北美的天然气价格仍由现货市场决定，而市场需求则是决定其价格最重要的因素。

自2008年起，随着水平井钻井技术、分段压裂技术的飞速改善，加上天然气价格的持续上涨，美国政府的页岩气产量迅速攀升，使其变成当今世界上第一个完整实施页岩气商业性开发的国家。观研报告网的数据显示，2018年美国页岩气产量6 246亿立方米，2019年产量增至7 237亿立方米，2020年产量增至7 403亿立方米，2021年产量更高达7 721亿立方米，较2007年增长近20倍。页岩气革命大大提高了美国的能源自给率，使美国基本实现了天然气自给自足，从此不必担忧产气国垄断市场。2009年，美国凭借5 934亿立方米的天然气总产量，一举跃升至全球第一天然气产量大国，打破了美国对天然气长期依赖进口的局面，使其在全球市场上的地位得到显著提升。

随着页岩气的快速开发，美国的能源结构正在经历深刻变革，甚至会极大地影响全球的能源市场格局。美国是世界主要天然气进口国之一，由于页岩气的开发导致来自加拿大的管输天然气和中东、非洲地区的LNG进口量大大减少，导致整个国际气体市场大规模波动，进一步引发天然气价格大幅下跌。总体上，美国的天然气市场较为成熟，对天然气的需求基本饱和，需求增长进入瓶颈期，市场发展更大程度上依赖于供给的增长。因此，北美地区天然气价格主要受天然气供给的影响。

（2）欧洲市场

与北美不同，不包括苏联地区在内的欧洲天然气资源的自给程度较低。2011年以来，欧洲市场天然气产量呈下降趋势，而消费量在2011—2014年呈现出下降的态势，随后2015—2021年开始回升，逐步恢复到2011年的水平。从图2-9中可以看出，自2011年以来，欧洲的天然气产量始终远小于消费量，2021年天然气自给率仅为36.84%。近年来，欧洲天然气定价已经从以油价为基础的长期协议，转变为以市场竞争为基础的短期价格。由于过度依赖进口天然气，供给能力成为欧洲天然气定价的主要影响因素之一。

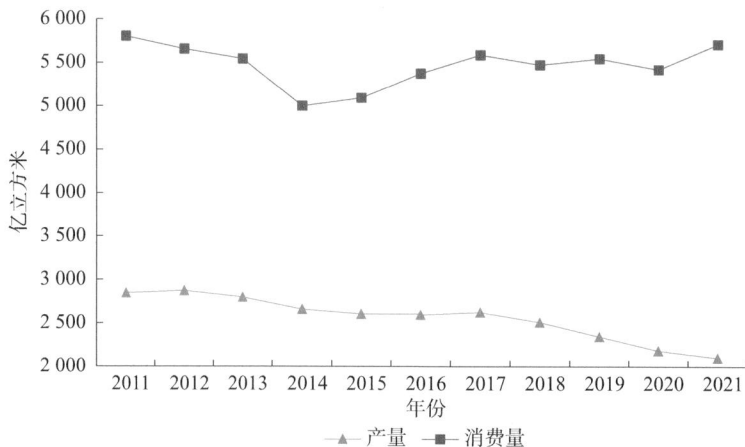

图2-9　2011—2021年欧洲天然气产量与消费量比较

资料来源：根据《BP世界能源统计年鉴2022》相关数据整理所得。

20世纪90年代，英国政府率先开创虚拟交易枢纽NBP，以此作为全球石油贸易的基础，形成了欧洲天然气市场的贸易中枢。而过去几年中，荷兰TTF发展迅速，逐渐超过了英国NBP，成为欧洲首屈一指的天然气交易中心。这些透明、开放的天然气交易平台，通过引入多元化气源，使得不同平台、不同气源之间形成竞争。因此，替代能源价格是欧洲天然气价格的另一主要影响因素。

（3）亚太市场

不同于北美和欧洲天然气市场，2011—2021年，亚太天然气市场的自给率均保持在70%的较高水平，但是依旧呈现出逐年递减的态势。如图2-10所示，产量与消费量的差额在2018年首次达到2 000亿立方米。当前，LNG是亚太地区进口的主要天然气，而由于日本政府当年引进LNG的目的就是将LNG作为原油的替代能源，所以在长期合同中都会使用日本进口原油加权平均价格（JCC）作为参考。近年来，普氏JKM的中短期合同也开始普及，它们体现为以DES（船上交货）方式交付到日本、韩国、中国大陆和中国台湾的现货市场价值[10]，且逐渐成为亚洲LNG现货市场的一个重要参考指导价①。

需求量和替代能源价格是影响亚太市场天然气定价的主要因素。2011年3月11日，日本东北地区太平洋海域附近发生里氏9级地震，影响到了东京电力福岛核电站，引发了日本核电史上最严重的一场核危机。2011年5月起，日本部分核电站机组相继停机。而在核危机发生之前，日本1/3的电力供应都是通过核能源获得的，核电机组关停造成日本国内电力短缺，对本就处于不振的日本经济带来严重威胁。日本不得不大规模增加石油、天然气等替代燃料的进口用于发电，弥补由于弃核造成的电力缺口。《BP世界能源统计年鉴2012》的数据显示，2011年，日本共消费天然气1 055.05亿立方米，比2010年大幅增长11.64%。由于完全依赖进口，2011年日本共进口天然气

① 朱海碧，朱清，刘明义.国际天然气定价机制的形成及影响因素[EB/OL].中国矿业报. https://mp.zgkyb.com/m/news/70389.2022-09-07/2023-06-11.

1 069.50亿立方米，比2010年的950.94亿立方米增长12.47%[①]。短期临时需求的大幅增长使得日本LNG到岸价出现了大幅上涨至历史高位，远高于欧洲的LNG进口价格。

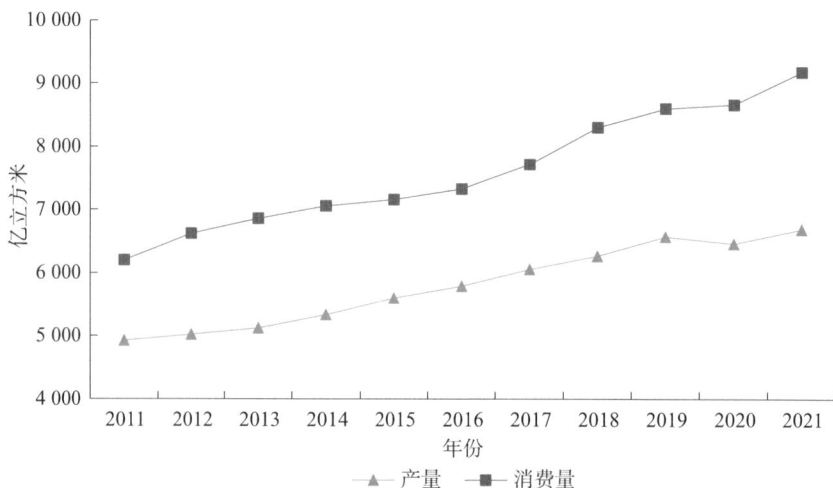

图2-10　2011—2021年亚太地区天然气产量与消费量比较

资料来源：根据《BP世界能源统计年鉴2022》相关数据整理所得。

2.4　2022年天然气国际价格走势分析

2022年以来，乌克兰危机对全球天然气行业造成巨大冲击，天然气供应短缺、价格上涨，市场对地缘风险异常敏感、脆弱。全球天然气市场消费增速显著放缓，俄罗斯天然气的生产减少，使得其他国家的天然气生产也受到了影响，导致全球天然气的供给与需求都有所减少，市场供应紧张形势加剧。此外，全球的天然气贸易流向也发生了重大的变化，美国天然气多流向欧洲[11]，俄罗斯天然气供应加快向亚洲地区倾斜，非洲天然气逐渐成为市场上新的增量。

---

① 日本进口天然气仅有LNG一种方式。

2.4.1　需求因素

《BP世界能源统计年鉴2022》显示，2021年全球天然气需求量首次超越4万亿立方米，创下40 375亿立方米的历史新高，相较去年的数据，增长5.3%，尽管如此，其在一次消费中的份额同比没有变化，仍维持在了24%。2021年美国天然气总消费量达到了8 267亿立方米，消费量居世界第一位，中国和俄罗斯天然气消费同比增长均超过12%，是全球天然气消费增长幅度最大的两个国家。然而，自2022年以来，由于地缘政治的影响、LNG现货价格的上涨以及全球气候变暖，世界各国的天然气需求增长面临着巨大的挑战，预计未来几年的需求将会继续缓慢增加，但仍存在较大的不确定性。

具体来看，欧盟的经济面临着严峻的挑战，其中之一是极端的气候变化导致的能源浪潮。由于能源成本的飙升，欧盟的能源利用率大大低于预期。根据国际能源署的统计，2022年一季度欧盟的能源利用率大约下跌10%。德国、意大利、荷兰等国采取了多项有力的措施来应对当前的能源危机，如实行需求侧管控、实行节能技术、限制能源利用率、提升能源利用效率等。2022年7月26日，欧盟就大幅度降低对天然气的消费达成一致。这项协议规定，欧盟所有会员国都必须在2022年8月1日到2023年3月31日期间减少15%的天然气消费量。

在亚洲市场，日本和韩国的天然气进口需求受到高气价的限制，不得不将一部分从美国、澳大利亚等国购买的LNG转卖给欧洲，致使其天然气进口量低于预期水平。与日韩两个发达国家不同，东南亚和南亚的新兴经济体面临着来自高昂价格的天然气负担压力，加之本国货币的贬值，使得这些国家在负担LNG成本方面的表现不及日韩。此外，亚洲的能源结构调整速度缓慢，使得许多人偏向于采用煤矿等传统的化石能源，这也抑制了亚洲地区部分天然气的消费需求。根据国际能源署（IEA）的数据，2022年前3个月韩国天然气消费量同比仅增长1%，前4个月日本天然气消费量同比下降3%，前5个月印度天然气消费量同比下降2.7%。

在北美市场，自2022年起，美国国内对天然气的需求一直保持着强劲

的势头。特别是5月，由于天气炎热，美国许多城镇的发电用气需求都有所
提升。国际能源署的统计显示，2022年上半年美国的能源使用率较去年提高
了接近5%。美国能源信息署近期表示，全球经济的复苏带动了工业部门对天
然气需求的大幅增加，此外，夏季的炎热也促使人们更加关注空调的使用，
因此，美国的国内天然气总体消耗量在2022年有望增长3%。

2.4.2　供应因素

根据BP数据，2021年的世界天然气总供应量超过了2019年的峰值，达
到40 369亿立方米，较上一年大幅提升了4.8%。美国和俄罗斯的天然气供
应量分别为9 342亿立方米和7 017亿立方米，产量居全球前两位。但从整体
上看，欧洲的天然气产量总体下跌了3.5%，降至2 104亿立方米[1]。而在2022
年，俄罗斯的天然气产量发生了大幅下跌，俄罗斯产量下降将抵消掉其他地
区的产量增长，2022年全年全球天然气产量同比略微下降。天然气产量的增
长或将集中在北美和中东地区，但增长量有限，预计到2025年更多的天然气
液化技术的建设，世界LNG市场的供需状况才有望改善[12]。

美国方面，2022年3月，美国政府和欧盟达成了一项重要的合作协定，
美国政府承诺在未来几年内，向欧盟追加供应LNG，到2030年前美国对欧
盟的LNG年供应量将增至500亿立方米，以满足欧盟的能源需求。由于美国
政府的LNG行业受到了政策信号的支持，美国LNG生产商正在积极推进新
的技术和业务。根据美国能源信息署的最新统计，上半年全美7个LNG输出
基础设施的使用率高达87%，而在2022年7月，全美LNG的液化平均能力
将达到114.5亿立方英尺/日，短期峰值将达到139.5亿立方英尺/日。但是
由于生产效率和当地市场需求的限制，美国LNG的出口能力可能只有119亿
立方英尺/日。

俄罗斯方面，在乌克兰危机之后，俄罗斯采取了一系列反制裁行动，其

---

① 全球天然气市场近况与发展趋势分析（2022）[EB/OL].前途科技/报告. https://accesspath.com/report/5780186/.2022-09-06/2023-06-12.

中"卢布结算令"从2022年4月1日开始实行。目前，俄气公司已先后中断向波兰、保加利亚、芬兰、丹麦和荷兰等拖欠天然气款且拒绝以卢布结算的欧洲国家供气。截至7月27日，俄罗斯向欧洲输送天然气的现行最大跨境管道"北溪1号"输气量已降至满负荷运力的20%。据俄气7月15日公布的数据，从2022年初开始，俄罗斯的天然气总产量为2 497亿立方米，较去年减少10.4%，总出口量为719亿立方米，减少33.1%。根据国际能源署的估算，由于国内需求下降及其对欧洲的管道气供应量迅速削减，俄罗斯2022年的天然气产量将下降12%以上。

在欧洲，挪威、荷兰和英国为最主要的产气国。2021年，3个国家天然气产量占欧洲当年天然气产量的比重达78.47%。自乌克兰危机爆发以来，这3个国家积极开发新的天然气资源，以拓展地区的能源储备，英荷两国在2022年6月批复了北海的三个勘探项目，挪威更是在7月批准了三个勘探项目。不过，目前的勘察结果显示，该地区的天然资源正在逐渐枯竭，因此未来的潜力仍将受到一定的制约。

在中东，LNG主要供应国卡塔尔的液化产能使用效果非常出色，利用率已达到100%，2022年全年无新增产能。为了进一步提升其能源储备，卡塔尔国有能源公司（Qatar Energy）于6月中下旬和多家国际能源巨头签订合作协议，共同开发北油气田扩建项目的第一阶段：北油气田东部项目（NFE）。据估算，该项目将于2025年底投产，2022年2月发布的《卡塔尔经济展望》报告预计，到2026年，卡塔尔有望成为全球最大的LNG出口国。

2.4.3　极端天气

随着全球气候变暖，地球西风带的风速变得越来越慢，并且变得更为混乱。其造成的影响主要有两点，一是极端天气发生的概率大幅上升；二是与西风带处于同一纬度的欧洲和中国主要风电场风速放缓。极端天气频发会增加取暖降温等用能需求，而风速减弱将对风力发电等可再生能源供应产生负面影响，二者共同作用将导致全球能源需求波动，在可再生能源无法提供稳定性以及煤炭、石油等化石能源被逐步淘汰的背景下，对天然气等过渡能源的需求将会增加[①]。

美国方面，2021年1—8月的天然气消耗总额达到了5 737.2亿立方米，与2019年同期相比，有了显著的降低，下滑约111亿立方米。年初的低温带来的天然气消费增量被气电需求的减少抵消。根据IEA的研究，尽管美国前9个月的电力需求显著提升了9%，但是随着天然气价格的不断攀升，天然气的市场份额出现了6%的减少。因此，IEA认定，北美地区整体全年天然气总需求量将会减少0.3%。

亚洲和欧洲方面，由于受极端天气的影响，天然气的需求量出现了显著的变化，短期内有较大幅度的增加。其中欧盟在2021年前8个月的总供应量比2019年同期显著提升，增长超过40亿立方米；中国的天然气消费量也比2019年同期显著提升，增长了429.74亿立方米，增幅高达21.5%。2021年初，东北亚地区遭遇了一场极端的冷空气，北京的气温甚至创下了54年来的新低。严寒天气增加了供暖需求，叠加经济复苏带来的工业和电力需求，从而推动天然气能源需求量的增加，使得中国2021年1月天然气需求同比增速超过20%，创下2018年以来的新高。

此外，2021年的严重干旱使得土耳其、南美洲以及其他拥有充足水力资源发电的国家对天然气发电需求大幅增长，从而对全球天然气能源供应造成严重的影响。土耳其的情况尤其突出，过去30年来，土耳其的水力资源发电量已经达到25%以上，2021年前三季度，极端干旱导致土耳其水电发电比例从去年同期的31%减少至20%，天然气的需求量同比增加25%。此外，在干旱缺水导致水电出力不足、经济复苏以及三季度温度偏低等众多因素的影响下，2021年1—8月，巴西的天然气需求大幅上升，同比增长20%，其中LNG的进口量是去年前三季度的7倍，甚至达到历史新高的70立方米。

尽管2021年开始出现的寒冷和高湿度的天气现象会有所减轻，但从长

---

① 郭丽丽，杨阳.天然气行业专题研究报告：2022年全球天然气价格展望[EB/OL].未来智库.
https://www.vzkoo.com/document/799b7dbe49cab936952a8fce4d7658a1.html.2021-11-27/2023-06-12.

远角度考虑，这些极端天气发生的频率仍在增加，这意味着地区性对天然气的供应变化会使得天然气的市场价格剧烈波动。

2.4.4　绿色低碳转型

随着《巴黎协定》的签署，绿色可持续发展的理念被广泛接纳。鉴于此，世界各国纷纷提出逐步降低传统化石能源比重的目标，许多能源公司也普遍减少对传统化石能源领域的投资。在气候变化大背景下，全球性降碳减排的趋势为天然气的消费增长提供了较大空间，将进一步导致天然气价格攀升，2022年上半年，全球主要天然气市场价格不断上涨，平均涨幅超过去年同期的1 ~ 3倍。同时由于地缘政治紧张局势的加重，为应对能源短缺的困境，部分国家开始重启传统化石能源如煤炭、油气等：德国、意大利、英国等纷纷宣布重启退役燃煤电厂，延长煤电服役年限，或者生产、进口更多煤炭，让燃煤电厂重新满负荷运行[13]。

短期来看，煤电反弹会扰乱部分国家的绿色低碳转型节奏，推迟绿色能源转型进程。长期来看，地缘政治冲突带来的负面影响更加坚定了包括欧洲国家在内的全球各国大力发展清洁能源、加快绿色低碳转型的决心，推动全球加大发展风电、光伏等可再生能源以及氢能和其他替代能源的力度，最终实现"供应多元化、新旧能源融合发展"的全新能源发展格局。

2.5　本章小结

广义的天然气是指自然界中大然存在的一切气体，包括大气圈、水圈和岩石圈中各种自然过程中形成的气体。天然气存在于地下岩石储集层中，具有无色、无味、无毒的特性，主要用途是做燃料，可制造炭黑、化学药品和液化石油气，由天然气生产的丙烷、丁烷是现代工业的重要原料。随着世界各国环境和生态保护意识的不断增强，清洁能源的开发利用已成为大势所趋。作为一种高效、环保的清洁能源，天然气逐步成为重要的战略能源。根据国际燃气联盟的预测，到2030年，天然气的消费量将超过煤炭，成为全球第二大能源来源，其占比将增加到27%。

从天然气世界储备格局来看，中东和俄罗斯是世界天然气的主要分布地区；从世界天然气市场生产与消费格局来看，产量前三的地区分别是北美洲、欧洲及欧亚大陆和中东，其中美国和俄罗斯是世界天然气的主要生产国，两国合计生产天然气16 359亿立方米，占当年世界总产量的40.5%。消费量前三的地区分别是欧洲及欧亚大陆、北美洲和亚太地区，其中美国是世界天然气的最大消费国，其2021年消费的天然气达到8 267亿立方米，占当年世界总消费量的20.50%。综合来看，世界天然气产量与消费量基本平衡。关于国际天然气的贸易方式，当前主要有跨国管道运输天然气和海上进口液化天然气两种，其中管输天然气在总出口量中占有更大的比重。

由于占据主要国际贸易方式的管输天然气对基础设施（国际天然气管道）的依赖程度极高，因此，控制天然气生产和运输路线的国家在贸易中拥有更大的话语权。总体上，在天然气国际贸易中使用的定价方式主要分为多种气源竞争定价、油价指数挂钩定价、双边垄断定价、从终端使用替代能源价格逆推定价、监管（服务成本）定价、监管（社会/政治）定价、监管（低于成本）定价以及无定价这八种定价模式。由于天然气与石油的竞争性和替代性，以及天然气定价中与原油价格挂钩的机制，国际天然气市场价格基本上保持着与原油价格相似的走势。2022年以来，乌克兰危机对全球天然气行业造成巨大冲击，天然气供应短缺、价格上涨，使得市场变得极其不稳定，极易受到地缘政治因素的影响。因此，在价格影响因素方面，天然气价格主要受总体供求、替代能源价格、成本、区域以及极端天气等其他因素的影响。

本章参考文献

[1] 涂淼."碳中和"目标下全球天然气贸易格局演变及中国进口路径优化[J].价格月刊，2021（9）：89-94.

[2] 薛蓉，李磊.国际LNG贸易的发展趋势分析[J].商业时代，2011（4）：41-42.

[3] 秦锋.国际液化天然气现货贸易现状及发展趋势[J].国际石油经济，2013，21（3）：62-66，110.

[4] 周钰迪.液化天然气贸易套期保值与价格风险浅析[J].国际石油经济，2022，30（5）：33-41.

[5] 郜峰，刘保磊，李茂林，等.全球天然气发展趋势与启示[J].中国石油勘探，2022，27（6）：13-21.

[6] 李洪兵，张吉军.天然气需求影响因素分析及未来需求预测[J].运筹与管理，2021，30（9）：132-138.

[7] 舟丹.天然气消费结构相对稳定[J].中外能源，2020，25（11）：33.

[8] 赵素平，陆家亮，黄诚，等.天然气供应能力测算方法构建及分析软件开发[J].天然气工业，2021，41（7）：144-151.

[9] 白俊，张雄君，丁斌.中国成为亚洲天然气价格发现中心的机遇与挑战[J].国际石油经济，2019，27（8）：6-16.

[10] 谢治国，张慧宇，尚一辐.欧洲能源供应格局调整对天然气价格指数联动关系影响浅析[J].国际石油经济，2022，30（6）：66-73.

[11] 高珊珊.俄乌冲突对国际天然气市场的影响及形势预判[J].当代石油石化，2023，31（6）：14-18.

[12] 王震，孔盈皓，李梦祎.乌克兰危机背景下全球天然气贸易格局演变研究[J].天然气与石油，2023，41（3）：1-5.

[13] 刘满平.全球能源市场大变局对我国的影响及政策建议[J].价格理论与实践，2022（10）：42-46.

3　煤炭

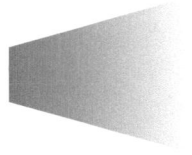

煤炭是古代植物埋藏在地下经历了复杂的生物化学和物理化学变化逐渐形成的固体可燃性矿物，构成煤炭有机质的元素主要有碳、氢、氧、氮和硫等。碳、氢、氧是煤炭有机质的主体，占95%以上；煤化程度越深，碳的含量越高，氢和氧的含量越低。根据成煤的原始物质和条件不同，自然界的煤可分为三大类，即腐植煤、残植煤和腐泥煤①。根据我国的煤炭分类标准，煤炭可以分为三类：褐煤、烟煤和无烟煤。煤炭可以根据其使用目的总结为三大主要用途：动力煤、炼焦煤、煤化工用煤，主要包括气化用煤、低温干馏用煤、加氢液化用煤等。其中动力煤的主要用途包括以下六点②：一是发电用煤；二是蒸汽机车用煤；三是建材用煤；四是一般工业锅炉用煤；五是生活用煤；六是冶金用动力煤。

3.1 国际煤炭贸易概况

3.1.1 全球煤炭储量

《BP世界能源统计年鉴2021》③显示，2020年全球煤炭总存储量达10 741.08亿吨。其中烟煤和无烟煤总存储量达7 536.39亿吨，次烟煤和褐煤的总存储量达3 204.69亿吨，按照目前的开采速度，还可开采139年。据统计，世界上的煤炭资源遍布各地，大多数集中在北方的中温和亚寒带地区，

---

① 煤炭开采行业分析：至暗时刻已过，或将黎明破晓[EB/OL].未来智库/专业分类/行业研究/采矿业.https://www.vzkoo.com/document/20230605dfd3511d4bba11fa49799e68.html.2023-06-05/2023-06-20.

② 煤炭百科：动力煤的用途有哪些[EB/OL].我的煤炭网/新闻/综合信息/行业标准.https://www.mycoal.cn/news/show/168750/.2020-03-09/2023-06-20.

③ 由于统计审查的流程改进，《BP世界能源统计年鉴2022》并未更新2021年全球的煤炭储量表，因此这里采用2020年的数据。

其储量高达70%[1]。从煤炭的洲际分布来看（见图3-1），煤炭资源主要分布于亚太地区（42.8%）、欧洲及欧亚大陆（30.6%）以及北美洲（23.9%）。烟煤和无烟煤与次烟煤和褐煤都主要集中于亚太地区，分别占全球储量的45.82%和35.71%。按照国别划分（见图3-2），煤炭资源分布也较为集中，世界上煤炭探明储量最多的10个国家集中了世界全部储量的90.6%。这10个国家分别是美国（23.2%）、俄罗斯（15.1%）、澳大利亚（14.0%）、中国（13.3%）、印度（10.3%）、德国（3.3%）、印度尼西亚（3.2%）、乌克兰（3.2%）、波兰（2.6%）、哈萨克斯坦（2.4%）。

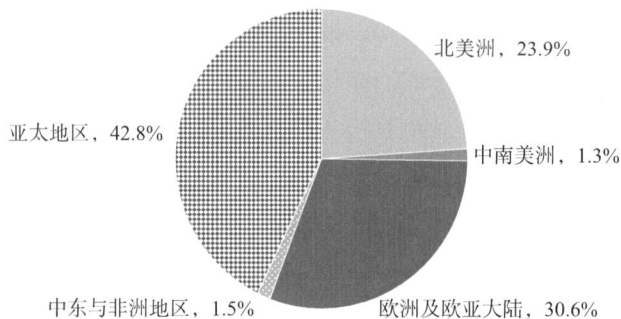

图3-1 2020年世界煤炭储量格局

资料来源：根据《BP世界能源统计年鉴2021》相关数据整理所得。

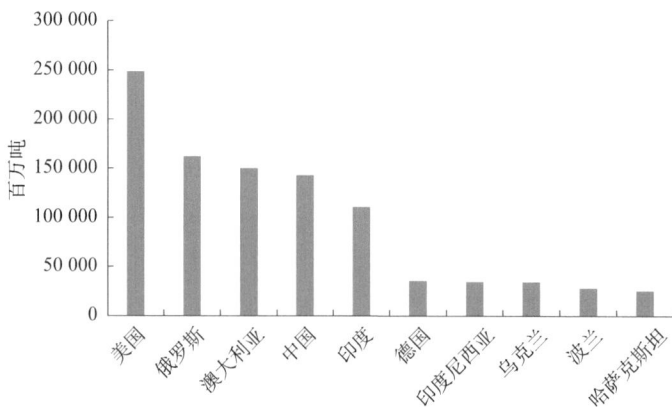

图3-2 2020年主要国家的煤炭储量

资料来源：根据《BP世界能源统计年鉴2021》相关数据整理所得。

3.1.2 煤炭生产和消费

2021年全球煤炭产量为167.58艾焦，如图3-3所示，过去10年，全球煤炭生产增长2.36%，年均增长率仅为0.3%。2013—2016年，由于能源需求的稳定和清洁能源的普及，全球煤炭产量出现了剧烈下跌，其中2016年更是跌破历史新低；2016—2019年，随着时间的推移，世界煤炭产量出现了周期性的复苏，产量大幅增长；而在2019—2020年，受全球新冠疫情的影响，煤炭产量又一次出现了下滑；到2021年，疫情得到了有效控制，煤炭产量也达到了近10年的历史新高，同比增长5.9%。

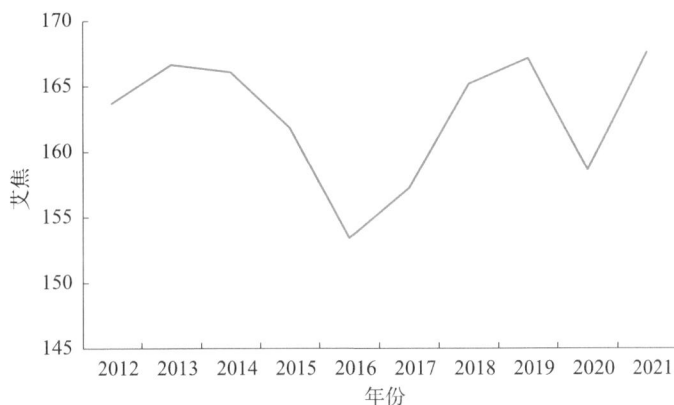

图3-3 2012—2021年全球煤炭产量

资料来源：根据《BP世界能源统计年鉴2022》相关数据整理所得。

世界煤炭的主要产区非常集中，如图3-4所示，中国以85.15艾焦的产煤量居2021年世界煤炭产量的第一位，是世界煤炭产量排名第二的印度尼西亚（15.15艾焦）的5.6倍。2021年产煤超过10艾焦的国家还有印度、澳大利亚和美国，分别为13.47艾焦、12.43艾焦和11.65艾焦。此外，全球主要产煤国还有俄罗斯、南非、哈萨克斯坦、波兰和哥伦比亚。2021年这10个国家的煤炭产量占全球煤炭产量的比重高达94.3%。其中，2021年哥伦比亚煤炭产量达到1.71艾焦，相比2020年的1.50艾焦增长了0.21艾焦，是这10个国家中增长幅度最大的，涨幅达到14%。

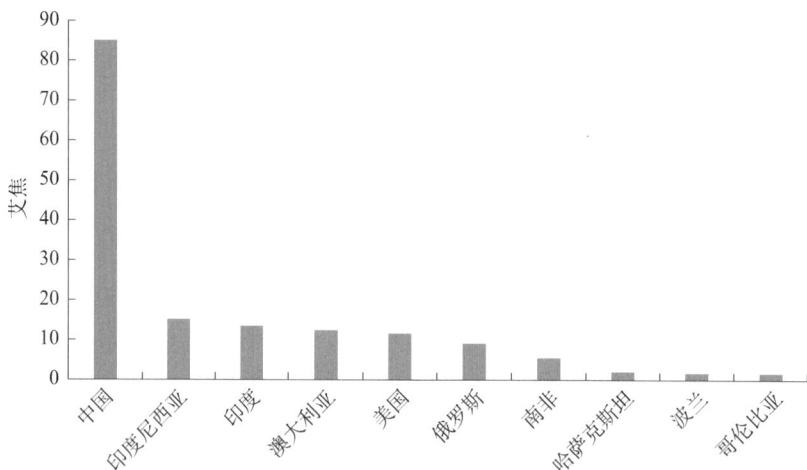

图3-4　2021年主要产煤国产量

资料来源：根据《BP世界能源统计年鉴2022》相关数据整理所得。

2021年，全球煤炭消费量达到了160.10艾焦，较上年度增长了6.3%。如图3-5所示，在过去的10年里，全球煤炭消费量呈现出剧烈的波动，10年间仅增长0.1%。2012—2014年，原油价格的高涨导致了原油需求量的下降，从而推动了煤炭需求量的增加，使得煤炭消费量呈增长趋势；2014—2016年，随着天然气和可再生能源的开发利用，燃煤电厂逐渐被淘汰，煤炭的消费量大幅减少，全球煤炭的消费量呈逐年递减的趋势；2016—2018年，由于经济的周期性复苏，煤炭的消费量也有了一定的上升；2020年，新冠疫情暴发，煤炭的国际贸易量大幅萎缩，煤炭的消费量出现了明显的下降；2021年，中国市场的复苏推动了全球煤炭需求的回升，再加上近两年"拉尼娜"极端天气现象的出现，局部地区的气候变得异常，阻碍了清洁能源的发展，进而推动了火电消费的增长，从而使得全球煤炭需求急剧上升[①]。

---

① 杜冲.煤炭2023年投资策略：发现[EB/OL].东方财富网/研报大全/行业研报正文. https://data. eastmoney.com/report/zw_industry.jshtml?infocode=AP202212191581203247.2022-12-19/2023-06-20.

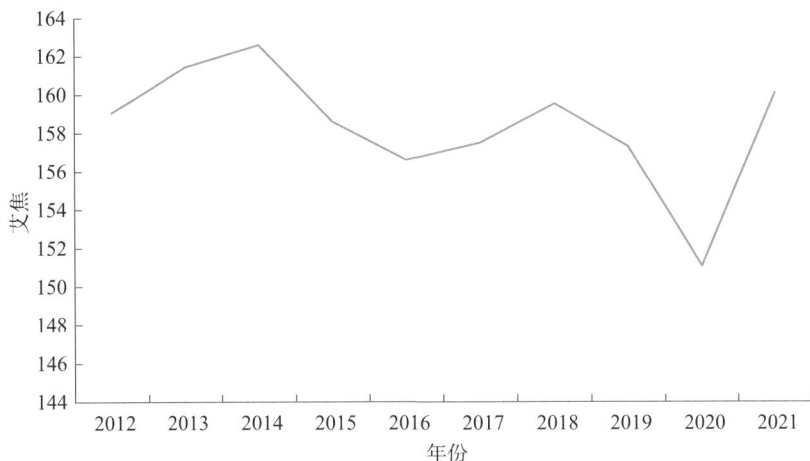

图3-5 2012—2021年全球煤炭消费量

资料来源：根据《BP世界能源统计年鉴2022》相关数据整理所得。

分地区来看，根据2012—2021年的数据，不难发现亚太地区的煤炭消费量变化趋势与全球煤炭消费量变动走势大体相似，但其年平均消费增速高出全球平均水平，达到了15倍以上。如图3-6所示，2021年亚太地区煤炭消费量占全球总消费的79.7%，为127.63艾焦，同比增加6.0%；而北美洲地区、中东地区以及欧洲及欧亚大陆地区2012—2021年的煤炭消费量都呈负增长。亚太地区已经成为全球煤炭生产和消费的核心地带，其影响力已经超越了其他地区，在全球煤炭供需市场中占据着极其重要的地位。

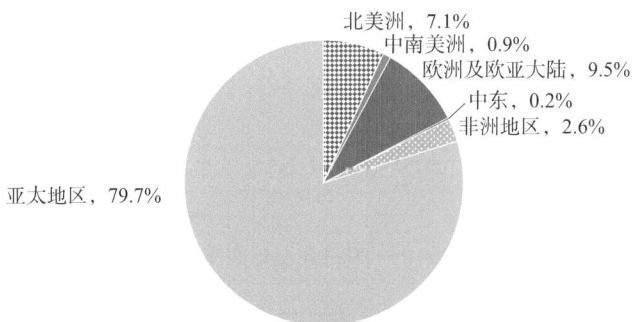

图3-6 2021年世界煤炭消费格局

资料来源：根据《BP世界能源统计年鉴2022》相关数据整理所得。

3.1.3 近年来全球煤炭贸易概况

虽然世界煤炭储量丰富，但全球煤炭资源分布并不均匀，各国因为煤炭资源禀赋不同，煤质差别较大，开采难度也不尽相同。能源消费大国经济发展导致能源需求扩大，煤炭生产国的经济发展需要使得煤炭的国际贸易成为必然，随着全球经济的不断发展，全球煤炭贸易量也在不断扩大。

从贸易总量来看，如图3-7所示，2012年以来，全球煤炭贸易量总体呈上涨趋势，尽管2018—2020年由于产业结构改革、清洁能源的使用以及新冠疫情等因素，煤炭的全球贸易量大幅下跌，但煤炭始终是三大能源之一，随着新冠疫情得到控制以及极端天气的影响，2021年全球煤炭总贸易量开始回暖，较2020年增长了4.11%，达到了66.94艾焦。从全球煤炭贸易结构来看，根据国际能源署发布的2022年7月更新版《煤炭市场报告》（*Coal Market Update July* 2022），当前，动力煤的市场占比最大，达77.04%，冶金煤的市场占比仅为22.96%。与2020年相比，2021年动力煤贸易量增长了4.28%，冶金煤增长了1.30%。

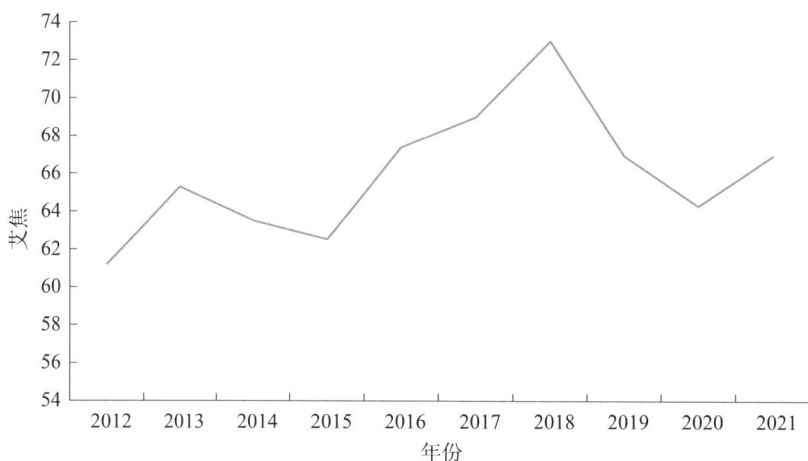

图3-7 2012—2021年全球煤炭贸易量

资料来源：根据《BP世界能源统计年鉴2022》相关数据整理所得。

《BP世界能源统计年鉴2022》统计数据显示，如表3-1所示，2021年世界煤炭市场中，亚太地区的煤炭贸易发展迅速，其出口和进口均处于全球领先地位，其总贸易额更是高达67.51%，成为全球第一大煤炭贸易市场；欧洲及欧亚大陆煤炭贸易量占全球的比重为17.87%，位居第二；北美洲地区煤炭贸易量占全球的比重为5.38%，位居第三；中南美洲地区煤炭贸易量全球占比为4.45%，位居第四；然后是非洲地区，煤炭贸易量占全球的比重为4.35%；最后是中东地区，煤炭贸易量仅占全球比重的0.44%。

表3-1　2021年全球各地区煤炭进出口情况

排名	出口		进口	
	地区	出口量（艾焦）	地区	进口量（艾焦）
1	亚太地区	19.4	亚太地区	25.79
2	欧洲及欧亚大陆	6.91	欧洲及欧亚大陆	5.05
3	北美洲	3.19	中南美洲	1.25
4	非洲	2.23	非洲	0.68
5	中南美洲	1.73	北美洲	0.41
6	中东地区	0.01	中东地区	0.29

资料来源：根据《BP世界能源统计年鉴2022》相关数据整理所得。

　　《BP世界能源统计年鉴2022》统计数据显示，具体来看，出口方面，2021年世界煤炭市场上的主要出口方依次为印度尼西亚、哈萨克斯坦、菲律宾、美国、波兰、荷兰、印度、德国、古尔吉斯斯坦、博茨瓦纳，其中菲律宾于2019年超过美国，成为煤炭出口量第三的国家，而后世界煤炭出口前三的国家始终为印度尼西亚、哈萨克斯坦和菲律宾。进口方面，2021年世界煤炭市场上的主要进口方依次为印度、马来西亚、菲律宾、越南、泰国、摩洛哥、荷兰、德国、日本、以色列，其中印度近10年来始终为全球煤炭第一大进口国，煤炭进口量达20 545.77万吨。

3.2 国际煤炭价格波动分析

3.2.1 长期煤炭价格波动情况

如图3-8所示，从2001年至今，煤炭价格呈现出剧烈的波动，总体呈上升趋势。其中在2008年以前，煤炭价格呈现出快速增长的态势，煤炭价格从2001年的40美元/吨左右的平均水平上涨到了2008年的130美元/吨左右的平均水平，日本动力煤进口现货到岸价更是达到了157.88美元/吨的峰值，短短8年间，煤炭价格增长了大约3倍。自2008年以来，煤炭行业产品价格深受世界经济不景气的负面影响，连续10年保持着80美元/吨的稳定价位水平，直到2019年全球新冠疫情暴发，煤炭价格跌破2008年以来的最低点，美国中部阿巴拉契亚煤炭现货价格指数仅有42.77（美元/吨）。2021年，随着疫情得到控制，全球煤炭价格触底反弹。其中，日本动力煤进口现货到岸价已经接近2008年的峰值，中国秦皇岛现货价格则达到近20年来的最高值。

近20年来，煤炭价格虽然总体呈上涨趋势，但是由于其他能源的冲击，尤其是21世纪以来新能源的冲击，煤炭价格受到较大压制。受2008年国际金融危机和2019年新冠疫情的影响，煤炭价格出现了两次"过山车"式的波动，2008—2009年和2018—2020年全球煤价几乎腰斩，随后强力复苏，这主要是由于煤炭的成本较低，尤其对于不景气的西欧市场，生产厂商为了降低成本，煤炭再次受到追捧。从2020年起，全球能源需求大幅反弹，国际煤炭市场呈复苏迹象，煤炭价格大幅上涨，2021年各种煤价均有不同程度的上涨，中国秦皇岛现货价格甚至达到近20年来的最高值。

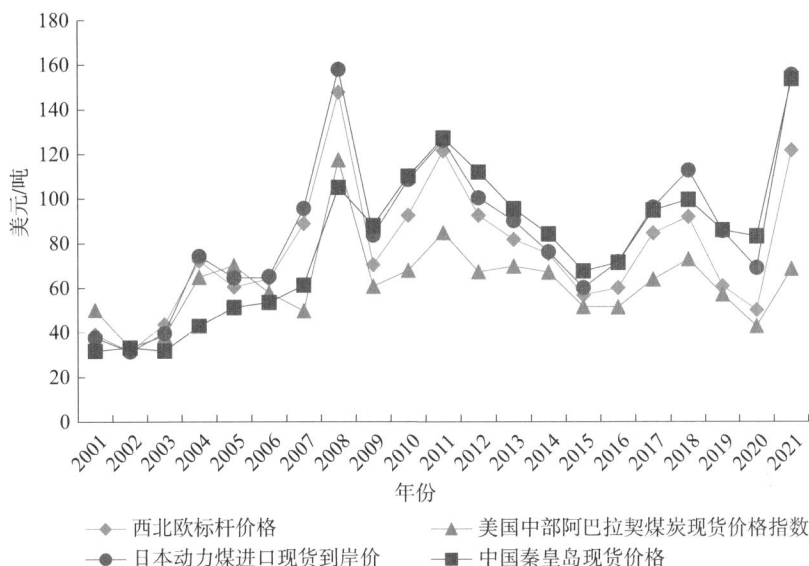

图3-8　2001—2021年全球煤炭价格

资料来源：根据《BP世界能源统计年鉴2022》相关数据整理所得。

3.2.2　2021年全球煤炭市场价格波动情况

（1）煤炭市场

从表3-2中的数据来看，无论是在亚太市场还是在南非市场，2021年煤炭价格整体都呈上升趋势。亚太市场的煤炭价格从1月的86.83美元/吨到12月的169.65美元/吨，全年增幅达95.38%，其中10月涨幅最大，为27.58%；南非市场的煤炭价格从1月的86.85美元/吨到12月的142.5美元/吨，全年增幅达64.08%，其中10月涨幅最大，为36.70%。但由于受2021年末中国国内煤炭市场大降价的影响，11月两大市场都出现了价格跳水的现象，其中南非地区煤炭价格跌幅最大，为35.89%。但在12月南非当地发现的新冠病毒新变种引发了人们对煤炭及其他能源需求可能下降的担忧，印度、巴基斯坦进口需求减少，但是南非煤出货不畅对价格有所支撑，价格有所回暖。

表3-2　2021年煤炭国际价格指数

交易时间	亚太市场		南非市场	
	价格指数（美元/吨）	涨幅（%）	价格指数（美元/吨）	涨幅（%）
1月	86.83	—	86.85	—
2月	86.74	-0.10	82.76	-4.71
3月	94.92	9.43	90.66	9.55
4月	92.22	-2.84	89.13	-1.69
5月	107.04	16.07	99.31	11.42
6月	129.97	21.42	112.92	13.70
7月	151.97	16.93	122.33	8.33
8月	168.75	11.04	137.92	12.74
9月	185.69	10.04	146.05	5.89
10月	236.9	27.58	199.65	36.70
11月	157.48	-33.52	128	-35.89
12月	169.65	7.73	142.5	11.33

资料来源：前瞻数据库。

（2）动力煤市场

从环球煤炭价格指数来看（见表3-3），亚太地区方面，2021年动力煤价格总体呈平稳上升趋势。一方面由于疫情得到控制价格回弹，另一方面也是由于供给的增加，NEWC价格指数从1月的86.2美元/吨上升至12月的170.2美元/吨，全年增幅达97.45%，其中10月增幅最大，达22.81%，但是由于11月中国国内煤炭市场突如其来的大降价，亚太地区上下游整体观望情绪浓厚，市场成交较少，导致亚太地区煤炭供给大于需求，引起动力煤的价格大跳水，降幅达28.42%。南非地区方面，2021年动力煤价格总体呈上升趋势，前10个月一路上升，而后的2个月有所回落。RB价格指数从1月的91.3美元/吨上升至12月的137.4美元/吨，全年增幅达50.49%，其中10月增幅最大，达32.14%，但是由于11月中国国内煤价持续下跌，部分中国贸易商开始抛售现货南非煤，导致南非地区煤炭供给大于需求，动力煤的价格发生大跳水，降幅达28.88%。欧洲地区方面，2021年动力煤价格走势与南非地区相似，DES ARA 价格指数在前 10 个月一路上涨，到后 2 个月开始回落。DES ARA 价格指数从 1 月的 67.4 美元/吨上升至 12 月的 136.7 美元/吨，全年增幅达 102.82%，其中 10 月涨幅最大，达 38.65%，但是由于年末欧洲和亚太地区的天然气价格下跌，欧洲地区耗煤需求因此减少，再加上俄罗斯向欧洲的天然气以及煤炭供应有所增加，叠加中国市场看跌情绪影响，11 月欧洲地区动力煤价格因此下降，降幅达 36.51%。

表 3-3　2021 年环球煤炭（Global Coal）价格指数

交易时间	NEWC		RB		DES ARA	
	价格指数（美元/吨）	涨幅（%）	价格指数（美元/吨）	涨幅（%）	价格指数（美元/吨）	涨幅（%）
1 月	86.2	—	91.3	—	67.4	—
2 月	85.5	−0.81	87.4	−4.27	66.4	−1.48
3 月	94.4	10.41	95.5	9.27	68.4	3.01
4 月	93.3	−1.17	94	−1.57	70.8	3.51
5 月	106	13.61	105.9	12.66	85.2	20.34
6 月	127.7	20.47	115.9	9.44	101.2	18.78
7 月	150	17.46	124.3	7.25	120.6	19.17
8 月	171.4	14.27	140.1	12.71	152.3	26.29
9 月	181.1	5.66	155.9	11.28	171.3	12.48
10 月	222.4	22.81	206	32.14	237.5	38.65
11 月	159.2	−28.42	146.5	−28.88	150.8	−36.51
12 月	170.2	6.91	137.4	−6.21	136.7	−9.35

资料来源：前瞻数据库。

3.3 国际煤炭定价机制与价格影响因素分析

3.3.1 国际煤炭价格定价机制

（1）煤炭贸易价格的确定

煤炭的国际贸易方式主要为现货贸易和期货贸易，此外还有易货贸易、跨国公司内部贸易等。

与期货贸易相比，煤炭现货贸易的历史更为悠久。目前，世界上大多数煤炭贸易均采取现货贸易方式进行。由于大部分煤炭现货贸易依靠海运完成，国际上主要煤炭运输港口的煤炭现货价格就成为衡量国际煤炭价格走势的重要指标。在亚太地区中，经常使用澳大利亚BJ指数。而在欧洲市场，经常使用的是PLATTS煤炭价格指数中欧洲ARA三港的煤炭现货到岸价。此外还有像南非的理查兹贝港价格指数、南美的玻利瓦尔价格指数、印度尼西亚的加里曼丹价格指数等。

煤炭期货贸易虽然历史不长，但其交易量与日俱增，有极大的发展潜力。尤其2008年以来，国际煤炭期货市场迎来快速发展时期。世界上最早的煤炭期货品种是2001年美国CME（芝加哥商品交易所）推出的阿巴拉契亚煤炭期货，该煤炭合约自2008年以来成交量逐渐增加，2009年9月成交量达到2万手，2010年以来其月成交量均在1.1万手以上。2006年欧洲ICE（洲际交易所）推出南非理查兹贝港、荷兰鹿特丹港煤炭指数期货。2009年澳大利亚推出纽卡斯尔港煤炭期货，虽然至今该交易品种成交量依然较小，但随着煤炭期货市场日益成熟以及煤炭在国际能源市场上的地位逐渐提高，该煤炭期货品种未来也将大有潜力。煤炭期货贸易规模虽然暂时还无法与现货交易规模相比，但是煤炭期货价格走势已经成为国际煤炭价格较为可靠的先行指标。参照其他大宗商品期货市场的发展经验，煤炭期货贸易未来还将保持较快的发展势头，煤炭期货价格在国际煤炭价格体系中的地位也将变得越来越重要。总之，煤炭期货价格现在已成为且未来还会继续作为国际煤炭价格走势的"晴雨表"和"指示器"。

（2）价格形成机制

目前国际上煤炭价格主要有合同价和现货价格。合同价又分为长期合同价和短期合同价，国际性的大型煤炭销售大多采用长期合同价，即供需双方签订长期合同来确定供需数量，一般来说是每年的上半年通过谈判来确定当年的煤炭价格。

煤炭的具体合同价格一般通过基准价加升（贴）水的方式实现。基准价格主要是指普氏价格，进口方依据公司的生产经营，并根据普氏价格和供应方进行谈判定价，一般是一些大型的煤炭公司和产煤公司签订合同作为一个基准价，其他公司根据煤炭的热值、含硫量、灰分等指标再进行一定的升（贴）水，从而形成煤炭的贸易价格。例如，在炼焦煤方面，一般日本作为主要进口方，而澳大利亚作为主要出口方。因此，日本钢铁公司与澳大利亚煤炭供应商之间的焦煤基准价格通常被认为最合理。

煤炭期货交易在西方发达国家已经得到广泛应用，随着期货市场的发展不断完善，市场的交易量也不断增加。由于期货市场上充斥着煤炭的供求消息，为来自各地的煤炭交易者提供参考，因此煤炭期货市场中形成的价格某种程度上真实地反映了实际供求状况，同时又为现货市场提供了参考价格，基本上发挥了价格发现的功能。随着期货市场的进一步完善，期货市场对国际煤价必然会带来一定的影响，从而使国际煤炭价格逐步从现货定价向期货定价发展。

（3）全球煤炭市场结构

长期以来，由于煤炭的独特性质，世界上大多数地区的煤炭储量都集中在少数几个国家。但是近40年来，尤其是近年来各国能源的转型持续推进，去煤化进程不断加快，煤炭退出几乎成为必行之举，煤炭行业逐步淡出，甚至走向衰落，全球煤炭市场区域分化进一步加剧[1]。

欧洲方面，近十几年来，欧洲一直推动能源市场"去煤化"，煤炭消费持续下降，多数国家如意大利、法国和英国，已经宣布在2025年前后淘汰煤炭。欧洲煤炭协会的统计显示，2020年，随着新冠疫情的暴发和全球经

---

[1] 2022年世界煤炭市场运行特点及2023年变化趋势展望[EB/OL]. 华夏能源网/新闻/煤炭. https://hxny.com/nd-87302-0-50.html.2023-04-03/2023-06-23.

济的衰退，大部分的燃煤电厂已被迫停运，欧盟27国和英国的煤炭总体消耗量为3.941亿吨，相较上一年减少了1.14亿吨，下跌了22.4%。其中，区内硬煤总产量为5 650万吨，较上一年减少了13.1%；硬煤的进口产量为9 330万吨，较上一年减少了29.9%；而褐煤的总产量为2.443亿吨，较上一年减少了20.6%。然而，由于近年来能源价格高涨等因素，西欧各国重启煤炭发电，"去煤化"进程将面临较大曲折。2021年，欧盟煤炭消费反弹增长14%，进口1.06亿吨，同比增长13.6%。

英国作为第一次世界产业革命发端之地，百年前，英格兰的煤炭产能达到3亿吨，当时的工人达130万，这使得日不落帝国得以繁荣昌盛，并引发了世界第一次产业革命。十几年前，英国和德国仍然是欧洲最大的煤炭进口国，每年的进口量均高达5 000万吨。随着煤炭的淡出，2015年底，英国关闭了全部井工煤矿，Carbon Brief基于英国政府初步能源数据的分析显示，2022年，英国的煤炭需求下降了15%，仅为620万吨。现阶段，英国尽管已经脱欧，但仍然与欧盟国家的目标保持一致，即到2025年之前，关闭所有的煤电设施，退出燃煤发电。

俄罗斯拥有世界上第二大煤炭资源，对煤炭的勘察和开发能力仅次于美国。到2011年，俄罗斯煤炭产量经历了20年的先降后升，基本恢复到苏联解体时的最高水平（1992年产量为3.358亿吨）。根据《BP世界能源统计年鉴2022》，2019年，俄罗斯煤炭产量达到4.39亿吨，创近40年来最高纪录。2020年，煤炭产量4.01亿吨，同比下降8.2%；出口1.93亿吨，同比增长1.6%。2021年，煤炭产量4.37亿吨，比上年同期增长8.8%；出口2.12万吨，同比增长9.7%。

美洲方面，美国2008年煤炭产量和消费量达到峰值，之后，在页岩油气的冲击下，美国煤炭消费量降到了40多年来的最低值。2020年，受新冠疫情的影响，全年煤炭消费量仅4.77亿短吨（约4.33亿吨），同比下降18.7%。2021年，美国的煤炭消费量出现了14.5%的反弹；煤炭产量方面，根据EIA数据，2020年美国的煤炭产量下降了24.2%，在2021年出现了8%的反弹，然而，到了2022年，这一增幅却大幅降低，仅有3.4%。煤炭出口方面，2018年再次突破1亿吨之后快速下降，2019年和2020年分别下降19.3%和26.3%。2021年煤炭出口则自然反弹，增长23.4%。

哥伦比亚拥有南美洲最丰富的煤炭资源，并且是世界上第五大煤炭出口国，主要生产动力煤。目前探明的煤炭地质储量约为220亿吨，但大部分赋存在北方沿岸的瓜希拉半岛，海拔2 000～3 000米，增加了煤炭开采和运输的难度。在过去的20年里，哥伦比亚的煤炭生产量一直在快速上升，已经达到了9 000多万吨。根据《BP世界能源统计年鉴2022》，2020年，受新冠疫情和长达3个月的罢工影响，煤炭产量仅4 950万吨，比去年大降40.0%；煤炭出口7 119万吨，比去年下降4.7%。2021年，哥伦比亚煤炭产量反弹，增长20.9%，回升到5 960万吨，但出口跌破6 000万吨，下降16.2%。

非洲方面，南非可采煤炭储量居世界第6位，煤炭产量居世界第7位，出口量居于世界第5位。煤炭产量和出口长期比较稳定，产量基本保持在2.5亿吨左右，煤炭出口7 000万吨左右。但近几年来由于铁路运输制约的影响，煤炭产量和出口均有所下降。据南非矿业理事会（Minerals Council South Afric）和南非税务局（South African Revenue Service）发布的统计，2020年，南非的煤炭总产量为2.48亿吨，其中出口达到7 340万吨；2021年，总产量减少了8.3%，仅有2.29亿吨，出口总额也减少了5 872万吨，同比下降25%。

亚太地区方面，印度是全球第二大煤炭生产、进口和消费国。在过去的20年里，印度煤炭产量一直持续上升。根据印度煤炭部（Ministry of Coal）的数据，2019—2020财年，印度的煤炭表观消费量超过了10亿吨，而当年的煤炭产量则达到了7.56亿吨。2020—2021财年煤炭产量小幅下降2.0%。从煤炭进口需求来看，印度是全球仅次于中国的第二大煤炭进口国。2020年煤炭进口2.18亿吨，同比下降12.4%；2021年进口2.11亿吨，同比下降3.2%。

印度尼西亚是亚洲主要的煤炭出口国，更是世界上最大的动力煤出口国。据印度尼西亚国家统计局（BPS-Statistics Indonesia）发布的统计数据，2019年印度尼西亚煤炭产量达6.16亿吨，曾一度创出历史最高水平。2020年受新冠疫情影响，印度尼西亚煤炭产量和出口都出现下降。但2021年，煤炭产量快速恢复，当年产量为6.14亿吨，同比增长8.9%。2019年煤炭出口4.59亿吨；2020年煤炭出口降至4.07亿吨；2021年煤炭出口恢复增长到4.34亿吨，同比增长6.6%。

3.3.2 国际煤炭价格影响因素

（1）世界经济宏观基本面

商品价格是复杂多变的，但其变动趋势与经济周期的运动基本一致，煤炭价格与国家经济增长速度有一定关联[2]，经济周期变化的阶段性决定了价格变动的阶段性。通常来说，经济的发展会导致煤炭的市场价格发生同向的改变。在经济兴起的阶段，煤炭的消费需求量会大幅提升，但由于煤炭市场的供应量无法迅速扩大，因此煤炭的市场价格会出现升高的走势；相反，在经济衰落的阶段，由于市场的消费量会大幅降低，煤炭价格则会呈下跌趋势。因此，经济周期是决定煤炭价格变动的重要因素之一。如图3-9所示，反映了2012—2021年世界GDP总量变化趋势和国际煤炭价格变化趋势情况。

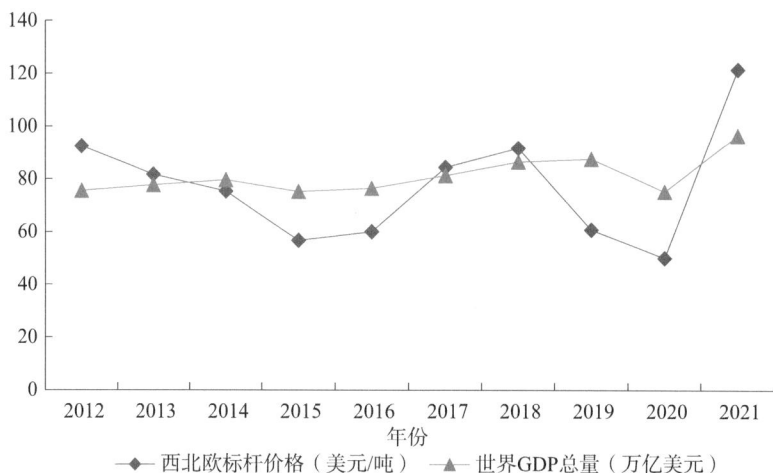

图3-9　2012—2021年世界经济增长趋势和煤炭价格变化趋势

资料来源：根据《BP世界能源统计年鉴2022》和UNCTAD（联合国贸发会议）数据库相关数据整理所得。

从图3-9中可以直观看出，国际煤炭价格走势与世界GDP变动趋势较为类似，并且国际煤炭价格的波动幅度大于世界GDP的波动幅度。2014年，全球经济仍处于国际金融危机后的调整期，许多根本性的、结构性的挑战仍未得到有效的解决，如结构调整的步伐还未跟上、人口老龄化的趋势日益严重、新的经济增长点尚未形成、内生增长动力不足等，这些都大大阻碍了经济的发展。此时煤炭价格也呈现出下跌的趋势，并在2015年达到2012年以来的极小值。2015年，世界经济开始复苏并快速增长，煤炭价格也展现出了上涨的趋势。2019年新冠疫情全面暴发，2020年世界经济跌到10年间的最低，这两年间世界煤炭价格也出现大幅下降，降幅为近10年之最，而2021年随着世界经济的复苏，煤炭价格又开始止跌回升。煤炭价格之所以会随着经济周期发生波动，主要有以下原因：

第一，煤炭的主要消费部门是工业部门，正因为工业部门随着经济周期的变动而发展，所以煤炭的需求和价格变动同样具有周期性。具体来说，在经济萧条期间，工业生产会大幅萎缩，导致煤炭的需求下降，煤炭市场整体表现为供过于求，进而造成煤炭价格下跌；在经济繁荣期间，工业生产会大幅增产，导致煤炭的需求增加，煤炭市场整体表现为供不应求，进而造成煤炭价格上涨。

第二，煤炭进口商对煤炭价格的预期会加剧煤炭价格的波动。进口商对煤炭的购买，虽然以当前实际消费需要为基础，但也会根据自己对未来价格的预测而增加或减少购买数量，故煤炭的实际需求往往与市场需求存在一定差别。实际需求产生于生活性或生产性的消费，它们虽然是构成市场需求的基础，但在一定时期内可以小于或大于市场需求。如果进口商预期煤炭价格会上涨，就会大批购进，此时市场需求大于实际需求，从而加剧煤炭价格上涨；如果进口商预期煤炭价格会下跌，就会减少或停止购进，此时市场需求小于实际需求，从而使煤炭价格跌势更猛。

第三，煤炭的需求和供给弹性不同也是造成煤炭价格受经济周期影响而波动的重要原因。一般来说，煤炭的需求价格弹性较小而供给价格弹性相对较大，在面临外来冲击时供求双方价格弹性的不一致会引起煤炭价格的剧烈波动。具体来说，煤炭生产者可通过调整开采量以增加或减少煤炭供给，从而在数月内对价格变化做出较快反应。而煤炭的消费者主要是各类企业，当煤炭价格上涨时，由于要维持正常生产，其需求难以大量减少，而当煤炭价格下跌时，其需求也不会立刻增加很多。所以，煤炭的供给曲线较平坦而需求曲线较陡峭，当煤炭生产者受经济周期影响调整生产规模使得供给曲线左右移动时，会导致均衡价格大幅上下波动。

（2）美元汇率

由于国际煤炭价格主要以美元标价，长期来看，美元币值也是影响煤炭价格的重要因素之一[①]，煤炭行业存在较强的汇率传递效应[3]，当美元汇率上涨时，煤炭的价格将会下跌，而美元指数下降时，煤炭的价格将相对上涨。2019年，美国疫情的暴发导致了经济的萎缩，美国政府采取大规模刺激计划和货币宽松政策，导致近年来美元的贬值。同时，2020年特朗普的连任失败，导致了美国政治的不稳定，这种不确定性降低了投资者的信心，导致他们将资金转移到其他货币，进一步导致了美元汇率的下跌（见图3-10），这也是2021年国际煤炭价格走高的重要原因。

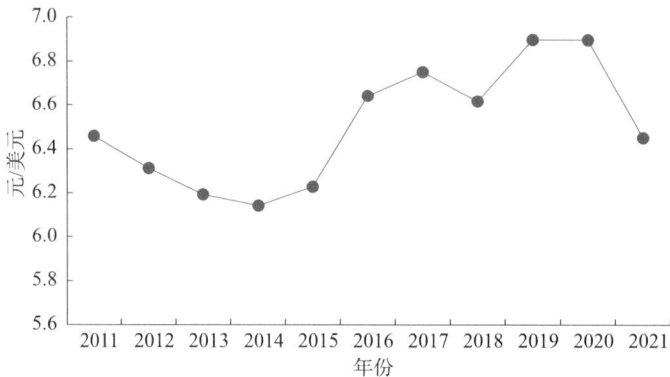

图3-10　2011—2021年美元汇率波动趋势

资料来源：根据中华人民共和国国家统计局网站相关数据整理所得。

---

① 美元汇率是影响国际煤价的主要原因[EB/OL].山西煤矿设备网/经济风向标. http://zyxkgw.sxcoalme.com/html/news/20230614/21886.htm.2013-11-21/2023-06-23.

（3）主要经济体相关能源政策

宏观政策环境要素是影响煤炭价格的外部驱动因素[4]，各国的能源政策将在宏观上给予国内能源相关产业发展的方向，同时也会影响到企业对于能源使用的预期，从而改变企业的能源结构，导致能源价格变化。自1980年开始，新兴能源的兴起使大多数发达国家的能源政策趋向于发展新能源，如核能、风能、太阳能以及生物能等。为了应对全球气候变暖的挑战，世界各国纷纷采取行动，制定并落实一系列有效的应对措施，以期达到更加积极的碳排放减少目标。

2021年，为应对全球气候变暖的挑战，多国积极推进净零排放、碳中和的行动，已有130个国家和地区提出了零污染、零碳排放的目标。例如，德国进一步完善《气候保护法》，将交通、工业等行业的减排控制作为重点，并且要求在2045年前实现碳中和的目标；阿联酋和沙特阿拉伯则是海湾地区最早提出净零排放这一目标的国家，它们宣布分别在2050年、2060年之前，完全达到零排放的要求；新兴经济体越南、俄罗斯、印度也纷纷推行了碳中和政策，预计分别在2050年、2060年、2070年实现碳中和[5]；中国加快构建碳达峰碳中和1+N政策体系，宣布二氧化碳排放力争于2030年前达到峰值，努力争取2060年前实现碳中和，到2030年，中国单位国内生产总值二氧化碳排放将比2005年下降65%以上。

英国发布《净零战略》，聚焦绿色产业发展。2021年10月，英国政府发布《净零战略》，全面阐述英国如何在2050年实现有关气候变化的净零排放承诺，《净零战略》包含英国政府一系列长期的绿色改革承诺，涉及清洁电力、交通变革和低碳取暖等众多领域。该战略支持英国企业和消费者向清洁能源和绿色技术过渡，降低对化石燃料的依赖，鼓励投资可持续清洁能源，减少价格波动风险，增强能源安全，支持英国在最新的低碳技术方面获得竞争优势，包括从热泵到电动汽车、从碳捕获到氢能等。

美国在2021年制定了《美国长期战略：2050年实现净零温室气体排放的路径》，以此来确立净零排放实施路径，为未来减少温室气体的排放提供具体的指导方针。根据拜登政府所制定的路径，要在2050年前实现净零排放，需要在大部分经济领域中改用清洁能源，此外，还需要提高能源效率并推广从大气中提取二氧化碳的技术。另外，该长期战略中还包括电力部门脱碳、实现终端电气化并向其他清洁燃料转型、减少能源浪费、减少甲烷等其他温室气体排放、扩大碳汇等去碳方式规模五大措施，提出了针对二氧化碳的减排和碳汇方式。

俄罗斯发布2050年前低碳发展战略，将更加精确地实施减少温室气体排放的具体措施。2021年11月，俄罗斯政府颁布目标计划——《俄罗斯2050年前实现温室气体低排放的社会经济发展战略》，旨在2050年之前，通过改善森林、加强能源利用、降低温室气体的排放，从而推动俄罗斯的可持续社会经济发展。具体来看，为了应对目标计划提出的环境挑战，不仅要降低化石燃料的消耗，而且还要推广应用先进的石化技术，以及利用各种新兴的能源，如天然气、氢气、氨气，以期达到低碳的目标。不过，尽管俄罗斯政府已经采取了一系列措施来实现碳排放减量的目标，但这些措施并未给俄罗斯的煤炭行业带来太大的负面影响，特别是在近中期，俄罗斯煤炭工业仍会按照既定战略发展[6]。

（4）全球煤炭供求

在经济学中，供求关系对于了解商品价格的变化起着至关重要的作用，从国际煤炭价格的发展历程来看，可以说，国际市场的煤炭供求状况时刻影响着国际煤炭价格[7]。

影响煤炭供给的因素主要有以下三个。

一是已探明的煤炭储量和储采比。煤炭是一种宝贵的自然资源，具有不可再生性，煤炭储量和采掘比例是决定煤炭供给的长期因素。随着人类对现有煤炭资源的大规模开采和利用，煤炭资源必将越来越稀缺，如果其他因素保持不变，那么国际煤炭市场的价格将会持续上涨。各国的煤炭产量也决定着煤炭的短期价格，如美国由于推行新能源的使用，不断减少对传统能源的开发使用，这也在一定程度上减少了国际煤炭的供应量，推高了国际煤炭价格。

二是煤炭开采技术和勘探技术。随着煤炭开采技术的飞速发展，许多原本无法开采的煤炭资源也可以被有效利用，这将大幅提升煤炭的供应量，并且有望大幅降低煤炭的价格。与此同时，随着勘探技术的不断加强，很多新矿被发现，也有可能改变煤炭的贸易格局。例如，在新西伯利亚煤矿开发之前，中国从俄罗斯进口的煤炭数量很少，而在新西伯利亚煤炭开发之后，中国从俄罗斯进口的煤炭同比增长200%。

三是各国的煤炭库存水平。煤炭库存是指各国政府和私营企业为了防范煤炭供给不足而储备的煤炭，包括各国政府的战略库存和民间的商业库存。煤炭库存在从各种市场波动信息到煤炭价格的传导中起到了非常重要的作用，煤炭库存的变化相当于煤炭进出口量的"调节器"。当国际煤炭价格上涨时，向市场抛出一部分库存可使本国煤炭进口量减少；在国际煤炭价格下跌时，可以增加库存以备不时之需。因此，国际煤炭市场供求总量的调节相当程度上依赖于煤炭库存，煤炭库存量对煤炭价格的波动有着重要的影响。

影响煤炭需求的因素主要有以下三个。

一是下游产品的需求，对于煤炭而言，上游的产业对煤炭的影响不大，煤炭价格主要受下游产品的影响。下游产品的需求，如主要耗煤行业特别是电力、冶金、化工等重要的耗煤行业的生产和需求状况决定了煤炭价格的走势[8]。

二是煤炭替代能源的开发利用。如果其他因素保持不变，那么随着替代能源的增加，煤炭的消费量将会减少，从而导致煤炭价格下降；相反，如果替代能源的种类减少，那么煤炭的消费量将会增加，从而导致煤炭价格的上升。煤炭的替代能源大致可以分为两类：一类是由核能和太阳能代表的新兴能源，另一类是石油和天然气这样的传统化石能源。

三是煤炭利用效率。如果其他因素保持不变，煤炭利用效率的提高意味着相同数量的煤炭可以生产更多的产品，煤炭的需求就会下降，煤炭价格也会随之下跌；反之，则会增加煤炭需求，煤炭价格也会随之上涨。随着经济的发展和人们对煤炭的不断研究，煤炭的利用效率在未来会得到良好的提高。

（5）全球煤炭价格的成本

煤炭生产成本是影响煤炭市场行情变动的决定性因素[9]，煤炭生产成本既包括购置资本及技术研发费用、劳动力费用等一般商品共有的生产成本，又与煤炭储量的地质条件、煤炭质量、地理位置等因素存在一定关系。煤炭生产成本变化及其对国际煤炭价格的影响具体表现在以下三个方面。

第一，随着煤炭产业的要素密集型发生变化，煤炭生产成本提升效应可能超过劳动生产率导致的生产成本下降效应。随着技术的进步，煤炭行业在逐步由劳动密集型产业转变为技术密集型产业，在对煤炭产品进行深加工时需要投入大量资金来研制技术或购买设备，这些都会使煤炭的生产成本提高。一旦这种成本提升幅度超过劳动生产率提高导致的成本下降幅度，最终煤炭价格并不必然下降。

第二，劳动力成本增加会推动煤炭价格上涨。劳动力成本是煤炭生产成本的重要组成部分，国外煤矿劳动力成本一般占煤炭生产成本的25%～35%。总体而言，国外煤矿职工的工资一直在稳步提高，美国一般煤矿工人的收入已达到中产阶级水平。煤炭企业劳动生产率的提高尚无法完全弥补由于工人工资上涨带来的劳动力成本增加，因此煤炭价格会出现上涨态势。

第三，世界剩余煤炭资源开发难度加大导致煤炭生产成本上升，这也会推动煤炭价格上涨。经过长期开采，世界上大量优质煤炭资源已被利用，剩余煤炭资源中的劣质煤炭资源所占比重较大，这些煤炭资源要么资源赋存不佳，要么煤质不好，要么地处偏僻，其开采难度较大，通风、排水、照明、瓦斯监测、运输等相关环节的成本都比较高。从长期来看，这也会促使煤炭生产成本提高，进而推动煤炭价格上涨。

煤炭运输的成本主要体现在以下三个方面，分别为经济成本、时间成本以及外部成本[10]，这些因素的综合作用导致煤炭运输的总成本较高，其中，平均运输成本占煤炭价格的20%。不同地区的煤炭尽管出口价相同，但由于路程远近不一也会对价格造成很大的影响。随着运输成本的不断提高，全球煤炭市场发生了巨大变化，基本上形成了两大市场，一个是由欧洲和美洲组成的欧洲—大西洋市场，另一个是由亚洲中国、日本和大洋洲澳大利亚组成的亚太市场。正因为如此，BP能源统计数据显示，西北欧煤价和美国中央山脉价格相关程度较高，而亚太地区主要以日本焦煤到岸价和日本动力煤到岸价为基准价。

　　随着煤炭资源的国际开发格局的不断变化，煤炭的贸易来源国也在发生着不断的变化，这在一定程度上改变了煤炭的贸易成本。譬如，2020年，中国从澳大利亚进口了近8 000万吨煤炭，但2021年中澳航线的煤炭贸易明显减少，减少的份额被印度尼西亚、美国、加拿大、哥伦比亚、俄罗斯和南非部分替代。这6个遥远的国家在2020年第一季度对中国煤炭进口总量的贡献仅为10%，到了2021年第一季度，这一份额已经攀升到了24%，并且在未来还会持续攀升。因此，可以预测，随着长途海运贸易份额的增加，将使干散货船的使用时间更长，未来煤炭贸易格局将发生更大的变化。

3.4　本章小结

　　煤炭作为能源商品，虽然近年来其在我国一次能源消费中的占比不断下降，但仍接近六成，依旧是我国主要的能源来源。2020年全球煤炭总存储量达10 741.08亿吨。其中烟煤和无烟煤总存储量达7 536.39亿吨，次烟煤和褐煤的总存储量达3 204.69亿吨，按照目前的开采速度，还可开采139年。

　　从煤炭的储量分布来看，煤炭资源主要分布于亚太地区、欧洲及欧亚大陆以及北美洲。按照国别划分，煤炭资源分布也较为集中，世界上煤炭探明储量最多的10个国家集中了世界全部储量的90.6%。从煤的生产消费来看，由于能源需求持平和清洁能源的涌入，过去10年间，全球煤炭生产增长2.36%，年均增长率仅为0.3%；全球煤炭消费量显现出剧烈的波动，10年间仅增长0.1%。亚太地区已经成为全球煤炭供应和需求的核心，其地位不可低估，在全球煤炭市场中占据着重要的地位。从煤炭的国际贸易来看，自2012年以来，全球煤炭贸易量总体呈上涨趋势，其中亚太地区无论是煤炭的出口还是进口都占全球首位，煤炭总贸易量占全球的比重高达67.51%，是世界第一大煤炭贸易市场。近20年来，煤炭价格虽然总体呈上涨趋势，但是由于其他能源的冲击，尤其是21世纪以来新能源的冲击，煤炭价格受到较大压制。

煤炭的国际贸易方式主要为现货贸易和期货贸易，此外还有易货贸易、跨国公司内部贸易等。与期货贸易相比，煤炭现货贸易的历史更为悠久。目前世界上大多数煤炭贸易均采取现货贸易方式进行。在亚太地区，经常使用澳大利亚BJ指数。而在欧洲市场，经常使用的是PLATTS煤炭价格指数中欧洲ARA三港的煤炭现货到岸价。煤炭价格主要受到世界经济宏观基本面、美元汇率、主要经济体相关能源政策、全球煤炭供求以及成本等因素的影响。由于煤炭产品本身的特点，而且近40年来，尤其是近年来各国能源的转型持续推进，"去煤化"进程不断加快，全球煤炭市场区域分化将进一步加剧。

本章参考文献

[1] 张莉，张建强，宁树正，等.中国与全球煤炭行业形势对比分析[J].中国煤炭地质，2021，33（S1）：17-21，43.

[2] 张同功，赵得志.我国煤炭价格波动影响因素实证研究[J].中国能源，2018，40（3）：16-21.

[3] 曹伟，申宇.人民币汇率传递、行业进口价格与通货膨胀：1996—2011[J].金融研究，2013（10）：68-80.

[4] 王仕忠.中国煤炭价格影响因素性质辨析及对策研究[J].价格理论与实践，2016（4）：109-112.

[5] 程熙琼，孙娜.全球能源低碳发展新趋势：访国际能源转型研究会会长、

国际能源论坛原秘书长孙贤胜[J].国际石油经济,2022,30(1):14-18.

[6] 柯彦,赵冠一,王雷.碳中和背景下俄罗斯煤炭出口趋势研究[J].煤炭经济研究,2021,41(11):45-50.

[7] 杨青龙,王奕鋆.国际煤炭市场定价格局:形成机制与演化趋势[J].当代经济管理,2015,37(8):40-46.

[8] 段彦甫.对影响煤炭价格若干因素问题的深度分析[J].中国外资,2014(3):201,203.

[9] 孟铁,霍喜福.国际煤炭市场价格变动影响因素分析[J].价格理论与实践,2008(5):55-56.

[10] 焦雨欣.基于多式联运的煤炭运输路径优化[J].中国储运,2022(10):115-117.

第二部分　矿石和有色金属

4 铁矿石

铁矿石是一种具有重要经济价值的天然矿物，它包含了多种有益的元素，如铁单质和铁化合物，并且可以通过多种处理方法从中提取出有价值的元素[1-2]，为钢铁生产企业提供了重要的原材料[3]。铁矿石的起源可以追溯到地球形成的早期阶段[4]，地球形成时，铁元素在地球的内部逐渐聚集并形成了铁核，而地壳和地球表面上的铁则来自地下岩石的铁含量和沉积物的积累。铁矿石的形成主要有两个过程：一是热液沉淀。热液沉淀是指在地壳深部，由于地热活动和矿液作用，富含铁的矿物在热水溶液的影响下从岩浆中析出、沉淀形成铁矿石[5]。这些热液在地下流动时会与周围的岩石发生反应，其中的铁元素聚集并沉淀形成铁矿石矿床。例如，磁铁矿就是通过热液沉淀过程形成的[6]。二是沉积物沉积。沉积物沉积是指在地球表面的海洋、湖泊、河流等水体中，通过长期的沉积作用将富含铁的颗粒沉积下来并逐渐形成铁矿石[7]。这些沉积物中的铁来自水体中的溶解态铁离子，当水体中的铁浓度超过饱和度时，铁离子会结晶并沉积。赤铁矿和褐铁矿就是通过沉积物沉积形成的典型铁矿石[8]。各种形成过程，以及地球地质变化和地壳构造活动，影响了铁矿石的形成和分布。

随着科技的发展，目前，全球各国的铁矿石供给已经大大增加，其中包括澳大利亚、巴西、俄国、乌克兰、哈萨克斯坦、印度、美洲、加拿大和南非。中国虽然蕴藏着大量的铁矿石，但由于其质量和价格不高，仍然是全球铁矿石最大的进口国家之一[9]，而且澳大利亚、巴西是中国的重点供应国。根据铁矿石的性质和成分，可以将其分为几个主要类型：一是磁铁矿。磁铁矿是一种含有氧化铁化合物的矿石，可以通过磁选法进行提纯。二是赤铁矿。赤铁矿是一种主要含有氧化铁的矿石，具有红色外观，是最常见的铁矿石。三是褐铁矿。褐铁矿含有氢氧化铁，通常与其他铁矿石共生。四是菱铁矿。菱铁矿含有碳酸亚铁，经过焙烧后可用于炼铁。铁矿石在工业中具有重要作用。首先，它是用于生产钢铁的主要原料之一，通过提取铁元素，可以制造各种钢铁产品，广泛应用于建筑、交通运输等领域[10]。其次，铁矿石还可用于生产铁合金，如铸铁和不锈钢[11]。同时，铁矿石还被用于生产铁粉、铁矿颗粒等化学品[12-13]。因此，铁矿石的开采和加工对于满足各行各业对钢铁产品的需求至关重要，它为钢铁产业提供了必要的原材料基础，推动着社会的发展和进步。全球铁矿石资源分布的不平衡也导致了国际贸易的发展，各国通过进口铁矿石实现钢铁产业的持续发展。

4.1　铁矿石国际贸易概况

4.1.1　国际铁矿石资源储量格局及分布特点

根据美国地质调查局（USGS）2022年的统计，全世界的铁矿石资源十分充足，其中包括1 800亿吨的粗矿，而粗矿的铁矿石（包括铁元素）的总储量高达850亿吨，它们都具备了可供开发和使用的潜力。图4-1中粗矿的分布情况显示，世界粗矿储量主要集中在澳大利亚、巴西、俄罗斯、中国，储量分别为510亿吨、340亿吨、290亿吨和200亿吨，分别占世界总储量的28.33%、18.89%、16.11%和11.11%，四国储量之和占世界总储量的74.44%。另外，乌克兰、加拿大、印度、美国和伊朗也有较丰富的粗矿资源，其储量分别为65亿吨、60亿吨、55亿吨、30亿吨和27亿吨，分别占世界铁矿石总储量的3.61%、3.33%、3.06%、1.67%和1.50%。从铁矿石储量来看，世界铁矿石主要分布在澳大利亚、巴西、俄罗斯、中国，储量分别为270亿吨、150亿吨、140亿吨和69亿吨，分别占世界总储量的31.76%、17.65%、16.47%、8.12%，四国储量之和占世界总储量的74.00%。另外，印度、乌克兰、加拿大、伊朗、秘鲁和美国也有丰富的铁矿石资源，其储量分别为34亿吨、23亿吨、23亿吨、15亿吨、12亿吨和10亿吨，分别占世界总储量的4.00%、2.71%、2.71%、1.76%、1.41%和1.18%。

由图4-1可以看出，粗矿分布图和铁矿石分布图基本是一致的，粗矿排名前四位的仍然是铁矿石储量前四位，但每个国家的粗矿和铁矿石储量并不是完全一样的，都有着或多或少的增减，前四位中中国的铁矿石相对于粗矿占比减少最多，中国粗矿储存量全球占比是11.11%，但是铁矿石储量却是8.12%，减少了将近3个百分点，说明我国的矿产中可利用的铁矿并不多，有很多矿是不能有效利用的。并且从图4-1中可以看出，中国的铁矿石优质度不如其他储量大国，因此更需要充分利用好铁矿石资源。

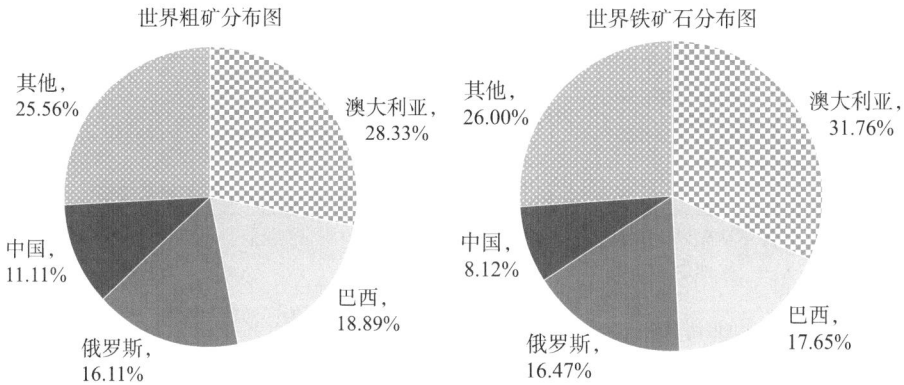

图4-1 2022年世界粗矿及铁矿石分布

资料来源：根据USGS《矿产品概要》（2023，电子版）整理所得。

地壳中的铁元素含量仅次于氧、硅、铝，排名第四[14]。全球铁矿石资源总量丰富，分布非常广泛，并且各个矿区的铁矿石都有不同的特点。铁矿石通常包括磁石矿、赤铁矿、针铁矿、褐铁矿、菱铁矿等矿石种类。在众多的矿石中，赤铁矿的产出量高达90%以上，从而得到了普遍的应用。全球范围内大型和特殊的铁矿资源可以参考表4-1。

表4-1 世界大型铁矿区分布情况

国家	矿区名称	品位（Fe%）	占本国储量百分比（%）	储量（亿吨）	相关著名铁矿企业
澳大利亚	哈默斯利	57	91	320	哈默斯利公司、BHP公司

国家	矿区名称	品位 （Fe%）	占本国储量 百分比（%）	储量 （亿吨）	相关著名铁矿企业
巴西	铁四角	35～69	65	300	淡水河谷（CVRD）公司、MBR公司
巴西	卡拉加斯	60～67	35	180	淡水河谷公司
玻利维亚、巴西	木通（玻）乌鲁库姆（巴西）	50～53		580	交通不便未开发
印度	比哈尔、奥里萨	>60	29	67	MMTC公司
加拿大	拉布拉多	36～38	51	206	加拿大铁矿公司（IOC）魁北克、卡蒂尔矿山公司（QCM）
美国	苏必利尔	31	94	163	明塔克、帝国铁矿、希宾公司、蒂尔登公司等
俄罗斯	库尔斯克、卡奇卡纳尔	46	50	575	列别金、米哈依洛夫、斯托依连公司、卡奇卡纳尔公司
乌克兰	克里沃罗格	36	17	194	英古列茨，南部、北部、中部采选公司
法国	洛林	33	95	77	
瑞典	基律纳	58～68	66	34	LKAB公司
委内瑞拉	玻利瓦尔	45～69	99	20	CVG Ferrominera Orinoco C.A.
利比里亚、几内亚	宁巴矿区	57～60		20	

资料来源：根据煤炭网（http://meitan.10260.com/）相关资料整理所得。

4.1.2　国际铁矿石市场生产与消费格局

根据联合国贸易和发展会议报告的统计数据，2022年的世界铁矿石出口量将超过历史最高水平，达到26亿吨，而国内外贸易额超过16.1亿吨。从2000年开始，亚洲的钢材产业迅速发展，促使全球铁矿石消费量的迅速上升，并进一步刺激了全球铁矿石的生产。在2011年至2022年期间，由于市场行情的变化，铁矿石的供需关系发生了变化，但整体而言，铁矿石产量仍然处于稳定增长阶段。随着世界经济的恢复，这种变化对推进铁矿石的生产与消费起到了积极的作用，使得它的出口一直处于稳定的水平。

（1）国际铁矿石生产状况

2022年，除了欧洲少数几个国家的产量上升，大多数国家和地区的铁矿石产量在下降。如表4-2所示为2022年主要铁矿石生产国产量。

表4-2　2022年主要铁矿石生产国产量

单位：百万吨

国家	2021年	2022年	增长率（%）
美国	30 100	29 000	−3.65
澳大利亚	565 000	540 000	−4.42
巴西	273 000	260 000	−4.76
加拿大	34 500	35 000	1.45
中国	246 000	240 000	−2.44
印度	169 000	180 000	6.51
伊朗	47 900	49 000	2.30
俄罗斯	66 700	63 000	−5.55
南非	46 500	48 000	3.23
瑞典	28 600	28 000	−2.10
乌克兰	52 400	47 000	−10.31
总计	1 630 000	1 600 000	−1.84

资料来源：根据USGS《矿产品概要》（2023，电子版）整理所得。

USGS 2023年公布的数据显示，世界铁矿石的生产总量约为16 000亿万吨，相较于2021年下降1.84%。从表4-2可以看出，相较于2021年，2022年铁矿石产量增加较多的分别是印度、伊朗和南非，印度的铁矿石产量增长率达到6.51%，伊朗和南非的增长率也有2.30%和3.23%。但是，世界大部分铁矿石生产国都在减产。其中，中国铁矿石产量减少主要是由于以下两个方面的原因：一方面，中国的铁矿资源具有"贫、杂、细""小、广、深"的特点，这导致铁矿企业呈现出"多、小、散、乱"的分布格局，从而导致了更加严重的环境污染和安全风险。此外，由于缺乏可持续发展战略，铁矿石的利用率也受到了限制。另一方面，由于矿价频繁大幅波动，国内矿山盈利能力高低不定，不利于国内铁矿行业的健康稳定发展。

澳大利亚力拓（Rio Tinto）公司、必和必拓（BHPBilliton）公司和巴西淡水河谷（VALE）公司是世界主要的铁矿石供应商。这三家矿业巨头在供应市场中占据着优势地位，难以撼动。原因有三个：第一，它们已经掌握了澳大利亚和巴西等地的优质铁矿石资源，并积极寻求控制其他地区，如南非的铁矿石资源；第二，印度的铁矿石出口不太持续，因为基础设施滞后、钢铁工业发展受限、政治和环境压力等因素制约了印度铁矿石的出口贸易；第三，除了澳大利亚、巴西、印度和南非，其他国家没有大规模出口优质铁矿石的能力。因此，上述因素共同促使这三大矿业巨头保持了其主导地位。力拓公布的2022年每季度生产业绩、必和必拓发布的2022年每季度运营报告和世界金属导报数据显示，2022年，三大铁矿石生产商占世界总产量的34.7%。如表4-3所示为2022年力拓、必和必拓、巴西淡水河谷三大铁矿石生产商每个季度铁矿石生产状况。

表4-3 2022年三大铁矿石生产商季度生产状况

单位：百万吨

世界铁矿石主要供应商	第一季度	第二季度	第三季度	第四季度	季度平均增长率（%）
力拓	71.70	78.60	84.30	89.50	1.25
必和必拓	66.67	64.20	65.10	74.30	0.50
淡水河谷	63.13	74.11	89.70	80.85	−1.78

资料来源：根据力拓官网（http://www.riotinto.cn/）、必和必拓官网（https://www.bhp-china.cn/）、世界金属导报官网（http://www.worldmetals.com.cn/viscms/index_3.html）相关数据整理所得。

从表4-3可以看出，2022年三大生产商铁矿石生产量每个季度都保持稳定，市场还存在着大量的需求。根据力拓公司的数据，2022年其铁矿石的年产能达到了324.1百万吨，在三大铁矿石制造商中排名第一，其季度平均增长率达到了1.25%；而淡水河谷公司的年产能仅达到307.79百万吨，排名第二，不及力拓公司，且其季度平均增长率仅达到−1.78%；必和必拓公司作为第三大铁矿石生产商，铁矿石总产量为270.27百万吨，虽然在总量上相较于力拓公司、淡水河谷公司有较大的差距，但其季度增长率较快，第四季度相较于第一季度增长了11.44%，必和必拓公司正处于一个蓬勃的发展阶段。

（2）全球铁矿石出口情况

根据世界钢铁统计年鉴公布的数据，2020年，全球铁矿石出口量达到16.56亿吨，较2019年大幅上涨，达到3.2个百分点。澳大利亚以8.730亿吨的出口量居首位，较上年度大幅上涨，达到4.40%；巴西紧随其后，出口3.426亿吨，同比增长0.65%；出口排名第三的南非，由于国内政策因素，出口量减少，由2019年的0.668亿吨减少为0.655亿吨，减少幅度达1.95%。全球铁矿石出口局势由三足鼎立变为两家独大。两个最大的出口国澳大利亚和巴西的出口总量达到12.156亿吨，占全球总出口量的73.4%，表4-4为2020年世界铁矿石主要出口国的出口量。

表4-4　2020年世界铁矿石主要出口国的出口量

单位：百万吨

国家	2019年	2020年	增长率（%）
澳大利亚	836.20	873.00	4.40
巴西	340.40	342.60	0.65
南非	66.80	65.50	−1.95
加拿大	52.20	55.10	5.56
印度	31.20	52.00	66.67
瑞典	22.30	27.10	21.52

资料来源：根据世界钢铁协会《钢铁统计年鉴》（2022，电子版）整理所得。

（3）全球铁矿石进口情况

2022年中国进口铁矿石11.07亿吨，比2021年减少1 788万吨，同比下降1.59%。总进口金额为1 280.97亿美元，比2021年减少541.97亿美元，同比下降29.73%。平均进口单价为115.73美元/吨，比2021年减少46.45美元/吨，同比下降28.64%[①]。平均进口单价的下降是由于铁矿石价格的下跌和溢价的下降。根据统计数据，普氏62%指数2022年均值比2021年均值下降了39.34美元，降幅达24.66%[②]。此外，由于国内钢铁企业的利润下滑，对中低品铁矿石的需求增加，对高品铁矿石的价格施加了明显压力，导致高低品价差明显下降，普氏65%和普氏62%的价差从55美元下降到了10美元[③]。

表4-5为2021—2022年中国铁矿石进口量。由于国际化的推动，中国进一步拓宽对外贸易的途径，以满足国内日益增长的对铁矿石的需求。澳大利亚、巴西、南非三国的铁矿石贸易规模居全球前三，澳大利亚在2022年的贸易量达到7.293亿吨，较2021年的贸易量大大提升，达到5.1%的增长率。占据第二位的是巴西，2022年巴西向中国出口铁矿石2.273亿吨，相较于2021年减少了1 030万吨，同比增长率达-4.3%。2022年，中国从全球第三大铁矿石生产国南非进口了3 740万吨铁矿石，相较于2021年减少了290万吨，降幅高达7.2%。这很可能是由于中国实施了钢铁减产和去产能政策，以及逐步减少对海外铁矿石的进口量。减少海外进口铁矿石的数量有助于缓解对铁矿石的过度需求，并引导钢铁产业进行逐步的升级改造。这一举措在一定程度上有助于调整钢铁行业的结构，推动其向更加高效、环保的方向发展。2022年澳大利亚、巴西和南非占中国总计铁矿石进口量的89.8%，与2021年所占比重约86.4%相比有所提升，这主要与澳大利亚出口量显著上升有关。

---

① 张丰睿. 2022年铁矿石进口情况分析[EB/OL].兰格钢铁网. https://baijiahao.baidu.com/s?id=1757149789286919895&wfr=spider&for=pc.2023-02-07/2023-06-12.

② 张丰睿. 2022年铁矿石进口情况分析[EB/OL].兰格钢铁网. https://baijiahao.baidu.com/s?id=1757149789286919895&wfr=spider&for=pc.2023-02-07/2023-06-12.

③ 张丰睿. 2022年铁矿石进口情况分析[EB/OL].兰格钢铁网. https://baijiahao.baidu.com/s?id=1757149789286919895&wfr=spider&for=pc.2023-02-07/2023-06-12.

表4-5　2021—2022年中国铁矿石进口量

单位：百万吨

国家	2021年	2022年	同比增长率（%）
澳大利亚	693.9	729.3	5.1
巴西	237.6	227.3	−4.3
南非	40.3	37.4	−7.2
秘鲁	17.0	18.6	9.3
加拿大	14.8	13.1	−11.3
智利	13.8	11.6	−16.0
印度	33.6	10.2	−69.6
俄罗斯	8.5	8.7	2.7

资料来源：根据兰格钢铁网（https://www.lgmi.com/）相关数据整理所得。

表4-6为2011—2022年中国铁矿石平均到岸价格。近12年中国铁矿石的到岸价格一直处于波动状态，2018年的平均到岸价格为67.6美元/吨，较2011年的163.8美元/吨下降了96.2美元/吨，降幅达到58.73%。然而，自2018年起，铁矿石的价格便开始上涨，2018—2021年的上涨幅度更是惊人，表明中国铁矿石市场正在经历一个持续的增长期。近4年来，每年的价格上涨幅度高达34.45%，平均价格约为107.43美元/吨，而且在2020年，价格首次超过100美元/吨。2021年以后，由于国内外新冠疫情多发，全球经济增长面临放缓压力，世界各国对铁矿石的需求减少，2022年铁矿石进口价格开始降低，铁矿石到岸价格为115.7美元/吨。

表4-6　2011—2022年中国铁矿石平均到岸价格

单位：美元/吨

年份	2011	2012	2013	2014	2015	2016
平均到岸价格	163.8	128.6	129.0	95.97	60.5	78.0
年份	2017	2018	2019	2020	2021	2022
平均到岸价格	69.8	67.6	92.0	105.8	164.3	115.7

资料来源：根据前瞻数据库（https://d.qianzhan.com/）相关数据整理所得。

4.1.3　国际铁矿石市场贸易格局

在当今的全球铁矿石市场中，一种普遍存在的寡头垄断模式已经形成，澳大利亚力拓公司、必和必拓公司和巴西淡水河谷公司的铁矿石贸易量占据了绝大多数，其中力拓公司占全球的60%以上，而中国、欧盟27个国家和日本则是其中的重点客户。近年来，中国对铁矿石的进口数量在全球占比不断攀升，到2020年已经达到了72.39%。这一趋势体现了中国在国际铁矿石市场中的重要地位和需求的不断增长。同时，它也凸显了中国对于铁矿石的依赖程度。

澳大利亚、巴西、俄罗斯、乌克兰、印度、美国、加拿大和南非等国家都拥有丰富的铁矿石资源。在全球铁矿石市场中，巴西和澳大利亚是主要出口国，而南非、印度和加拿大则处于第二梯队。由于新一轮钢铁行业的兴起，世界各地的铁矿石资源供应量不断增加，导致铁矿石资源的供应结构出现重大改变。主要的铁矿石进口国从日本和西欧逐渐转向中国。欧洲和北美洲市场已相对成熟，进口需求相对稳定。亚洲地区，韩国和中国台湾的进口有小幅增长，日本的进口量基本保持稳定，而中国大陆的消费需求则迅速上涨。中国已成为全球最大的铁矿石消费国。这一趋势对世界铁矿石市场产生了重要影响。

如表4-7所示，2012—2020年世界铁矿石出口量逐年递增，2020年世界铁矿石总出口量比2012年多4.405亿吨。全球三大出口国澳大利亚、巴西和印度2012—2020年基本保持着稳定的出口增幅。从各国情况来看，2020年，澳大利亚出口铁矿石8.73亿吨，同比增长4.4%，受高产量及铁矿石合同均价上涨支撑。2020年，巴西的铁矿出口增长率仅为0.65%，远低于澳大利亚。2012—2015年，由于国内政治形势的变化，印度的铁矿石出口量大幅下降，甚至低于南非，随后五年又呈增长态势。近10年来，三大出口国的全球出口份额一直保持在75%以上。因此，未来澳大利亚和巴西仍将保持其出口大国的地位，而印度是否仍将保持这一地位，需要进一步观察。

表4-7 2012—2020年主要铁矿石出口国出口量

单位：百万吨

	2012年	2013年	2014年	2015年	2016年	2017年	2018年	2019年	2020年
澳大利亚	524.1	613.4	754.3	810.5	835.0	872.8	887.4	836.2	873.0
巴西	326.5	329.6	344.4	366.2	374.0	383.5	394.2	340.4	342.6
印度	28.4	14.4	9.8	4.2	21.7	28.1	17.9	31.2	52.0
世界	1 215.6	1 343.0	1 489.1	1 510.5	1 563.4	1 638.7	1 668.1	1 603.9	1 656.1
三国占比（%）	72.3	71.3	74.4	78.2	78.7	78.4	77.9	75.3	76.5

资料来源：根据世界钢铁协会《钢铁统计年鉴》（2013—2022，电子版）相关数据整理所得。

如表4-8所示，全世界铁矿石进口国主要有中国、日本、韩国和德国。在进口大国中，中国的进口量远超过其他国家。中国的进口量占世界总进口量的比重从2012年的61.9%上涨到2020年的72.4%。上涨幅度最快是在2015—2017年，两年间平均每年增长4.2%，这主要是因为中国正处于工业化发展的高速阶段。日本、韩国和德国进口铁矿石的数量10年间并没有发生明显变化，处于相对稳定的状态。

表4-8 2012—2020年主要铁矿石国家进口量

单位：百万吨

	2012年	2013年	2014年	2015年	2016年	2017年	2018年	2019年	2020年
中国	745.4	820.2	933.1	953.4	1 024.7	1 075.4	1 064.6	1 069.1	1 170.4
日本	131.1	135.9	136.4	131.0	130.0	126.5	123.9	119.6	99.4
韩国	64.8	63.4	73.5	73.3	71.7	72.4	73.2	74.7	70.4
德国	40.7	40.9	43.0	41.0	40.0	38.3	39.6	37.1	33.4
世界	1 205.2	1 339.7	1 486.1	1 518.0	1 522.0	1 578.0	1 586.3	1 583.9	1 616.8
中国占比（%）	61.9	61.2	62.8	62.8	67.3	68.2	67.1	67.5	72.4

资料来源：根据世界钢铁协会《钢铁统计年鉴》（2013—2022，电子版）整理所得。

4.2 铁矿石国际价格波动情况

4.2.1 国际铁矿石价格指数种类

在国际市场上，有三种具有影响力的铁矿石现货指数：普氏能源资讯公司（Platts）的普氏指数、环球钢讯（SBB）的TSI指数以及金属导报（MB）的MBIO指数。这三个指数的定价方式各有不同。TSI指数用于新加坡证券交易所和芝加哥交易所的铁矿石期货交易的结算，而普氏指数则在季度定价和现货市场方面占据主导地位，MBIO指数基于交易当天的实际成交量，考虑了不同等级铁矿石的质量、矿厂地点和交货地点等因素进行加权计算。2011年6月，普氏能源资讯公司宣布收购环球钢讯集团，全球三大铁矿石指数由三足鼎立变为两强竞争。作为全球最大的铁矿石进口国，中国对铁矿石指数的影响最为显著。普氏和环球钢讯两大指数巨头的合并对中国企业将产生不利影响。而在国内市场上，有两个主要的铁矿石价格指数，分别是由"我的钢铁网"制定的Mysteel-IpiC铁矿石综合价格指数和由中国钢铁工业协会牵头制定的CIOPI指数。以下为不同铁矿石价格指数的简要介绍。

（1）普氏指数定价标准及其制定依据

在2010年，普氏指数成为全球三大矿商选定的铁矿石定价依据。该指数由普氏能源资讯（Platts）制定，自2008年6月起开始发布。普氏能源资讯是麦格希集团旗下的重要子公司，同时也是全球领先的能源、石化和钢铁信息提供商，其发布的信息涵盖碳排放、煤炭、电力、石油、天然气、钢铁、核能、石化和海运市场等方面，对150多个国家的能源企业产生影响。目前，普氏能源资讯对铁矿石的估价已成为全球铁矿石定价的基准，其具有一定的官方性和权威性。同时，普氏能源资讯也扮演着评定现货市场和期货市场基准价格的重要角色。

表4-9　普氏指数的制定依据及影响力

定价标准	每个工作日公布，并按美元计价。这个价格是按照成本加海运费（CFR）的方式运往中国的主要港口，如日照和青岛的价格。铁矿粉的纯度为62%，其中包含标准杂质
制定依据	普氏指数资料以电话问询等方式为来源，涉及矿方、钢厂和交易商等多方数据采集。其中，选择30家至40家"最为活跃的企业"进行询价。询价主要依据当天最高的买方询价和最低的卖方报价，与实际交易与否无关
影响力	普氏指数是作为贸易结算工具而定位的。在2011年，普氏收购了环球钢讯，这使得普氏指数成为国际铁矿石供应商（包括力拓在内）短期定价的主要参考标准。因此，普氏指数被广泛认为决定铁矿石价格的官方指数

（2）TSI指数定价标准及其制定依据

TSI指数是一种专为钢铁行业提供价格信息的指标。它以每日实际成交价格为基础，涵盖了钢铁生产商、采矿商和贸易商等多个行业，并以基本三三制的方式来评估市场价格。因此，TSI指数在市场上更加关注实际交易情况，反映了较为真实的铁矿石价格走势。

表4-10　TSI指数的制定依据及影响力

定价标准	每个工作日的12:00GMT（Greenwich Mean Time，格林尼治标准时间）公布，并按美元计算，以成本价海运费（CFR）运往中国天津港品位为62%、58%、63.5%、63%以及62%低含铝量每千公吨的铁矿粉现货
制定依据	TSI指数利用安全的互联网技术，收集明确分类的铁矿石价格信息，并据此计算每周和每日的铁矿石参考价格。它的优势在于快速、安全、可验证，并且方便全球各地的数据供应商提交数据。参考价格是通过严格、透明和实证的程序方法基于每周价格数据计算得出的
影响力	目前TSI的62铁矿石指数已经用于新加坡证券交易所、伦敦清算所、芝加哥商品交易所等几家国际清算所的铁矿石掉期交易合约清算依据

（3）MBIO指数定价标准及其制定依据

MBIO指数是英国金属导报（MB）于2008年11月发布的一项重要的铁矿石指数，它旨在通过建立完善的信息收集网络，及时发现市场上的交易活动，以及各类企业的行情变化，为投资者提供有价值的参考。MBIO指数并不单独收费，但它已经成为用户获取有关铁矿石市场价格的重要参考，其所带来的价值也日益凸显。当MBIO指数成为铁矿石市场交易价格确定的重要标志时，它的市场价值将会凸显出来。因此，MBIO 指数在逐步发展的过程中，将扮演越来越重要的角色，并成为铁矿石市场上不可或缺的参考指数。

表4-11 MBIO 指数的制定依据及影响力

定价标准	铁矿石以成本加海运费（CFR）的形式运送到中国青岛港。它的品位在62%或58%至66%之间，并含有标准杂质。每千公吨的铁矿粉的现货价格是根据MBIO每周五以美元结算的
制定依据	MBIO 指数是通过计算铁矿石的辅助指数得出的。这其中包括铁矿石生产商、贸易商和终端用户的买卖合同价格。辅助指数是根据实际交易的正常品位和运费按吨位加权平均计算的。最终形成的指数并非通过三个辅助指数按权重加权平均得出，而是按平均比重计算，每个方面占1/3的比重。当然，该指数还考虑了市场各方面因素以及可能存在的市场失真情况
影响力	虽然MBIO 指数在国际三大铁矿石指数中影响力最小，但是由于MBIO 指数是以中国青岛港（CFR）62%品位铁矿石为基准，对中国而言更具有实际意义

（4）Mysteel-IpiC 铁矿石综合价格指数的制定依据及影响力

Mysteel-IpiC 指数是一种衡量中国铁矿石市场价格波动的重要工具，它可以帮助我们了解市场上铁矿石价格的变化情况，并且可以帮助我们更好地预测未来的市场走势。该指数的基期设定在2005年1月。该指数为市场提供了一个度量中国铁矿石产品价格的标准，帮助人们了解市场的价格动向和趋势。通过跟踪报告期和基准期之间的价格变化，Mysteel-IpiC 指数能够提供对中国铁矿石产品价格的相对评估。因此，该指数在中国铁矿石市场中具有重要的参考价值。

表4-12 Mysteel-IpiC 指数制定依据及影响力

定价标准	在定价时，综合考虑了国内和国外的各种因素。对于矿石基准品位的选择，内外矿均以63.5%的基准品位为准。国内铁矿石采用样本地代表性铁精粉的品位进行折算，使其达到63.5%的基准品位，而进口的外矿则以印度的63.5%品位粉矿为代表
制定依据	编制MBIO 指数时，综合考虑了印度现货铁矿石和国内铁精粉在中国市场的消费权重。同时，还考虑了中国国内主要铁精粉生产和销售地区的产量和销售价格。该指数基于一个含税的现货成交价格，并综合考虑了不同来源、不同地区和不同品位等关键要素的加权组合
影响力	由于其编制的科学性以及网站的权威性，在中国有着较为明显的影响力，逐渐被国际铁矿石市场接受

（5）CIOPI中国铁矿石指数

2011年9月底，中国钢铁业协会、中国五矿化工进出口商会、商务部和中国冶金矿山企业协会联手发布CIOPI中国铁矿石价格指数，旨在更加精准地捕捉铁矿石市场的动态，以便最好地指导钢材公司、采矿公司及其国际贸易公司的投资决策，以期获得更加有效的投资回报。自11月起，这一指标便正式向公众公布。这一举措旨在争取更多的定价权，为中国的铁矿石市场提供更加透明和可靠的价格指导。通过合作共同制定的铁矿石指数，它们为市场参与者提供了一个权威的价格参考，有助于增加市场的透明度和稳定性。这也为各方提供了更多的信息依据，以做出更准确的价格预测和决策。

表4-13 CIOPI铁矿石指数制定依据及影响力

定价标准	指数由两个分项指数构成，分别是"国产铁矿石价格指数"和"进口铁矿石价格指数"。这两个指数的基准点都是1994年4月份的价格，均为100点
制定依据	国产铁矿石价格指数数据涵盖了全国主要产区的铁精矿市场成交含税价格。这包括14个省（区、市）和32个矿山区域的干基铁精矿价格。而进口铁矿石价格指数数据则是根据中钢协会员单位报送的干基粉矿到岸价格，最后参考国内港口进口铁矿石市场成交价格进行加权平均得出的
影响力	中国作为世界上最大的铁矿石进口国，长期以来一直没有定价权，中国钢铁业协会推出的CIOPI铁矿石价格指数，有望为中国争取到更多的铁矿石国际定价权

4.2.2 铁矿石价格指数波动

为了深入探讨2022年12个月铁矿石价格指数的变化趋势，本节对不同铁矿石价格指数进行对比分析，以便更加清晰地把握市场的变化趋势。其中普氏指数、CIOPI铁矿石指数来源于前瞻数据库，TSI指数、Mysteel-IpiC指数来源于"我的钢铁网"。普氏指数、TSI指数、CIOPI铁矿石指数以及Mysteel-IpiC指数都是每日公布，为了更好地对比一年内铁矿石价格的波动状况，对每个月的指数都进行加权平均，再分析12个月铁矿石价格的波动情况。

（1）普氏指数波动状况

根据普氏指数的数据（如表4-14和图4-2所示），2022年铁矿石价格指数的平均值为120.38美元/吨，而3月的价格最高，达到了150.84美元/吨。然而，从全年的数据来看，铁矿石价格并未呈现出明显的线性变化，而是在不同的月份出现了增加或减少的趋势，其中12月的价格增长幅度最大，达到了18.48%，7月的价格则出现了下降，但仍然保持着较高的水平。从全年的增减水平来看，平均每月环比减少1.06%；从上半年和下半年情况来看，上半年铁矿石的平均价格为139.60美元/吨，下半年为101.16美元/吨，下半年铁矿石价格相较于上半年有降低趋势。

表4-14　2022年普氏价格指数月波动状况

单位：美元/吨

	1月	2月	3月	4月	5月	6月
普氏价格	131.15	141.99	150.84	150.77	133.51	129.35
	7月	8月	9月	10月	11月	12月
普氏价格	107.22	104.76	98.42	91.79	93.74	111.06

资料来源：根据前瞻数据库（https://d.qianzhan.com/）相关数据整理所得。

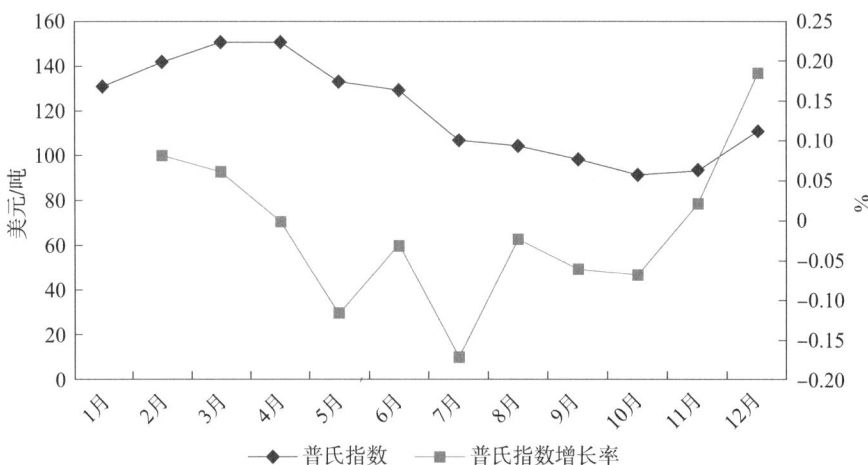

图4-2　2022年普氏指数波动状况

资料来源：根据前瞻数据库（https://d.qianzhan.com/）相关数据整理所得。

（2）TSI指数波动状况

根据TSI指数的变化趋势（如表4-15和图4-3所示），2022年的铁矿石价格指数的变化幅度较大，上半年的报价约为141.08美元/吨，下半年的报价约为102.86美元/吨，与上半年的报价水平相比，下半年的价格下跌了27.09个百分点。12个月中TSI价格指数最高的点出现在4月，价格为154.80美元/吨。从全年的TSI价格波动情况来看，TSI铁矿石价格指数没有明显的增减趋势，每个月都有不同程度的增减，增长幅度最快的为12月，相比于11月，环比增长19.25%，减少幅度最大的为7月，减少幅度为19.49%，从全年的增减水平来看，平均每月环比减少0.61%。

表4-15　2022年TSI指数月波动状况

单位：美元/吨

	1月	2月	3月	4月	5月	6月
TSI指数	127.37	145.14	150.32	154.80	133.88	134.97
	7月	8月	9月	10月	11月	12月
TSI指数	108.67	107.95	99.20	95.77	93.77	111.82

资料来源：根据"我的钢铁网"（https://www.mysteel.com/）相关数据整理所得。

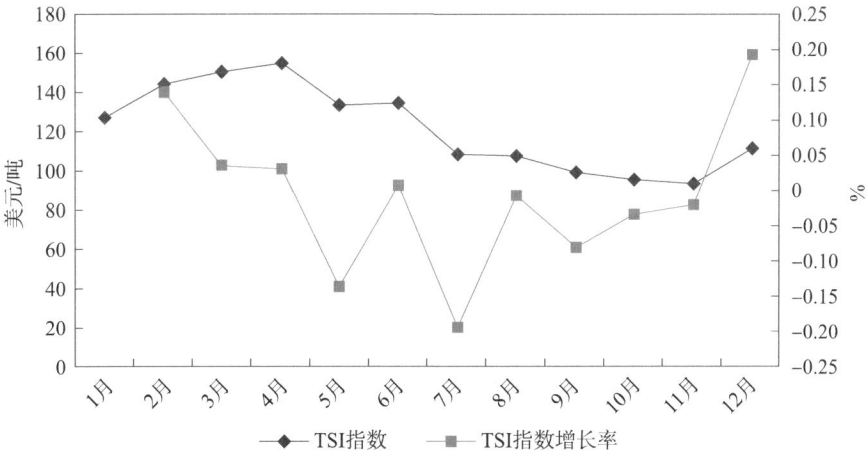

图4-3　2022年TSI指数波动状况

资料来源：根据"我的钢铁网"（https://www.mysteel.com/）相关数据整理所得。

（3）普氏指数、TSI指数对比

尽管两大指数的计算模式存在差异，但通过观察图4-4可以看出，无论是指数波动情况还是增长率波动情况，两大指数的趋势都是一致的，两大指数在2022年的4月和5月间，6月至8月间，以及11月和12月间都出现了较大波动，从全年的情况来看，两大指数相对平稳，年末相对于年初均有一定幅度的提升。

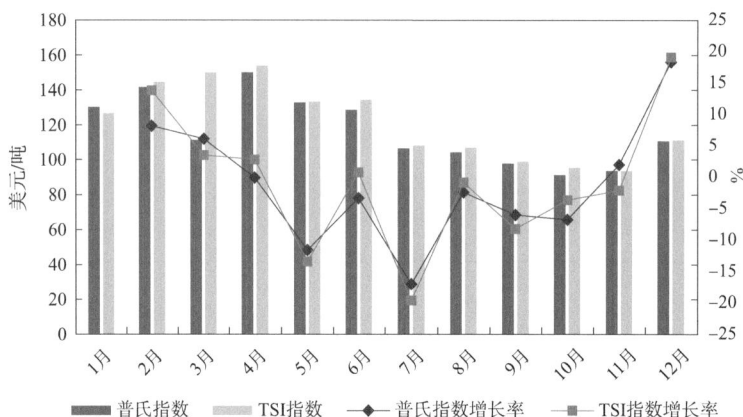

图4-4　2022年两大指数12个月波动趋势对比

资料来源：根据前瞻数据库（https://d.qianzhan.com/）、"我的钢铁网"（https://www.mysteel.com/）相关数据整理所得。

（4）CIOPI铁矿石指数波动状况

根据CIOPI铁矿石指数的资料（如表4-16和图4-5所示），2022年铁矿石价格指数的平均值约为436.62，4月的价格是这12个月中的顶峰，达到539.71。全年的价格变化表明，铁矿石价格呈现出一种稳定的下跌态势，而且与上半年的价格变化呈现出明显的负向关系，上半年的价格约为500.28，而下半期的价格约为372.96，下半年相较于上半年减少了25.45%。从12个月的波动情况来看，12月增长幅度最大，增长率达17.38%，减少幅度最大的为7月，减少幅度为15.97%。从全年的增减水平来看，全年呈减少趋势，平均每月环比减少0.92%。

表4-16 2022年CIOPI铁矿石指数月波动状况（1994年4月=100）

	1月	2月	3月	4月	5月	6月
CIOPI铁矿石指数	469.66	504.83	538.27	539.71	480.86	468.35
	7月	8月	9月	10月	11月	12月
CIOPI铁矿石指数	393.56	385.43	363.69	342.38	346.26	406.45

资料来源：根据前瞻数据库（https://d.qianzhan.com/）相关数据整理所得。

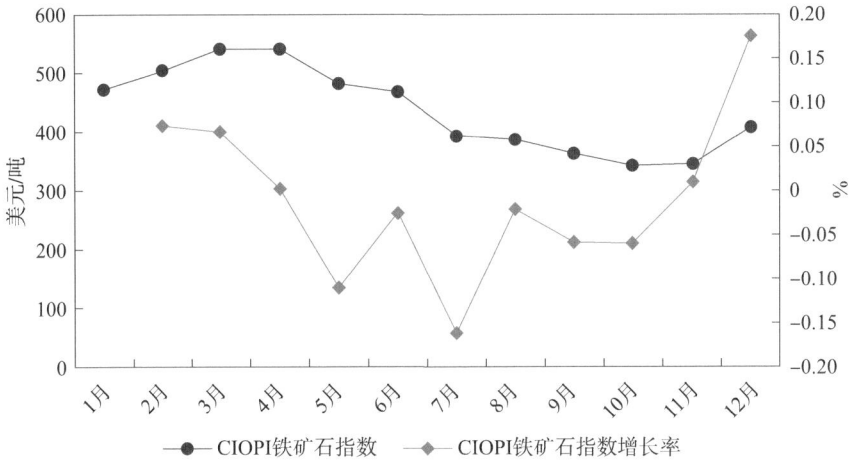

图4-5 2022年CIOPI铁矿石指数波动状况

资料来源：根据前瞻数据库（https://d.qianzhan.com/）相关数据整理所得。

（5）Mysteel-IpiC铁矿石综合指数波动状况

如表4-17和图4-6所示，2022年Mysteel-IpiC铁矿石综合指数平均为118.62美元/吨，12个月中价格最高的点在4月，价格为150.88美元/吨。从全年的波动情况来看，Mysteel-IpiC铁矿石综合指数波动幅度较大，前4个月有明显的上升趋势，4—10月有明显的下降趋势，特别是在7月，相较于6月下降17.74%。从数据来看，上半年铁矿石的平均价格为136.26美元/吨，下半年平均价格为100.98美元/吨，下半年相较于上半年减少了25.89%。从与去年同期相比的情况来看，每个月相较于去年都有明显下降，下降最多的为7月，相较于去年的7月下降了49.28%，从2021—2022年的情况来看，铁矿石的价格整体水平呈下降趋势。

表4–17　2022年Mysteel-IpiC铁矿石综合指数波动状况

单位：美元/吨

月份	铁矿石综合指数	与上月比（%）	2021年同期	去年同比（%）
1	121.66	7.26	167.83	−27.51
2	140.84	15.77	164.16	−14.21
3	140.75	−0.06	166.57	−15.50
4	150.88	7.20	178.40	−15.43
5	133.46	−11.55	202.73	−34.17
6	129.96	−2.62	213.32	−39.08
7	106.90	−17.74	210.77	−49.28
8	104.53	−2.22	158.56	−34.08
9	98.05	−6.20	117.18	−16.33
10	92.29	−5.87	119.77	−22.94
11	93.10	0.88	95.07	−2.07
12	111.00	19.23	113.43	−2.14

资料来源：根据我的钢铁网（https://www.mysteel.com/）相关数据整理所得。

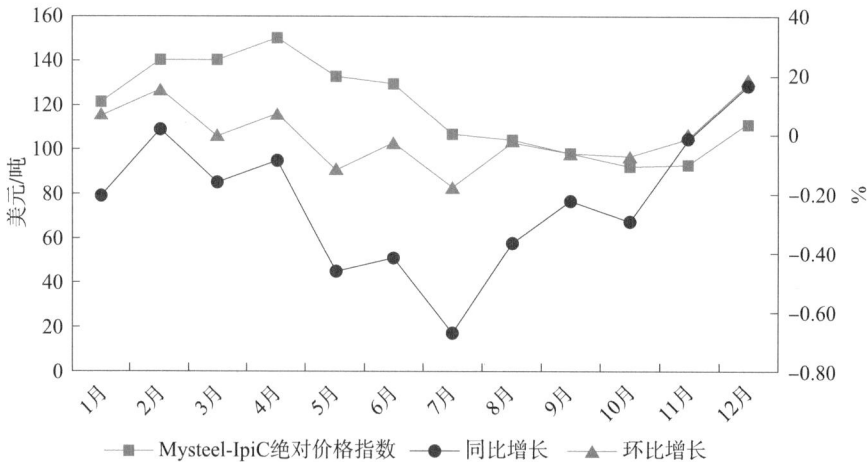

图4–6　Mysteel-IpiC铁矿石综合指数波动状况

资料来源：根据我的钢铁网（https://www.mysteel.com/）相关数据整理所得。

4.3 铁矿石国际价格波动影响因素分析

世界铁矿石市场具有明显的卖方寡头垄断特征，从而导致价格普遍较高。中国作为铁矿石进口大国，在竞争性市场中的钢铁企业较为被动[15]。由于产业集中度较低，中国钢铁企业无法形成强大的买方势力来与三大矿山对抗，因此在每年的价格谈判中，铁矿石供应商往往利用其垄断地位提出超常的价格上涨要求。三大铁矿石公司控制了全球70%以上的市场份额，在铁矿石价格谈判中拥有话语权。由于中国铁矿石进口商缺乏定价权，历年来铁矿石进口价格不断上涨。因此，铁矿石价格与供应方的供给量和价格形成机制直接相关。

铁矿石的价格还受到其他因素的影响。首先，世界铁矿石贸易中多以美元计价，因此铁矿石价格与美元指数有直接关系；其次，铁矿石运输方式通常以海运为主，因此船运价格也是影响铁矿石价格的重要因素；最后，铁矿石价格还受到世界政治经济等因素的影响。本书着重选取了中国粗钢产量、铁矿石进口量、波罗的海干散货指数（BDI）及美元指数这四个因素来探讨其对国际铁矿石价格的影响。

4.3.1 全球粗钢产量

随着全球粗钢产能的迅速提升，铁矿石作为一种必要的原材料，在全球范围内受到了越来越多的关注。近年来，由于社会总需求开始疲软，引发了上述周期和循环的破裂。根据世界钢铁协会发布的数据，2022年全球粗钢产量为18.785亿吨，较2021年减少了8 190万吨，同比下降4.2%。这表明全球钢铁行业面临一定的挑战，产量下降是全球总体需求不佳所致。这种下降可能与全球经济增长放缓、贸易摩擦加剧以及一些国家实施的钢铁产能调整政策有关。这些因素共同导致了全球钢铁市场的不稳定性和下滑趋势。因此，需要密切关注市场动向，并采取相应的调整和应对措施。而且中国的粗钢产量也在降低，由2021年的1 034.7万吨下降到2022年的1 013.0万吨，同比下降2.1%。从其他国家来看，除印度、伊朗外，其他主要产钢国家均为下降趋势。根据表4-18和图4-7，我们可以清楚地看到2022年全球粗钢的月度产量以及它们与普氏价格指数之间的关系。

表4-18　2022年全球粗钢产量

单位：百万吨

	1月	2月	3月	4月	5月	6月
粗钢产量	155.7	143.1	161.2	164.2	169.9	159
	7月	8月	9月	10月	11月	12月
粗钢产量	148.8	149.5	151.5	147.2	138.5	140.7

资料来源：根据世界钢铁协会官网（https://worldsteel.org/zh-hans/）相关数据整理所得。

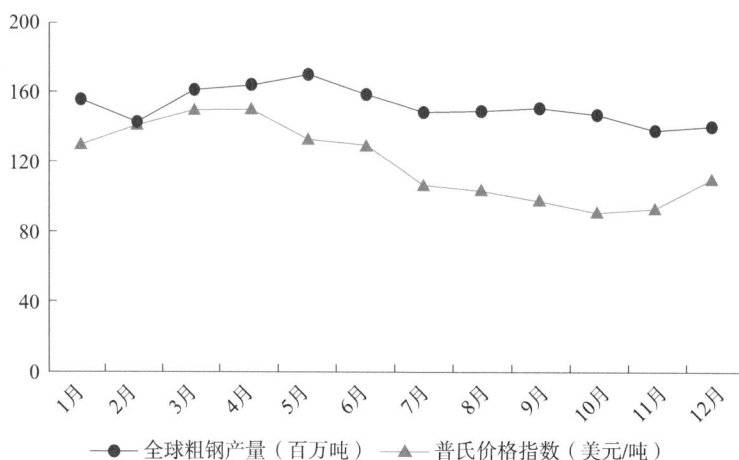

图4-7　2022年全球粗钢产量与普氏价格指数趋势

资料来源：根据世界钢铁协会官网（https://worldsteel.org/zh-hans/）、前瞻数据库（https://d.qianzhan.com/）相关数据整理所得。

4.3.2　中国铁矿石进口量

2022年，中国是全球最大的铁矿石进口国，进口量达11.07亿吨，占全球总进口量的约70%。主要的供应国包括澳大利亚、巴西和印度，这3个国家的铁矿石储量主要集中在世界三大矿山。尽管中国也是铁矿石生产大国之一，但由于工业化快速发展和铁矿石品位较低、质量较差，中国仍然面临着巨大的铁矿石需求缺口，每年需要从澳大利亚、巴西和印度大量进口铁矿石。中国铁矿石的进口量可以作为全球铁矿石需求的一个指标。从经济学角度来看，商品价格主要受供给和需求量的影响。在全球铁矿石市场上，由于中国需求的持续增长，推动了铁矿石价格上升。尽管各大矿山正在加强建设和扩大生产能力，但短期内供给增加有限。因此，需要密切关注全球铁矿石市场的供需状况，并采取相应措施来平衡供需关系。如表4-19和图4-8所示为2022年中国各月份铁矿石进口量及中国铁矿石进口量与普氏价格指数趋势。

表4-19　2022年中国各月份铁矿石进口量

单位：万吨

	1月	2月	3月	4月	5月	6月
铁矿石进口量	9 870	8 130	8 728.3	8 606	9 252	8 896.9
	7月	8月	9月	10月	11月	12月
铁矿石进口量	9 124.4	9 620.8	9 971	9 497.5	9 884.6	9 085.9

资料来源：根据海关总署官网（http://www.customs.gov.cn/）、中国矿业网（http://www.chinamining.org.cn/）、我的钢铁网（https://www.mysteel.com/）相关数据整理所得。

根据图4-8，中国的铁矿石进口量与国际市场价格指数之间存在着密切的联系。随着中国铁矿石进口量的增加，普氏价格指数呈现出下跌的走势；而随着中国铁矿石进口量的减少，普氏价格指数呈现出上涨的态势。这表明，中国在全球范围内的需求量都将直接或间接地决定国际市场的价格。

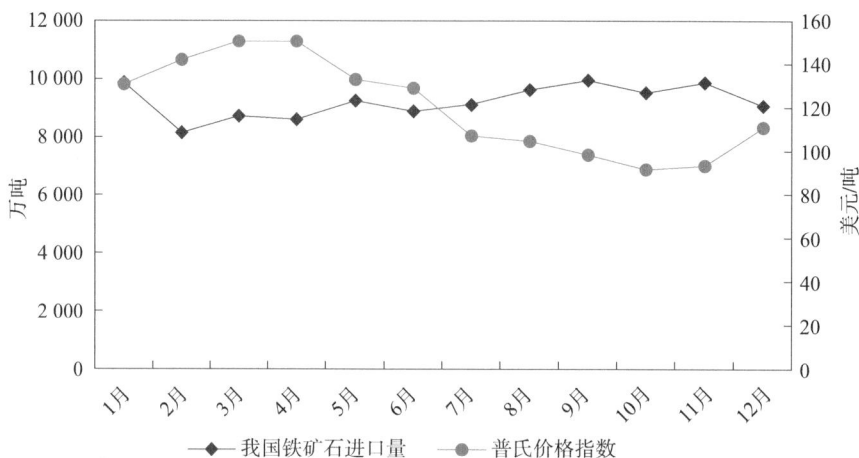

图4-8　2022年中国铁矿石进口量与普氏价格指数趋势

资料来源：根据海关总署官网（http://www.customs.gov.cn/）、中国矿业网（http://www.chinamining.org.cn/）、我的钢铁网（https://www.mysteel.com/）、前瞻数据库（https://d.qianzhan.com/）相关数据整理所得。

4.3.3　波罗的海干散货指数

2022年，欧美经济面临下行压力，全球贸易动能减弱，新冠疫情、乌克兰危机以及极端天气等因素不断干扰。这些因素导致国际干散货航运市场出现了"需求下降、供应改善、运价回落"的局势。同时，干散货新船的交付量不断增加，而老旧船的拆解量则有所下降，使得干散货船运力一直保持在较高水平。如表4-20和图4-9所示为2022年BDI每个月波动情况及BDI与普氏价格指数的趋势图。2022年初，BDI先上升，然后下降至1月26日的1 296点。随后，在中国铁矿石需求回暖的推动下，BDI展开了一波震荡上升的走势，于5月23日达到3 369点，较年度最低点上涨了249.12%。然而，随后BDI再次回落，在8月31日达到965点。这表明全球经济和市场状况对干散货航运市场的影响是复杂而多变的，需要密切关注市场动向以制定相应策略。铁矿石的运输方式主要是通过船运实现，因此运输费用在国际贸易中起着重要作用。铁矿石的定价模式从离岸价转变为到岸价格，使运输费用对最终价格的形成变得更加重要。海运费对长期合同价格的影响通常在下一年度的价格谈判中显现，而对现货价格则会立即产生影响。全球90%以上的铁矿石贸易通过海运完成，主要采用租船运输方式，海运成本取决于国际干散货海运市场的运力。铁矿石的运费已从几美元一吨上升到几十美元一吨。虽然海运费难以获取准确数据，但BDI代表了海运价格情况，可用于考虑海运费对铁矿石进口价格的影响。

表4-20　2022年BDI变动情况

	1月	2月	3月	4月	5月	6月
BDI	1 760.8	1 835	2 462	2 212	2 960	2 389
	7月	8月	9月	10月	11月	12月
BDI	2 077	1 412	1 490	1 814	1 299	1 453

资料来源：根据东方财富网（https://www.eastmoney.com/）相关数据整理所得。

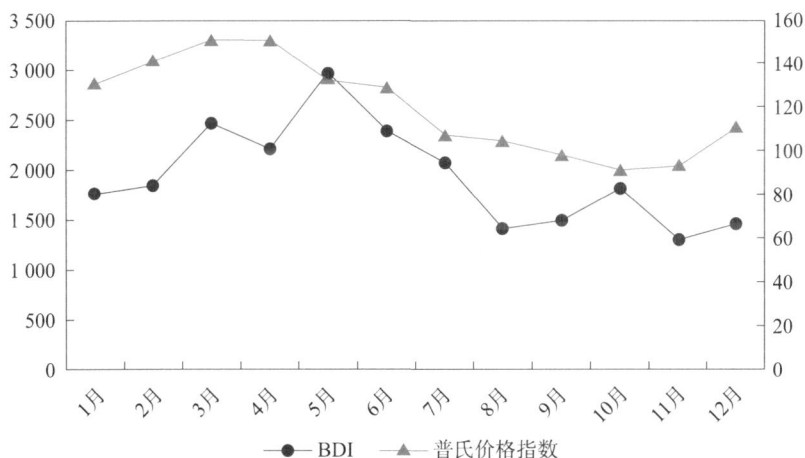

图4-9　2022年BDI与普氏价格指数趋势

资料来源：根据东方财富网（https://www.eastmoney.com/）、前瞻数据库（https://d.qianzhan.com/）相关数据整理所得。

4.3.4 美元指数

表4-21和图4-10展示了美元指数波动情况及美元指数与普氏价格指数的趋势。美元指数在2022年的最高点出现在10月，为111.94，在1月达到最低点95.92。整个年度呈现出探底回升的走势。美元指数是衡量美元在国际外汇市场汇率情况的综合指标。它通过计算美元与一揽子货币的综合变化率来反映美元走势的强弱。当美元指数上涨时，意味着美元相对其他货币升值。由于美元是国际货币，全球大部分商品的价格以美元计价，包括铁矿石。因此，铁矿石价格与美元价格之间存在密切关系。一般而言，当美元升值时，以美元计价的铁矿石价格会下降；而当美元贬值时，以美元计价的铁矿石价格会上升。美元指数的变化将直接影响铁矿石进口和出口的成本及收益，因此可以说美元指数对铁矿石价格走势有一定的影响。

表4-21　2022年美元指数波动情况

	1月	2月	3月	4月	5月	6月
美元指数	95.92	96.00	98.47	100.69	103.10	103.88
	7月	8月	9月	10月	11月	12月
美元指数	106.95	107.15	110.70	111.94	108.04	104.49

资料来源：根据英为财情网（https://cn.investing.com/）相关数据整理所得。

从图4-10可以看出，2022年美元指数和普氏指数下降的价格有着大致相反的走势，当美元指数上升时，普氏价格指数下跌；当美元指数下跌时，普氏价格指数上升。

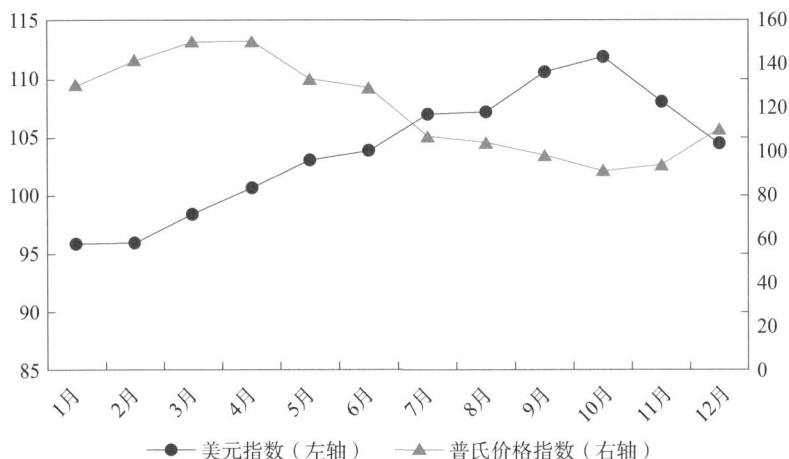

图4-10　2022年美元指数与普氏价格指数走势

资料来源：根据英为财情网（https://cn.investing.com/）、前瞻数据库（https://d.qianzhan.com/）相关数据整理所得。

4.4　本章小结

　　铁矿石作为钢铁行业的关键原材料，对全球经济和工业发展至关重要。它已经被广泛应用于各个行业，包括基础设施、制造业、能源和交通等。铁矿石资源的丰富与否直接影响国家和地区的经济竞争力。拥有丰富铁矿石资源的国家通常能够获得竞争优势，并发挥重要的全球供应角色。此外，铁矿石的国际贸易促进了全球经济一体化，推动资源的合理配置和经济的互利共赢。维护铁矿石的安全与合理的运输是促进世界经济健康增长的必由之路。因此，我们必须加强监管，严格管理铁矿石的进出口，并采取必要的措施来维护这一领域的平衡。因此，本章着重探讨了铁矿石的国际贸易概况，铁矿石的国际价格波动情况以及影响铁矿石国际价格波动的因素，以了解铁矿石市场的特点和发展趋势，为相关行业的决策者提供有益的参考和指导，帮助其制定更明智的决策，确保资源的有效配置和经济的可持续发展。

从铁矿石国际贸易概况来看，中国的铁矿石资源质量相对较低，因此更需要充分利用国际铁矿石资源。尽管2022年全球大多数铁矿石生产国都减少了产量，但中国的铁矿石产量减少主要是因为国内铁矿资源的分布较分散且价格波动频繁，这对国内铁矿行业的健康稳定发展产生了影响。全球三大铁矿石供应商是澳大利亚力拓公司、必和必拓公司和巴西淡水河谷公司，其在供应市场中占据着优势地位且难以撼动。澳大利亚和巴西的铁矿石出口量占全球总量的73.4%，使得全球铁矿石出口局势由三足鼎立转变为两家独大。需要注意的是，由于中国减产、去产能以及逐步减少对海外铁矿石的进口，中国的铁矿石进口量持续下降，减少了对铁矿石的无序需求，并推动了本国钢铁产业的升级改造。总的来说，澳大利亚和巴西在未来仍将保持世界出口大国的地位，而中国、日本、韩国和德国是全球主要的铁矿石进口国，其中中国的进口量远超其他国家。

从铁矿石国际价格波动情况来看，在国际市场上存在着三种有重要影响力的铁矿石现货指数，它们分别是普氏能源资讯（Platts）的普氏指数、环球钢讯（SBB）的TSI指数，以及金属导报的MBIO指数。而在国内市场上，主要有"我的钢铁网"发布的Mysteel-IpiC铁矿石综合价格指数和中国钢铁协会牵头制定的CIOPI指数。对普氏指数和TSI指数的比较分析发现，无论是指数波动情况还是增长率波动情况，两大指数的趋势一致。在2022年的不同时间段，这两大指数都出现了较大幅度的波动。然而，整体来看，这两大指数的价格指数呈现出相对平稳的趋势，并且年末相比年初有一定程度的提升。另外，对CIOPI铁矿石指数的分析显示，价格呈现出较为平缓的下降趋势，下半年相较上半年有所降低。最后，对Mysteel-IpiC铁矿石综合指数的波动情况进行了分析。与去年同期相比，每个月的价格都出现明显下降，显示铁矿石价格整体呈下降趋势。

从铁矿石国际价格波动的影响因素来看，国际铁矿石价格受多个因素的综合影响。首先，全球粗钢产量的下降，特别是中国粗钢产量的降低，对国际铁矿石价格形成了一定压力。其次，作为全球最大的铁矿石进口国，中国的进口量对国际铁矿石价格有着直接而明显的影响。此外，波罗的海干散货指数作为衡量海运成本的重要指标，对铁矿石的现货价格产生了即时的影响。最后，美元作为国际货币，与铁矿石价格密切相关，其升值或贬值会直接影响进出口铁矿石的成本和收益。总而言之，全球钢材产量、中国进口铁矿石数量、波罗的海干散货指数和美元指数都是对国际铁矿石市场波动起着重要作用的因素。

本章参考文献

[1] 李峻峰，陈骏，W.Balsam，等.黄土剖面中赤铁矿和针铁矿的定量分析与气候干湿变化研究[J].第四纪研究，2007（2）：221-229.

[2] 郑智慷，乔赵育，王家松，等.微波消解—电感耦合等离子体原子发射光谱法测定铁矿石中硫化铁[J].冶金分析，2020，40（3）：37-43.

[3] 贾逸卿，张艳飞，陈小荣，等.京津冀地区铁矿石需求预测[J].地球学报，2021，42（2）：217-222.

[4] 邹才能，马锋，潘松圻，等.论地球能源演化与人类发展及碳中和战略[J].石油勘探与开发，2022，49（2）：411-428.

[5] 邓军，杨立强，刘伟，等.胶东招掖矿集区巨量金质来源和流体成矿效应[J].地质科学，2001（3）：257-268.

[6] 段超，李延河，毛景文，等.宁芜和尚桥铁氧化物—磷灰石矿床（IOA）成矿过程研究：来自磁铁矿LA-ICP-MS原位分析的证据[J].岩石学报，2017，33（11）：3471-3483.

[7] 张俊辉，夏敦胜，张英，等.干旱区高山泥炭磁学特性研究[J].地球物理学报，2013，56（6）：1974-1984.

[8] 李厚民，王登红，李立兴，等.中国铁矿成矿规律及重点矿集区资源潜力分析[J].中国地质，2012，39（3）：559-580.

[9] 杨彦伟，张丽丽，郝晓剑，等.机器学习结合激光诱导击穿光谱技术铁矿

石分类方法[J].红外与激光工程，2021，50（5）：273-280.

[10] 陈含桦.新一轮"再工业化"与中国制造业转型升级[J].现代经济探讨，2016（12）：15-19.

[11] Harvey L D D. Iron and steel recycling：Review，conceptual model，irreducible mining requirements，and energy implications[J]. Renewable and Sustainable Energy Reviews，2021（138）：110553.

[12] 王崴平，陈毓川.基于BIF条带状铁建造矿化特征的国际铁矿石盈亏平衡运营成本定量研究[J].岩矿测试，2017，36（2）：187-195.

[13] 陈超，张裕书，李潇雨，等.钛磁铁矿选矿技术研究进展[J].矿产综合利用，2021（3）：99-105.

[14] 贾国锋，王仁财.世界铁矿资源分布及我国投资方向分析[J].中国矿业，2011，20（1）：10-13，22.

[15] 李政，姜兴伟，麻林巍，等.中国建设"矿产资源强国"的内涵探讨和政策建议[J].中国工程科学，2019，21（1）：55-60.

5　铜精矿

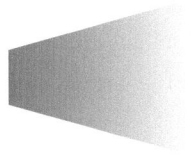

纯铜是柔软的金属，表面刚切开时为红橙色带金属光泽，单质呈紫红色，密度8.92克/立方厘米，熔点1 083.4摄氏度，沸点2 567摄氏度。在自然界中，天然铜产出极少，铜主要是以化合物的形态存在。早在史前时代，人们就开始采掘露天铜矿，并用获取的铜制造武器、工具和其他器皿，铜精矿是供冶炼厂炼铜的主要原料，也是有色金属国际贸易的重要商品之一，可直接供冶炼厂炼铜。铜及其合金由于导电率和热导率好，抗腐蚀能力强，易加工，抗拉强度和疲劳强度好而被广泛应用于军事工业、电子电气、通信、建筑、轻工、机械制造和交通运输等各个领域，电子计算机的集成线路和大规模集成线路的印刷线路板就是铜镀在高分子材料上的复合板制成的[①]。

5.1 2021 年铜精矿国际贸易概况

5.1.1 铜精矿产品概述

铜精矿可以根据其化学组成进行划分，分为一级品、二级品、三级品、四级品和五级品。具体细节可参考表5–1。

表5–1 铜精矿等级表

品级	Cu不小于（%）	杂质含量，不大于（%）			
		As	Pb+Zn	MgO	Bi+Sb
一级品	32	0.10	2	1	0.10
二级品	25	0.20	5	2	0.30

---

① 铜业知识：铜的作用 [EB/OL].中国有色网/铜镍铅锌/铜资讯. https://www.cnmn.com.cn/ShowNews1.aspx?id=307767.2014-12-25/2023-07-10.

品级	Cu不小于（%）	杂质含量，不大于（%）			
		As	Pb+Zn	MgO	Bi+Sb
三级品	20	0.20	8	3	0.40
四级品	16	0.30	10	4	0.50
五级品	13	0.40	12	5	0.60

资料来源：按照有色金属行业标准（YS/T 318—2007）规定整理所得。

5.1.2　2021年全球铜精矿产量及分布

铜精矿是重要的矿产资源产品，市场本身具有易于形成垄断的特性。国际主要铜矿山企业包括智利国营（Codelco）、美国自由港（Freeport-McMoRan）、澳大利亚的BHP BILLITON、英国英美资源（Anglo American）以及瑞士的Xstrata。主要冶炼厂包括Codelco、Freeport、Xstrata以及国内的江铜、铜陵和金川集团。根据 The World Copper Factbook 2022，世界铜矿资源主要集中在南美、非洲、澳大利亚和亚洲的印度尼西亚等少数国家，其中智利是全球铜矿储量最丰富的国家，此外，全球铜精矿储量前十的国家还有秘鲁、中国、刚果、美国、俄罗斯、赞比亚、澳大利亚、印度尼西亚和墨西哥。

2021年大部分主流矿企产量出现下滑，主要原因在于新冠疫情、矿山老龄化所导致的铜矿品位下降、劳资纠纷罢工以及自然灾害等。2017年爆发了历史上最大的罢工潮，在2月9日，因为劳资纠纷，全球最大矿山Escondida宣布罢工，这场持续超过一个月的罢工活动，掀起了世界各地的铜矿罢工潮，其中包括位于印度尼西亚的全球第二大铜矿——Grasberg铜矿，以及秘鲁最大的铜生产商之一——Cerro Verde，罢工潮极大地影响了当年铜市投资者的信心，是导致2017年铜价上行的主要因素。近年来，由于劳资纠纷所引发的罢工也时常发生，如表5-2所示。而矿石品位下降导致矿山长期减产的情况以Escondida（智利）、Collahuasi（智利）和Los Pelambres（智利）最为明显。

表5-2　近期发生罢工的大型铜矿山

罢工年份	矿山名称	所在国家	罢工持续
2017	Escondida	智利	42天
2017	Quebrada Blanca	智利	8天
2017	Escondida	智利	44天
2017	Cerro Verde	秘鲁	三周
2017	Grasberg	印度尼西亚	一个月
2019	Chuquicamata	智利	两周
2021	Caserones	智利	一个月
2021	Andina	智利	——

资料来源：根据金瑞期货（https://www.jrqh.com.cn/）相关报道资料整理所得。

自2014年以来，世界铜精矿的产能保持上升趋势，如图5-1所示，其中2014—2016年增速保持稳定，2016—2019年增速放缓，2019—2021年又恢复高速增长。

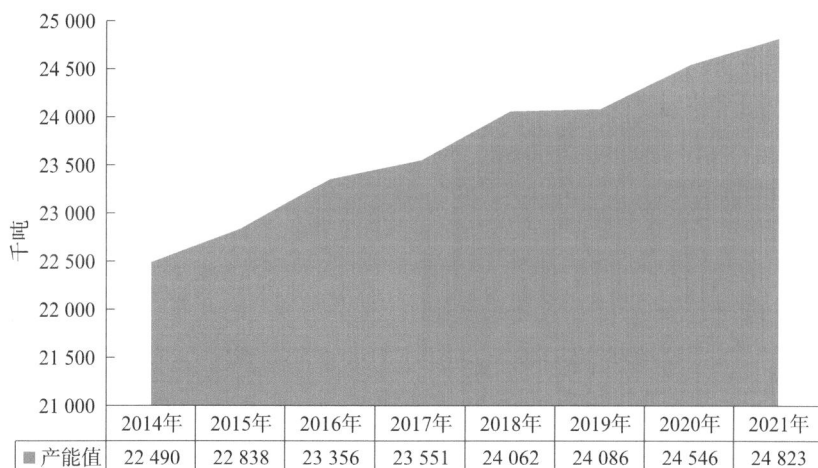

	2014年	2015年	2016年	2017年	2018年	2019年	2020年	2021年
■产能值	22 490	22 838	23 356	23 551	24 062	24 086	24 546	24 823

图5-1　2014—2021年世界铜精矿产能

资料来源：根据ICSG *The World Copper Factbook* 2022（电子版）相关数据整理所得。

根据全球铜精矿供应的地域分布情况，不难发现存在着明显的区域性集中特征。如图5-2所示，2021年，全球精炼铜产量前四的国家分别为中国、智利、日本和刚果。中国占世界精炼铜产量的42%，其次是智利（9%）、日本（6%）和刚果（5%）。中国之所以能在全球生产最多的精炼铜，是因为全球铜精炼厂产能前20名中中国的铜精炼厂就有13家，排名前五的铜精炼厂更是都在中国。据国际铜研究组织（ICSG）最新统计，2021年1月至12月，全球精炼铜产量的总体增长率约为1.4%，其中电解铜和再生铜产量的增长率分别为0.6%和6%。

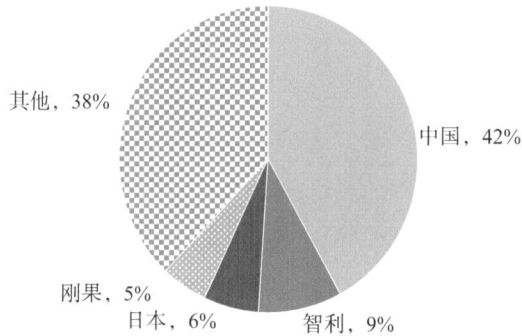

图5-2　2021年世界铜精矿产量地域分布

资料来源：根据ICSG *The World Copper Factbook* 2022（电子版）相关数据整理所得。

5.1.3　2021年全球铜的消费情况

从全球精铜消费数据来看，2021年全球铜消费总量是继2014年以来的最高值，但增幅较2020年有所放缓。据ICSG发布的 *The World Copper Factbook* 2022，1960年全球精炼铜使用的主要地区是欧洲，占比57%，到了2021年，全球精炼铜使用的主要驱动力变成了亚洲，占比高达72%。在过去的40年里，亚洲的需求增长了8倍，主要是因为中国。2014—2021年世界精铜矿产能如图5-3所示。

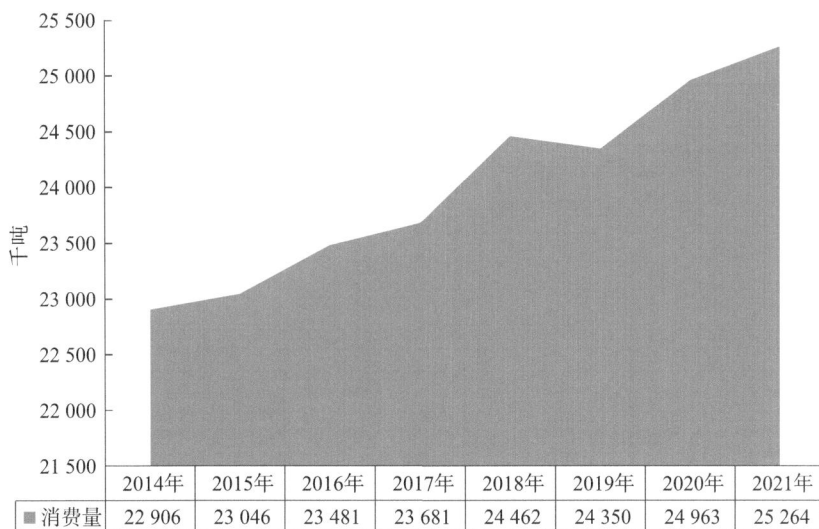

	2014年	2015年	2016年	2017年	2018年	2019年	2020年	2021年
■ 消费量	22 906	23 046	23 481	23 681	24 462	24 350	24 963	25 264

图5-3　2014—2021年世界铜精矿产能

资料来源：根据ICSG *The World Copper Factbook* 2022（电子版）相关数据整理所得。

5.1.4　2021年全球铜精矿的进出口状况

（1）2021年世界铜精矿出口概况

2021年，铜精矿的出口主要集中在铜资源较丰富的国家。2016年至2021年，除2019年数据缺失外，秘鲁是世界铜精矿出口排名世界第一的国家，2021年秘鲁的铜精矿出口规模达到663.12万吨，是世界出口第二位——智利的两倍有余。其次便是智利，出口量为312.35万吨。印度尼西亚和澳大利亚的出口量分别为223.55万吨和164.86万吨，这两个国家在近5年间稳居世界铜精矿出口的第三位和第四位。2021年出口量超过100万吨的国家还有墨西哥155.18万吨、蒙古128.47万吨以及巴西118.59万吨。哈萨克斯坦在2021年的铜精矿出口有所下降，为96.61万吨，降幅高达22.77%。俄罗斯自2017年开始，铜精矿的出口规模呈现出高速增长的态势，到2021年，其出口规模达到了62.24万吨，增速达108.65%。详见表5-3。

表5-3　2016—2021年世界主要国家铜精矿出口量

单位：万吨（金属量）

国家	2016年	2017年	2018年	2019年	2020年	2021年
秘鲁	761.66	802.89	834.93	—	615.06	663.12
智利	260.81	272.49	304.12	322.97	316.43	312.35
印度尼西亚	191.29	153.98	159.78	67.67	127.45	223.55
澳大利亚	186.20	177.24	207.26	193.00	144.15	164.86
墨西哥	109.74	121.87	158.35	183.85	181.67	155.18
蒙古	156.20	144.72	143.67	140.36	139.51	128.47
巴西	115.55	124.83	124.66	115.99	114.66	118.59
哈萨克斯坦	57.68	104.70	124.34	107.28	125.09	96.61
西班牙	69.53	116.12	—	103.12	58.31	62.93
俄罗斯	1.31	1.66	7.59	12.22	29.83	62.24

资料来源：根据联合国COMTRADE数据库整理所得。

（2）2021年世界铜精矿进口概况

2021年，铜精矿的进口以亚洲国家为主。2016年到2021年，中国与日本始终保持着全球最重要的铜精矿出口国的地位，2021年的进口总量分别为2 338.70万吨和495.93万吨。由于中国本土的铜资源紧缺，每年都需要通过进口大量铜精矿来弥补国内资源的不足，对外依存度高达70%以上[1]。自2019年起，韩国已经取代西班牙，跃居全球铜精矿进口第三大国，2021年韩国铜精矿进口总量达到209.80万吨，比上一年增长了4.6%。此外，西班牙和德国也是重要的铜精矿进口国，2021年两国分别位列世界铜精矿进口规模的第四位和第五位，进口总量分别为123.26万吨和114.88万吨。2021年，这5个国家的铜精矿进口总量均超过100万吨，其他国家的铜精矿进口情况详见表5-4。

表5-4　2016—2021年世界主要国家铜精矿进口量

单位：万吨（金属量）

国家	2016年	2017年	2018年	2019年	2020年	2021年
中国	1 587.89	1 733.45	1 970.36	2 198.19	2 175.75	2 338.70
日本	513.11	473.20	524.81	478.79	522.87	495.93
韩国	155.86	165.07	182.10	173.11	200.50	209.80
西班牙	—	195.88	213.03	149.31	123.03	123.26
德国	105.85	125.08	118.60	102.00	123.90	114.88
保加利亚	75.48	109.76	110.60	84.93	100.17	88.30
印度	101.42	146.81	105.09	77.21	54.45	86.27
马来西亚	11.69	23.85	—	22.22	19.15	59.02
芬兰	—	44.38	44.05	—	52.90	52.84
瑞典	30.35	23.96	24.41	25.07	25.73	34.80

资料来源：根据联合国COMTRADE数据库整理所得。

5.2　2021年铜精矿国际价格波动情况

5.2.1　TC、RC的含义及铜精矿市场价格的构成

TC（Treatment Charge），意为粗炼费，表示铜精矿通过熔炼、转炉和精炼等过程，最终制成精纯的阳极铜（板）的费用，其成本以美元/吨计算。RC（Refining Charge），意为精炼费，表示阳极板通过精细的电解精炼，最终制成精纯的电铜的费用，其成本以美分/磅计算。虽然TC和RC的单位有所差异，但在数值比上总是10∶1的关系[2]，这种是铜精矿国际贸易中常见的情况。举个例子，当TC等于10美元/吨时，RC等于1美分/磅；TC等于5美元/吨时，RC等于0.5美分/磅。铜精矿的综合加工费，虽然意为粗炼费加精炼费，但并非仅仅由TC+RC组成，需要先将二者的单位统一才可相加。TC、RC受多种因素的影响，如铜价、原油价格、大矿山的开工或停产等[3]，

这些因素之间又相互影响、相互关联，最终形成错综复杂的关系网。在宏观层面，TC和RC是影响铜精矿供求平衡的关键指标。它们的变化反映了铜精矿市场的状况，即在供给充裕的情况下，TC和RC的价格会有所提升；而在供给不足的情况下，TC和RC的价格则会有所回落。

TC和RC在进出口铜精矿合同中起着至关重要的作用，它们的价格直接影响着铜精矿的市场价格。通常来说，铜精矿的销售价格等于伦敦金融交易所（LME）的实时铜价减去提炼过程中的粗炼费和精炼费，即铜精矿的销售价格＝LME基准价–TC、RC费用。当LME铜价保持稳定时，TC、RC越高表明铜精矿的价格越低，从而越有利于进口商；相反，TC、RC越低，表明铜精矿的价格越高，从而越有利于出口方。对于1万吨含铜25%的铜精矿而言，TC/RC每增加或者减少1美元/0.1美分，就意味着相应地减少或增加1.5万美元的贷款。因此，在铜精矿国际贸易中，铜精矿的价格波动与铜价、TC/RC费用密切相关。

为了更好地理解前面所述的铜精矿价格的构成部分，在此举个实例来做一个简要分析。例如：假设进口铜精矿含铜25%，回收率为96%，TC为45美元/吨，RC为4.5美分/磅，则相关计算如下：

$$粗炼费＝1÷含CU量÷回收率×TC＝1÷25\%÷96\%×45$$
$$＝187.5（美元/吨铜）$$

$$精炼费＝RC×2\,204.62÷100＝4.5×2\,204.62÷100$$
$$＝99.21（美元/吨铜）$$

由此可得，综合加工费＝粗炼费＋精炼费＝187.5+99.21＝286.71（美元/吨铜）。亦可换算为286.71×100÷2\,204.62＝13（美分/磅铜）[①]。

随着全球经济一体化的发展，在国际贸易中以后者美分/磅（¢/Lb）衡量铜精矿的综合加工成本已经变得越发普遍。根据伦敦金属市场的月均铜价，可以准确地估算出铜精矿的价格，因为此时铜精矿的价格就是LME铜价减去综合加工费。如上例，假设按最终结算LME铜价7\,000美元/吨

---

① 其中，1吨＝2\,204.62磅，1美元＝100美分。

铜，则

铜精矿产价＝LME铜价−综合加工费＝7 000−286.71

$$= 6\,713.29（美元/吨铜）$$

折算成铜精矿单价＝6 713.29×25%×96%＝1 611.19（美元/吨铜）＝1 611.19×100÷2 204.62（美分/磅铜）＝73.08（美分/磅铜）。

除铜精矿加工费外，铜精矿贸易价格体系还包括精炼铜的基本价格、贸易升（贴）水和期货升（贴）水（期货基差）[4]。精炼铜基本价格可理解为铜价，即每吨纯铜的价格。精炼铜的基本价格是铜价格体系中的一个重要参考，其他各类价格主要以该价格为基准进行调整；精炼铜贸易升（贴）水是交易精炼铜现货时在精炼铜基本价格之上再加减的金额，目前精炼铜贸易升（贴）水已经逐渐模糊了原来产生的背景而单独成为一个价格体系；精炼铜期货升（贴）水也就是期货交易中的基差，即不同期货合约之间的价差。在LME的特殊期货市场中，期货基差的波动性显著，具有独特的价格变化趋势。

5.2.2　近年来铜精矿国际市场价格波动情况

铜精矿的价格与铜价挂钩，二者有着密切联系。铜作为一种资源性产品，其价格不仅受到供求关系的影响，还受到全球金融和货币政策的制约，其中，金融因素的影响力更为显著，已经成为决定铜价格走势的主要因素。自2018年以来，全球的LME铜价和上海期货交易所（SHFE）铜价均持续波动，如表5-5所示。

表5-5　2018—2021年LME和SHFE铜价

年份	LME（美元/吨）		SHFE（元/吨）	
	当月期间	三月期间	当月期间	三月期间
2018	6 076	6 099	48 809	48 926
2019	6 101	6 022	48 513	47 535
2020	7 755	7 772	58 158	57 687
2021	9 531	9 586	69 555	70 838

资料来源：根据铜云汇网站（https://cu.iyunhui.com/）和前瞻数据库相关资料整理所得。

5.2.3　2021年铜精矿国际市场价格波动情况

根据表5-5，2021年LME三月期铜均价为9 586美元/吨，当月期铜均价为9 531美元/吨；SHFE三月期铜均价为70 838元/吨，当月期铜均价为69 555元/吨。自2021年初起，受益于资本市场的活跃度以及全球经济的稳步发展，铜价表现出强劲的上升趋势，5月10日，其市场价格创下10 724.50美元/吨的新纪录。进入6月之后，受宏观政策的影响，加上国内储备的缩减和对全球货币政策的不安，铜市的涨幅逐渐变得温和，甚至出现小幅度下跌。

表5-6　2021年各月平均铜价

月份	沪铜均价（元/吨）	平均LME铜价（美元/吨）
1	58 884.75	7 980.40
2	62 335.33	8 461.38
3	66 424.13	8 970.37
4	68 151.67	9 311.95
5	68 151.67	10 184.29
6	69 925.71	9 654.2
7	69 617.95	9 483.43
8	69 659.55	9 373.38
9	69 651.50	9 327.02
10	72 523.75	9 650.07
11	71 315.00	9 578.48
12	69 693.04	9 530.74

资料来源：根据铜云汇网站（https://cu.iyunhui.com/）相关资料整理所得。

2021年，世界经济面临着诸多挑战，新冠病毒蔓延、能源危机、货币政策变动以及经济复苏的不确定性等诸多因素都给市场带来了巨大的压力，大宗商品的价格处于一种动荡不安的状态。作为一个金融属性极强的品种，铜价对宏观层面变化的响应度是极高的[①]。具体来看，2021年铜价走势可以分为两个阶段：第一个阶段是年初至5月上旬产生年内高点。由于疫情受到控制，全球经济形势稳定，铜市的波动也减少，各方对世界铜矿供应持恢复性增长预期，但实际受南美等地疫情反复、运输受阻等因素影响，铜精矿供应增长不及预期[5]。在此期间，铜市一路攀登，不断刷新历史纪录，并在5月10日到达年度峰值78 270。第二个阶段是从5月中旬开始到年末。美国通胀预期和全球性减排政策引发的能源危机，使得铜价一直保持在7万点左右的宽幅区间震荡，最低点为8月20日的65 770，而最高点则为10月18日的76 700。然而，这种上升或下降的趋势都只是一瞬即逝的。

5.3 2021年铜精矿国际价格波动影响因素分析

5.3.1 铜精矿的贸易方式

在20世纪80年代之前，铜精矿的贸易方式多数采用固定的长期合同，其中不仅有固定的加工成本，还有随着市场需求的改变而调整的价格，矿山公司也借此机遇，利用这种长期合同来获得贷款，从而推动矿业的发展。到了80年代后期，矿山企业的整合兼并、外部金融机构的参与以及技术的革新，大大增强了矿山的融资能力，这也彻底改变了原本依靠冶炼厂商的传统定期协议的局面。因此，长期合同的定价方式被每年重新谈判加工费的年度框架合同取代。长期合同时间长度2年至12年不等。但是这些年由于铜精矿的持续短缺，许多未能签署长期合同的中小冶炼商（主要来自印度和中国）纷纷选择了现货市场，以此来满足他们的需求，从而使得现货市场的交易量大幅增加。铜精矿现货市场的运行状况十分复杂，市场基本被国外一些大贸易商控制，供应渠道极易受到国际供求关系的影响，铜价波动非常频繁。

---

① 2021年铜市场回顾及2022年行情展望[EB/OL].环球印象网/亚洲/行业新闻. http://www.zcqtz. com/news/1093885.html.2022-06-21/2023-07-12.

5.3.2　2021年铜精矿国际价格波动的影响因素

由于全球经济运行的复杂多样，铜的市场价格不断变化，且价格的涨跌幅度也很大[6]，影响铜价的因素主要包括四个方面。一是政治局势，主要指的是当前的国内外政局、发生的国际政事以及引起的国际关系格局的变化等。二是经济环境，这方面主要包括经济的周期性调整、国际汇率、利率以及物价的变化因素等。三是基金操控，越来越多的国际投资基金把目光投向了铜，愈加重视铜的战略投资价值。四是市场供求，铜的需求量和供给量是决定铜价的最主要因素。

（1）宏观经济因素

铜价格波动具有明显区制转换特征，其价格走势与宏观经济趋势紧密相关[7]。2021年以来，随着新冠疫情得到逐步控制，世界经济出现了强劲的复苏迹象，对铜的需求量也有了显著的提高。然而，一些国家的产能却出现了萎缩，再加上一些发达经济体仍然保持着宽松的货币政策，导致了大宗商品的价格普遍上涨。

第一，全球经济复苏放缓，制造业高位回落。得益于疫苗接种规模的不断扩大和宽松货币政策的实行等因素，2021年上半年经济出现了强劲反弹，全球制造业PMI均有见顶回落的迹象。如图5-4所示，中国制造业PMI和美国制造业PMI均在2021年3月见顶回落，说明在新冠疫情之后，世界各国的经济正在逐步恢复正常。根据IMF的估算，由于2020年的宏观环境不佳，加上各国实施的宽松的货币与财政政策，2021年的全球经济增长率有望超过5.9%，这是过去48年来的最高水平。整体来看，全球经济复苏的趋势仍在，但步伐放缓。

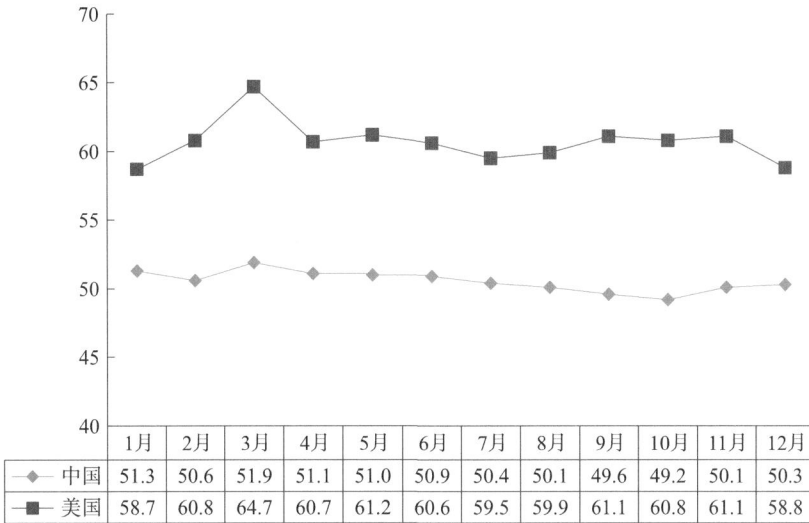

	1月	2月	3月	4月	5月	6月	7月	8月	9月	10月	11月	12月
◆ 中国	51.3	50.6	51.9	51.1	51.0	50.9	50.4	50.1	49.6	49.2	50.1	50.3
■ 美国	58.7	60.8	64.7	60.7	61.2	60.6	59.5	59.9	61.1	60.8	61.1	58.8

图5-4 2021年中国与美国制造业PMI

资料来源：中经网统计数据库。

第二，海外高通胀延续，国内结构性通胀。当前通胀高企主因是新冠疫情这个外部冲击引发的供应链问题，大宗商品供需错配矛盾突出。全球各种重要的大宗商品、中间产品和工业产品都面临着巨大的价格波动。如图5-5所示，2021年美国通胀加速上升，三季度CPI超过6%，为30年来最高。当前美国居民收入仍处于较高水平，强劲的居民消费将支撑通胀水平短期难以快速回落。"奥密克戎"的出现再度对全球供应链构成危机。由于美国港口堵塞问题仍未得到解决，海运价格依然保持在较高水平。疫情反复和劳动力缺失导致2022年上半年通胀仍高位运行，下半年经济放缓，带动通胀和加息预期降温。如果2022年保供稳价政策得以实施，那么PPI-CPI剪切差将会有较高的可能性下降，或将导致铜价与其正相关性的下降。

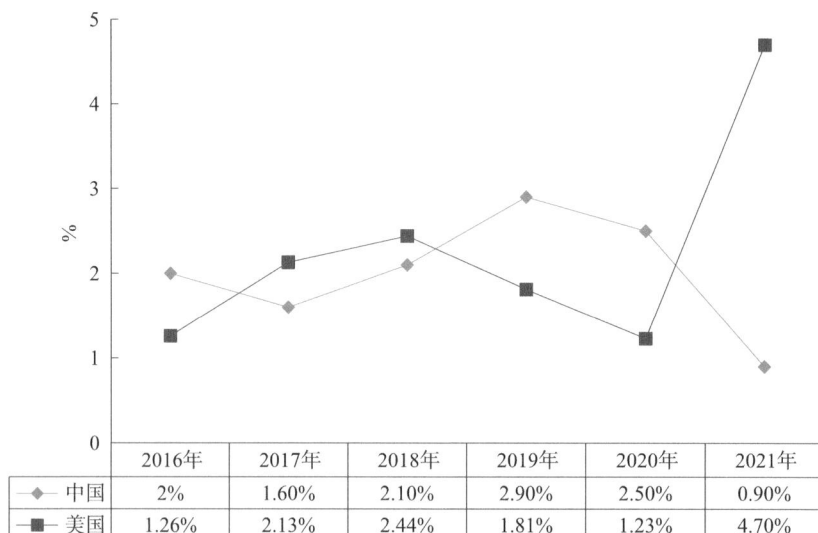

	2016年	2017年	2018年	2019年	2020年	2021年
中国	2%	1.60%	2.10%	2.90%	2.50%	0.90%
美国	1.26%	2.13%	2.44%	1.81%	1.23%	4.70%

图5-5　2016—2021年中国与美国CPI指数

资料来源：中经网统计数据库。

第三，美国经济复苏强劲预期向好，国内宽信用信号强烈。2021年，美国面临的最大挑战之一便是高通胀，因此拜登政府采取了一系列旨在抵御通胀的政策措施。在高通胀压力下，部分新兴经济体已经开启加息周期。美联储Taper于2021年11月正式开启，至明年年中结束，并预计在年底有1～2次加息进程。在此背景下，明年美债收益率和美元指数大概率会高位波动，上半年局势不明但仍有下行空间，下半年预计将走强。国内地产投资和销售仍将维持继续回落状态，消费整体缺乏拉动，叠加出口订单的回落，经济延续下行趋势。当前社融增速已至底部，央行宣布年内第二次降准，宽信用政策信号强烈。政策的主旋律或趋向稳中偏松，狭义流动性预计以稳为主，但边际放松的概率加大。

（2）国际汇率变动

回顾人民币汇率与历史铜价的进程，不难发现二者之间存在很强的相关性：人民币贬值阶段，铜价倾向于下跌；人民币升值阶段，铜价倾向于上涨。如表5.7所示，2015年，中国汇率改革后，人民币汇率从2014年的

6.142 8（元/美元）贬值到了6.228 4（元/美元），在此期间，LME铜价从5 293美元/吨下跌至4 689美元/吨，并在此后创下4 318美元/吨的历史低位。2016年末，人民币进一步贬值到了6.642 3（元/美元），铜价上涨。2016年四季度，人民币从2016年9月1日的6.678（元/美元）贬值到12月31日的6.950（元/美元），铜价从4 789美元/吨上涨至5 516美元/吨。2016年末，美国推出一系列基建措施，而中断一年的美联储加息进程在2016年底重启，从而出现大宗商品价格和美元一起上涨的状态，人民币也相应表现为贬值。

2018年，中美两国贸易摩擦初期，人民币贬值，铜价下跌。2018年初，全球贸易摩擦增多。中国贸易顺差在2018年大幅衰减，经常账户盈余减少叠加国际资本流动，人民币持续贬值，人民币汇率从2018年3月1日的6.335（元/美元）升至11月1日的6.967（元/美元）。同期，铜价从6 930美元/吨下跌至6 000美元/吨，跌幅高达13.4%。2020年，受疫情影响，人民币升值，铜价上涨。2020年初，全球新冠疫情突然出现，在疫情初期，中国采取了坚决的疫情防控措施，保留了较为正常的生产能力。相比之下，欧美在政策层面略显迟缓，疫情对供应面冲击较为明显。与此同时，欧美采取了极端宽松的货币政策，应对疫情对经济冲击，从而全球经济呈现出需求旺盛（特别是欧美外需），铜供给不足的局面。供应链较为正常的中国承担了主要的生产职能，持续增长的贸易顺差推动人民币增值。人民币离岸汇率从2020年4月初的7.092（元/美元）降至2021年底的6.364（元/美元），同期铜价从4 898美元/吨涨至9 755美元/吨。

表5-7 2014—2021年美元兑人民币平均汇率

单位：元/美元

年份	美元兑人民币平均汇率
2014	6.142 8
2015	6.228 4
2016	6.642 3
2017	6.751 8
2018	6.617 4

年份	美元兑人民币平均汇率
2019	6.898 5
2020	6.897 6
2021	6.451 5

资料来源：中华人民共和国国家统计局网站。

从2021年初起，人民币升值的步伐就一直未见减缓。到2021年12月9日，美元兑人民币的中间价已经从4月2日的6.564 9元上涨到了6.349 8元，这一变化从图5-6可以看出。人民币的升值会使得进口成本降低，国内的进口量增加，同时沪铜与伦铜的比值也会逐步降低，由于人民币升值的温和性和长期性，对铜价的影响是长期的，短期内的趋势还不明显。尽管人民币的升值可能会减轻基本的消费需求，并且有望抑制通货膨胀，但是，对于具有金融属性的实物资产，如铜，人民币的内在价值的提升将会给铜价带来积极的推动力。

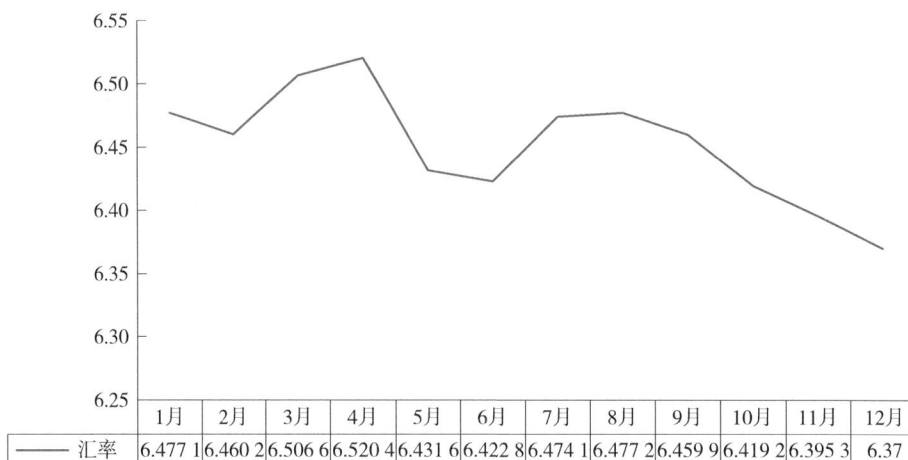

	1月	2月	3月	4月	5月	6月	7月	8月	9月	10月	11月	12月
汇率	6.477 1	6.460 2	6.506 6	6.520 4	6.431 6	6.422 8	6.474 1	6.477 2	6.459 9	6.419 2	6.395 3	6.37

图5-6　2021年各月美元兑人民币汇率情况

资料来源：中华人民共和国国家统计局网站。

从理论上讲，美元指数与伦铜、沪铜呈负相关关系，因此，美元指数上涨对伦铜、沪铜产生一定程度的利空影响。2021年美元指数可以细分为三个阶段：第一阶段是从年初至3月底。美债收益率的飙涨导致了"再通胀交易"的热捧，最终进一步提升了通胀预期。美元指数从89.21的水平一路震荡上行，直到93.44的阶段性高点；第二阶段是从4月初至5月底。由于非农数据连续不及预期、美国财政支出增加等因素，美元指数见顶回落，一度跌回了年初的低点；第三阶段是从6月初至年底。由于美国劳动力市场快速修复和实际通胀数据不断走高，美元指数在90关口震荡近一个月后，从90快速上行至97关口。这与2021年铜价波动情况存在一定的呼应关系。

（3）2021年铜精矿的国际市场供需情况

由于新兴经济体经济的快速发展，大宗商品的市场需求增长快速，进一步导致大宗商品的价格不断攀升。2021年的世界铜精矿市场，世界新兴经济体尤其是中国对铜精矿的需求非常强大，但铜精矿的产出受多种因素的影响，产量的增长一直较缓慢。从全年来看，2021年全球铜精矿供需呈现紧平衡的格局[8]，导致这一局面的原因有以下三点：第一，铜矿业公司的矿山工人罢工频繁。这对铜矿山的生产产生很多负面影响，使铜矿企业的预订生产目标无法完成。第二，铜矿品位的下降。铜矿品位下降意味着更高的生产成本和较低的产出效率，这也是目前全球的铜矿业公司正在面临的一个共同问题。第三，技术限制了项目的投产和原有矿山的扩能。

根据国际铜研究小组的数据，由于罢工、矿石质量的下降以及新开发项目的延期实施等因素限制了铜精矿产量的上升速度，2021年全球铜精矿产量预测将有轻微的上升趋势，估计略微增长1.13%。综合来看，如图5-7所示，2021年全球铜精矿供应短缺约44.1万吨。另外，2021年全球精铜需求增速减缓，2021年全球铜消费量为2 526.4万吨，同比增加1.21%。2021年全球精铜的供需平衡缺口也较2020年扩大了2.4万吨，在一定程度上刺激了铜价的提高。

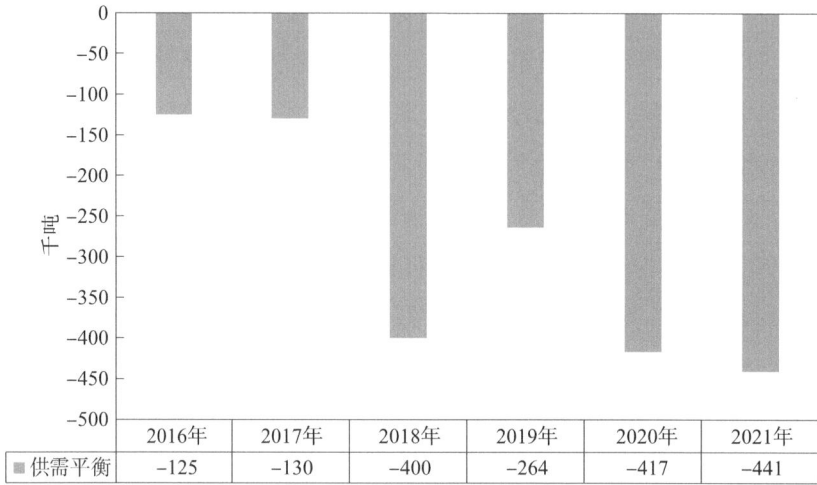

	2016年	2017年	2018年	2019年	2020年	2021年
■供需平衡	−125	−130	−400	−264	−417	−441

图5-7　2016—2021年全球精铜供需平衡情况

资料来源：根据ICSG *The World Copper Factbook* 2022（电子版）相关数据整理所得。

5.4　本章小结

铜作为人类最早发现和使用的金属之一，以其优异的特性，如良好的导电性、较强的耐腐蚀性等，已经成为当今社会经济、军事、科研等各个领域不可或缺的基础材料和战略物资。

铜精矿是供冶炼厂炼铜的主要原料，也是有色金属国际贸易的重要商品之一，可直接供冶炼厂炼铜。铜精矿是重要的矿产资源产品，从储量方面来看，世界铜矿资源主要集中在南美、非洲、澳大利亚和亚洲的印度尼西亚等少数国家或地区，其中智利是全球铜矿储量最丰富的国家。此外，全球铜精矿储量前十的国家还有秘鲁、中国、刚果、美国、俄罗斯、赞比亚、澳大利亚、印度尼西亚和墨西哥；从产量方面来看，2021年，全球精炼铜产量前六的国家分别为中国、智利、日本、刚果、俄罗斯和美国；从消费量方面来看，全球精炼铜使用的主要驱动力是亚洲，占比高达72%；从进出口方面来看，世界铜精矿出口前三的国家分别是秘鲁、智利和印度尼西亚，世界铜精矿进口前三的国家分别是中国、日本和韩国。铜精矿的价格与铜价挂钩，二者有着密切联系。一般而言，铜精矿的销售价格等于 LME 的实时铜价减去提炼过程中的粗炼费和精炼费，即铜精矿的销售价格 = LME 基准价 –TC、RC 费用。2021 年以来，铜价整体表现出上涨的趋势，重心整体上移。

在 20 世纪 80 年代之前，铜精矿的贸易方式多数采用固定的长期合同，其中包括固定的加工费和根据一定因素可变的加工费，矿业企业也会利用这种长期合同来获得贷款，从而推动矿业的发展。到了 80 年代后期，矿山企业的整合兼并、外部金融机构的参与以及技术的革新等使得矿山的融资能力有了显著的提高，从而打破了依赖于冶炼厂商的传统定期协议的局面。长期合同的定价方式被每年重新谈判加工费的年度框架合同取代。由于全球经济运行的复杂多样，铜的市场价格不断变化，影响铜价的因素主要包括四个方面：一是政治局势，主要指的是当前的国内外政局、发生的国际政事以及引起的国际关系格局的变化等。二是经济环境，这方面主要包括经济的周期性调整、国际汇率、利率以及物价的变化因素等。三是基金操控，越来越多的国际投资基金把目光投向了铜，愈加重视铜的战略投资价值。四是市场供求，铜的需求量和供给量是决定铜价的最主要因素。

本章参考文献

[1] 郭佳，易继宁，张福良，等.新时期我国新兴产业所需紧缺矿产资源形势分析[J].现代矿业，2020，36（6）：1-5，10.

[2] 赵君榕.铜冶炼成本计算需关注的问题[J].有色冶金设计与研究，2013，34（6）：108-110，115.

[3] 陈琳.铜精矿采购对铜冶炼企业的影响[J].中国有色金属，2023（7）：42-44.

[4] 沈建鑫.我国铜资源国际贸易研究[J].冶金经济与管理，2019（5）：21-24.

[5] 马骏.高价格下中国铜产业运行承压　产业结构调整工作仍任重道远：2021年上半年中国铜产业运行态势分析[J].中国有色金属，2021（12）：42-45.

[6] 何亮."双碳"背景下铜产业发展现状与市场分析[J].质量与市场，2021（24）：22-24.

[7] 解静，李佳冉，李永飞.铜价预测与经济周期波动关系研究[J].西部金融，2021（12）：39-44.

[8] 全球矿供应悄然变化　铜精矿TC翻番[J].中国有色冶金，2021，50（4）：42.

6 稀土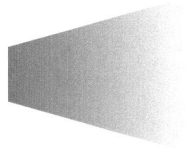

稀土（Rare Earth，RE）被认为是一种重要的无机物，它由镧等17种金属元素组成，在自然界中可以找到250种不同的稀土矿物。芬兰的化学家加多林（John Gadolin）被认为是首位将这种物质发掘出来的科学家。当时只能用化学法制得少量不溶于水的氧化物，历史上习惯地把这种氧化物称为"土"，因而得名稀土①。稀土金属通常比较柔韧，能够进行锻造，并且具有很好的延展性，在高温下呈粉末状，其反应性尤为强烈。"工业维生素"的特性使稀土在当今高新科技领域扮演着重要的角色，它不仅是支撑高科技发展的关键原材料，还渗透到现代边缘科学和前沿科学的各个领域，如军事工业、新能源、信息通信等，在一个国家的经济发展、创新能力的提升以及战略规划等方面都起着至关重要的作用，被誉为新材料之母[1]。稀土的主要应用领域可划分为传统领域和新材料领域，传统领域包括冶金、农用及纺织等，新材料领域包括储氢材料、永磁材料及荧光材料等。

6.1 稀土行业概况

6.1.1 稀土简介

（1）稀土的定义

稀土是一组化学元素组合，指门捷列夫化学元素周期表中第三副族中的17种元素，包括B族的钇（Y，39）和原子序数从第57至第71的15个镧系元素，即镧（La，57）、铈（Ce，58）、镨（Pr，59）、钕（Nd，60）、钐

---

① 稀土知多少[EB/OL].中国有色网/有色小常识/有色百科. https://www.cnmn.com.cn/ShowNews1.aspx?id=184629.2007-12-10/2023-07-20.

（Sm，62）、铕（Eu，63）、钆（Gd，64）、铽（Tb，65）、镝（Dy，66）、钬（Ho，67）、铒（Er，68）、铥（Tm，69）、镱（Yb，70）、镥（Lu，71），简称稀土。因其性质彼此非常相似，难以分离，在自然界里是紧密共生于复杂的矿石之中的，故将它们统一归类为稀土元素。

（2）稀土的分类

由于稀土元素的组合物具有多种特征，因此，为了更好地研究，行业内将稀土按照分离后得到的混合物类型划分为铈组和钇组，又根据物理化学性质将它们划分为轻、中、重三类。这15种元素主要的分类情况如下。

表6-1　稀土的分类[①]

	分类	包含元素
矿物分离后得到的类型	铈组稀土	镧、铈、镨、钕、钐、铕
	钇组稀土	钆、铽、镝、钬、铒、铥、镱、镥、钇
按物理化学性质分类	轻稀土	镧、铈、镨、钕
	中稀土	钐、铕、钆
	重稀土	铽、镝、钬、铒、铥、镱、镥、钇

资料来源：中华人民共和国国家标准《稀土术语》（GB/T 15676—2015）[②]。

（3）稀土的特征

稀土是稀有金属的重要组成部分，是一种稀缺且不可再生的自然资源。相对于其他稀有金属，稀土有一些属于其自身的特点。

首先，从稀土的分布来看，其稀缺性并不体现在它储量丰度上，而是体现在它的地域分布和开采难度上。稀土在地壳中分布相对分散，主要集中在中国、美国、俄罗斯、印度、南非、埃及、加拿大、澳大利亚等国家，其"稀"字主要体现在地域分布的广度上，其只集中分布在少数几个国家。另

[①] 本书所讨论的稀土是指稀土的原料产品，具体为海关进出口目录中的编号为2530、2805及2846的产品大类：稀土金属矿（稀土矿石、稀土精矿）、稀土金属（单一稀土金属、稀土中间合金）、稀土金属、钇其他化合物（碳酸稀土、氯化稀土、氟化稀土、硝酸稀土、稀土化合物、稀土氧化物）等。

[②] 由于钷元素是一个人造元素，而钪元素又通常划归于稀散元素，因此地球化学和矿产资源领域通常并不把钪和钷当作稀土元素来考虑。

外，由于其开采难度大，到目前为止可以真正成为可供开采的稀土矿藏极少，其中中国已勘探的稀土资源和近30年的稀土产量都居世界第一位。

其次，尽管稀土被列为金属元素，但由于其特殊的化学性质，它很少被直接用于制造金属材料，而是作为添加剂或催化剂，与其他金属元素进行结合形成具有更高性能和更优质的金属材料，原金属材料也因为稀土元素的添加使得其在产品质量、使用性能等方面得到大幅提升。

再次，稀土金属到目前为止具有不可替代性。因其储量分布的稀缺性，各国科学家都竭尽全力寻找与其性质相似的替代物质，但可惜的是，时至今日，这样的物质还未被发现。举例来说，在过去的20年里，世界各国的科学家一直在寻找一种钕铁硼的替代材料，但遗憾的是，他们将元素周期表中的所有元素都拉出来去尝试合成一种不同组分、磁性更强、重量更轻的磁体，但是至今没有任何突破性进展。

最后，稀土在开采过程中会带来严重的环境污染。随着技术的进步，稀土的开发利用也变得越来越便捷，但同时也对环境带来污染。采选、分离、冶炼等工艺的实施，会对周边的自然环境产生极其恶劣的影响，包括水源的枯竭、植被的毁灭、土壤的酸化、植被的退化等，对农业产生极大的损害，甚至导致农产品的绝收。在冶炼、分离过程中，稀土焙烧将排放大量含有精矿的粉尘，还会排放含有氢氟酸、二氧化硫、硫酸等污染物的废气，这些废气的排放不仅会破坏稀土矿产地的土壤、水域和空气质量，还会给当地的生态系统带来危害，甚至会危害到人们的健康和安全。

6.1.2　世界稀土资源

（1）世界稀土储量

美国地质调查局（USGS）每年都会公布全球稀土年鉴和总结报告。借助其资料，我们可以对世界稀土资源的储量和分布略窥一二[①]。根据表6-2

---

① 稀土的储量数据是动态的，既会随着新矿藏的发现及已探明矿藏的更深度开发利用而增加，又会随着矿山的开采、萃取而下降，因此关于世界稀土储量没有准确的数据，一般的研究引用的是美国地质调查局的统计数据。

的数据，2021年，全球稀土资源储量达到了12 000万吨。其中，中国的占比高达36.67%，越南的占比为18.33%，巴西和俄罗斯的占比相同，均为17.50%，印度的占比为5.75%，美国的占比为1.50%，而其他国家和地区的占比则为2.75%。然而，稀土矿床中能够被开发和利用的较高品位的矿石资源并不多，并且由于开采、萃取、冶炼、提纯的难度较高以及外部性成本较大，所以可供生产再加工的稀土产品稀缺性仍然较高。

表6-2　世界主要国家2018—2021年稀土储量

单位：万吨

	2018年	2019年	2020年	2021年
美国	140	140	150	180
越南	2 200	2 200	2 200	2 200
巴西	2 200	2 200	2 100	2 100
中国	4 400	4 400	4 400	4 400
俄罗斯	1 200	1 200	1 200	2 100
印度	690	690	690	690
其他	1 170	1 170	1 260	330
世界	12 000	12 000	12 000	12 000
中国/世界	0.366 7	0.366 7	0.366 7	0.366 7

资料来源：根据 *MINERAL COMMODITY SUMMARIES* 2023（电子版）相关数据整理所得。

从这一组数据来看，中国占据着稀土资源的绝对优势，有着世界1/3的稀土储量。但据有关资料统计，中国稀土资源的全球占比呈逐年下降的趋势，从20世纪70年代的74%到90年代末的45%，再到21世纪的37%左右，这表明，国际上的重要稀土开采活动正在加速中国稀土产业的衰落，中国的稀土产业正在慢慢退出全球领先的行列[2]。

（2）世界稀土生产

如表6-3所示，世界稀土生产中有趣的现象是，中国以其约占36.7%的世界储量却生产了占世界55%以上的稀土产品。美国虽有大量的稀土储量，但其自2003年以后就开始减产，直到近些年才恢复生产，其所用的稀土原料大部分来自中国（78%）、爱沙尼亚（6%）、马来西亚（5%）和日本（4%）。

表6-3 中国及美国2016—2021年稀土产量

单位：吨

年份	世界	中国	美国	中国/世界
2016	129 000	105 000	—	0.814
2017	132 000	105 000	—	0.7955
2018	190 000	120 000	18 000	0.6316
2019	220 000	132 000	28 000	0.6000
2020	240 000	140 000	39 000	0.5833
2021	290 000	168 000	42 000	0.5793

注："—"表示当年产量为0。

资料来源：根据 *MINERAL COMMODITY SUMMARIES* 2023（电子版）相关数据整理所得。

6.2 世界稀土贸易概况

2021年，中国、美国、澳大利亚、缅甸和泰国等是主要的稀土产出国，其中中国稀土产量近30多年来一直居世界第一位，占全球产量的55%以上。2003年由于资源战略储备计划，美国停止稀土开采，开始高度依赖中国稀土产品进口，近些年由于中美战略竞争逐渐加剧，美国才重建稀土产业链。由此可见，相比于世界稀土储量分布的"稀缺性"而言，稀土产量分布的稀缺性则更为严重。

6.2.1 中国稀土贸易

自1998年以来，中国就是世界第一大稀土出口国，同时由于中国拥有全球最多的稀土资源，可满足各类需求，能够大量供应不同等级、不同品种稀土产品，使其在全球稀土行业中拥有特殊地位。联合国商品贸易数据库资料显示，2021年世界稀土出口前十位的国家分别是中国、美国、日本、越南、波兰、印度、德国、马来西亚、印度尼西亚以及荷兰。其中，中国的稀土出口规模达到了12.68万吨，远超美国的4.48万吨，是当之无愧的稀土出口大国。另外需要提到的是，一些国家如日本，本国无法产出稀土，其出口主要是依靠进口原料型产品，经过深加工再出口。故若考虑稀土原材料的产地，中国的这一比重将大大增加。如表6-4所示，2021年全年中国稀土冶炼分离产品出口总量为4.89万吨，比2020年增加38.14%；出口金额为6.09亿美元，比2020年增长77.03%。

表6-4　2020—2021年中国稀土冶炼分离产品出口

种类	2020年				2021年			
	数量		金额		数量		金额	
	万吨（REO）	占比（%）	亿美元	占比（%）	万吨（REO）	占比（%）	亿美元	占比（%）
稀土化合物	2.93	82.77	2.63	76.45	3.95	80.70	4.64	76.18
稀土金属	0.61	17.23	0.81	23.55	0.94	19.30	1.45	23.82
总计	3.54	100	3.44	100	4.89	100	6.09	100

资料来源：前瞻数据库。

中国的稀土储量、产量和出口量都位居第一，但中国的稀土产品出口多为中重稀土的初级产品。中国"一带一路"倡议的落实，使得中国与周边国家的合作更上一层楼，从而有效开发国内的稀土资源，进一步推动了中国稀土产业的国际化发展[3]。根据海关总署统计数据，2021年中国稀土材料产品的出口量达4.89万吨，较2020年度大幅上升约38%，出口总金额达42.20亿元，较2020年度大幅上升77.12%，平均每吨86.26元/公斤，较2020年度大幅上升28.34%，总计销往66个国家和地区。其中稀土化合物出口约3.95万吨，同比增加34.93%，出口额约32.15亿元，同比增加76.29%，均价81.44元/公斤，同比增加30.65%；稀土金属出口约9 443吨，同比增加52.50%，出口额约10.05亿元，同比增加79.82%，均价106.42元/公斤，同比增加17.92%。2021年，中国海关编码稀土材料产品的种类较2020年增加8个。

2021年，稀土冶炼分离产品出口目的地排在前十位的国家和地区占出口总量的91.52%，出口金额占总金额的87.72%（见表6-5）。在中国稀土冶炼分离产品出口目的地中，日本以17 214.43吨的数量位居第一，占比高达35.19%；美国是第二大进口国，占比达到了21.16%；而荷兰则位居第三，占比达到了14.53%。

表6-5　2021年中国稀土冶炼分离产品出口主要目的地

排序	国家（地区）	数量		金额	
		吨（REO）	百分比（%）	万美元	百分比（%）
1	日本	17 214.43	35.19	29 593.00	48.60
2	美国	10 350.91	21.16	7 458.05	12.25
3	荷兰	7 107.88	14.53	2 508.02	4.12
4	韩国	2 926.69	5.98	3 972.74	6.52
5	印度	1 573.89	3.22	671.48	1.10
6	意大利	1 529.57	3.13	647.04	1.06
7	中国台湾	1 409.33	2.88	1 103.26	1.81
8	越南	1 196.51	2.45	6 632.03	10.89
9	法国	876.64	1.79	708.71	1.16
10	巴西	583.58	1.19	129.92	0.21
合计		44 769.43	91.52	53 424.25	87.72

资料来源：前瞻数据库。

在稀土永磁体产品方面，2021年中国稀土永磁体的出口总数达到48 765.588吨，较2020年度的出口量有了显著的提升，达到了35.5%的同比增速。这一年的出口量创下了历史新高，首次突破4万吨，甚至接近5万吨；同时，根据近9年的数据，此前出口量增幅最大仅为15.5%，2021年的出口量增幅亦远超以往。出口目的地排在前十位的国家和地区见表6-6。其中，美国进口 6 656.81 吨，占比 13.69%，以价值计算约 3.28 亿美元，占稀土永磁体总价值的 11.74%。中国出口稀土永磁体排第二的目的地是德国，2021年出口德国 6 497.34 吨，总价值约 3.97 亿美元，占比 14.24%。

表6-6　2021年中国稀土永磁体产品出口主要目的地

排序	国家（地区）	数量		金额	
		吨（REO）	百分比（%）	万美元	百分比（%）
1	美国	6 656.81	13.69	32 754.48	11.74
2	德国	6 497.34	13.36	39 731.97	14.24
3	韩国	5 408.01	11.12	29 070.82	10.42
4	越南	3 801.89	7.82	30 496.23	10.93
5	意大利	2 857.82	5.88	13 393.08	4.80
6	泰国	2 460.75	5.06	16 372.59	5.87
7	中国台湾	1 912.42	3.93	11 446.74	4.10
8	波兰	1 722.31	3.54	7 338.28	2.63
9	日本	1 574.75	3.24	12 875.21	4.62
10	荷兰	1 195.23	2.46	7 162.10	2.57
合计		34 087.33	70.10	200 641.50	71.92

资料来源：中华人民共和国海关总署。

6.2.2　日本稀土贸易

虽然日本于2011年在小笠原群岛的南鸟岛附近海域的海底发现了巨型稀土矿，但截至2021年末，由于技术等原因仍未对其进行开采[①]。因此，日本所出口的稀土产品主要来源于进口原料型产品，经过深加工再出口。根据联合国商品贸易数据库，日本出口稀土产品占世界第三，仅次于中国和美国。其稀土进出口贸易对比情况如表6-7所示，2012—2020年日本稀土贸易一直保持顺差，出口大于进口，但这个顺差不难发现正在逐年减少，一直到2021年日本稀土贸易变为逆差。日本稀土贸易的进出口整体趋势相同，

---

① 日本发现巨型稀土矿，够人类使用730年，但为何却迟迟不肯动手？[EB/OL].网易新闻. https://c.m.163.com/news/a/I2PF027S0543IAMU.html.2023-04-20/2023-07-21.

2012—2020年，进出口额整体都呈下降趋势，并在2020年达到最小值，一直到2021年才有所上升。

表6-7　日本2012—2021年稀土进出口贸易额

单位：万美元

年份	日本出口额	日本进口额	进出口的差额
2012	134 682.00	45 507.48	89 174.52
2013	69 570.53	29 870.71	39 699.82
2014	64 427.48	32 661.74	31 765.74
2015	50 787.70	27 754.99	23 032.71
2016	48 302.08	29 027.45	19 274.63
2017	51 380.02	35 302.71	16 077.31
2018	52 787.20	37 865.31	14 921.89
2019	45 185.56	38 425.01	6 760.55
2020	38 448.35	36 841.45	1 606.9
2021	54 145.07	55 693.12	−1 548.05

资料来源：联合国COMTRADE数据库。

在日本的稀土进口方面，根据联合国商品贸易数据库，若不考虑商品的最终来源地，可以看到日本对中国稀土的进口依赖度处在非常高的水平，近年来，日本稀土进口有近30%都来源于中国（见表6-8），但是由于中国国内企业的恶性竞销、稀土产品附加值低、中国稀土行业未形成规模效应等原因，中国往往以较低的价格出口稀土到日本[4]。

表6-8　近年来日本从中国进口稀土贸易额

年份	进口总额（万美元）	中国进口额（万美元）	占比（%）
2018	37 865.31	11 663.72	30.80
2019	38 425.01	11 269.26	29.33
2020	36 841.45	11 418.87	30.99
2021	55 693.12	15 272.59	27.42

资料来源：联合国COMTRADE数据库。

6.2.3 美国稀土贸易

美国拥有丰富的稀土资源，尽管"稀土和关键物资振兴法案"等为美国的关键矿产安全提供了有力的保障，但由于技术水平较低、稀土储备不足等原因，美国的稀土产品仍在很大程度上依赖进口[5]。

根据美国稀土行业的统计数据，进口方面，2021年美国稀土进口与2020年相比提高了20.38%，其中稀土化合物增长最快，从2020年的6 510吨增加到了2021年的7 690吨；出口方面，2021年美国稀土出口与2020年相比提高了10.32%，其中出口增长最快的也是稀土化合物，从2020年的40 000吨增加到了44 000吨。详细数据见表6-9。在稀土进口来源地方面，根据美国地质调查局2021年的稀土报告，美国稀土资源约78%进口于中国、6%进口于爱沙尼亚、5%进口于马来西亚、4%进口于日本。虽然自中美贸易摩擦发生后，美国开始布局"去中国化"的稀土供应链，但美国在稀土上、中、下游产品方面均对中国存在较高的进口依赖，所以中美稀土贸易关系仍将紧密发展[6]。

表6-9 2020—2021年美国稀土进出口情况对比

类别	进口量（吨）		出口量（吨）	
	2020年	2021年	2020年	2021年
稀土化合物	6 510	7 690	40 000	44 000
铁氧体、合金	271	330	625	825
稀土金属、钪和钇	363	580	25	20
合计	7 144	8 600	40 650	44 845

资料来源：根据 *MINERAL COMMODITY SUMMARIES* 2023（电子版）相关数据整理所得。

2021年美国稀土进出口情况对比如表6-9所示。从表6-9可以看出，2021年美国稀土产品出口量远高于稀土产品进口量，这个差距主要来源于稀土化合物和稀土氧化物的顺差，稀土金属则表现为逆差。这种进出口的顺差源于美国从20世纪90年代开始逐步退出分离加工环节，到现在已经不具备商业化生产能力，虽然前几年美国恢复了帕斯山稀土的开采，但美国至今没能恢复加工能力，生产的稀土需要运到中国进行冶炼分离，加工完后再卖给美国。

6.3 2021年国际稀土价格波动情况

6.3.1 稀土国际价格形成机制

目前，大宗商品国际贸易价格的形成机制主要包括以下五种。一是期货市场定价，如黄金等。二是多边（双边）协议谈判价格机制，如铁矿石贸易等。三是垄断竞争价格决定机制，如原油贸易等。四是行业组织协调价格机制，如世界小麦协议、世界糖组织、世界可可等大宗农产品国际贸易等。五是自由竞争价格决定机制，如大米、塑料等商品贸易。

由于买卖双方均具有较高的市场集中度，因此，国际稀土价格形成于垄断竞争市场，而市场主导权是国际稀土定价的关键。如图 6-1 所示，当稀土进口市场集中度高、垄断性高，而出口市场竞争性强时，国际贸易将根据 MFC = MRP 确定均衡贸易点 E_0，均衡价格和贸易量分别为 P_0、Q_0，国际稀土贸易处于买方市场地位；而当国际稀土进口市场集中度低、垄断性弱，出口市场垄断性强时，稀土贸易将根据 MC = MR 确定均衡贸易点 E_1，均衡价格和贸易量分别为 P_1、Q_1，此时，国际稀土贸易将处于卖方市场地位；如果由于双方垄断形成的垄断竞争性定价，国际价格将处于 P_0 与 P_1 之间。因此，双方微观市场势力的强弱是决定贸易价格的关键。目前来看，国际市场稀土出口处于高价状态，国际稀土市场属于买方垄断定价格局。

在国际贸易中，微观市场对于决定稀土的国际定价权至关重要。国际稀土贸易价格的形成机制比较特殊，我国虽占有稀土国际贸易总量上的优势，但缺乏强大的卖方垄断和议价能力，在稀土国际贸易中丧失了定价权。长期以来，我国的稀土贸易呈现的是"福利恶化型"增长，且在稀土开采的过程中带来了较严重的环境污染问题。

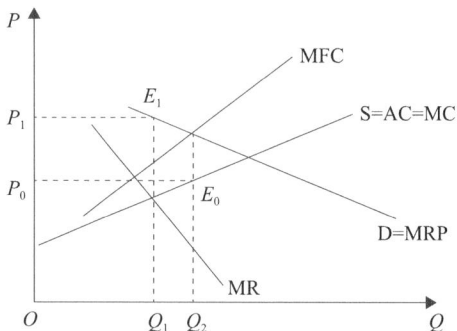

图6-1　稀土国际贸易价格垄断形成机制

6.3.2　2021年国际稀土价格波动情况

由于中国在稀土国际市场上供给端处于绝对的主导地位，鉴于国际市场上稀土产品还不是最常见的大宗商品，稀土矿石或产品还没有国际性的期货交易所交易，在各类品种稀土的价格方面还不统一，信息不公开，价格信息较难以获取，因此在分析过程中各类稀土产品的价格信息主要取自中国稀土行业协会的市场行情数据。2021年，国外方面，作为稀土大国的缅甸，由于新冠疫情的暴发，其稀土的供给出现了显著的减少；国内方面，由于稀土的开采和冶炼的技术要求，目前新批稀土的开采和冶炼的总量也只有100 800吨和97 200吨。在供给受限的背景下，稀土价格一路上涨，如图6-2所示，2021年1—3月的稀土价格指数维持持续上扬的态势，4—6月开始缓慢下行，6月末略有回升，7—12月一路上涨，并于12月31日达到339.7点的全年最高点。

中国的稀土生产和贸易量在国际市场占据主导地位，尤其是原料型稀土产品。2021年，中国的一系列稀土行业整顿措施势必给国际稀土市场带来重要的变革。以轻稀土领域为例，2021年，由于市场需求、原材料供给、政府监管等多种因素的共同作用，国内稀土市场价格出现显著的增长，其中镨钕的价格创下10年来的最高水平，具体可见图6-3。稀土价格的不断攀升，给上游企业带来了巨大的机遇，使下游企业不得不采取相应措施如提高效率或研发替代材料，来降低生产成本，市场供应链的变化将导致整个产业的格局和成本结构的改变。目前，由于氧化钕镨的库存已处在低位，惜售观望情绪浓厚，预计未来的价格还将有所上涨。

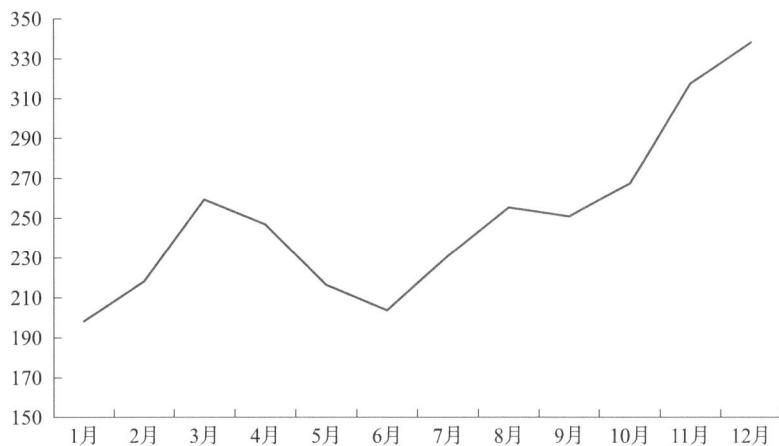

图6-2 2021年稀土价格指数走势

资料来源：根据《稀土价格走势》(第25～36期)相关数据整理所得。

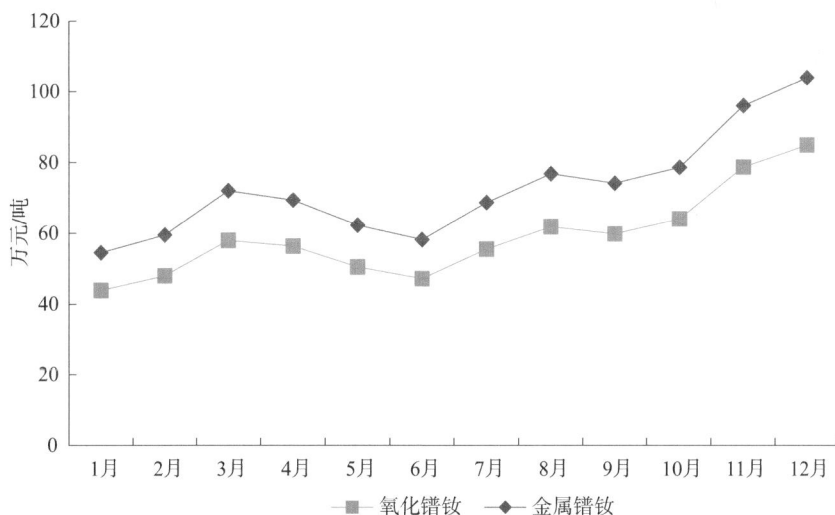

图6-3 2021年镨钕产品价格走势

资料来源：根据《稀土价格走势》(第25～36期)相关数据整理所得。

6.4 影响国际市场稀土价格波动的主要因素

从20世纪七八十年代以来，由于稀土国际市场供大于求，稀土价格一直处于低迷状态。随着各界对稀土资源的日益重视，我国陆续出台了相关调控政策，对抑制国际稀土价格低迷状况起到了至关重要的作用。国家通过开展稀土行业治理整顿，促进资源整合，稀土产业集中度得到提高，大企业对稀土资源控制力增强，定价能力上升；企业实施稀土储备争夺定价权，这些因素均对国际稀土价格形成影响。另外，贸易商囤积、社会游资炒作等因素亦不容忽视。

总的来看，对当前稀土价格变动起主要作用的因素可归纳为国际市场供需影响、政策调控因素及稀土储备与资源整合因素。

6.4.1 需求因素

需求尤其是增量需求会对大宗商品价格产生巨大的影响[7]，这与稀土市场呈现买方垄断的特征相符[8]。2021年，稀土全球消费量为19.9万吨。中国、日本和美国是全球主要的稀土消费国，约占全球稀土消费量的88%（见图6-4）。其中，中国的消费量占绝对优势地位，达57%，是国际稀土市场上最主要的需求方，同时日本和美国也是主要的消费国，分别排第二位、第三位。

世界银行在2021年1月《全球经济展望》发布的报告中指出，若2021年能大规模推广新冠病毒疫苗接种，那么2021年的全球经济可望实现4%的增幅，包括中国在内的新兴市场和发展中经济体GDP总量预计2021年将增长5%。世界经济形势的复苏将对大宗商品的需求产生积极影响，世界大宗商品价格行情迎来了一次反弹，一举扭转了2019年新冠疫情暴发以来的大宗商品低迷走势。国际市场稀土价格也受益于世界需求的提振，于2021年末展开了一轮上涨的行情，很多稀土品种的价格创下历史新高，这也是这波稀土上涨行情最主要的推动力，来自基本面的需求因素的驱动。

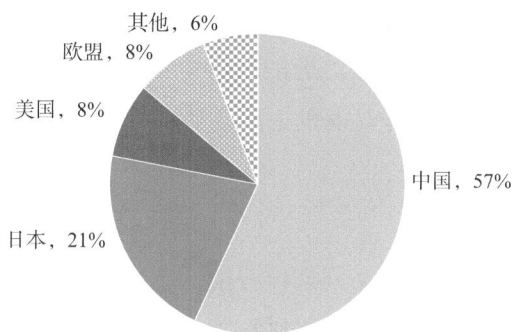

图6-4 2021年全球稀土消费地域分布

资料来源：CBC稀土研究报告[1]。

6.4.2 国际市场供给因素

考虑到中国的稀土出口占据国际稀土贸易量的绝大部分，因此中国2021年的稀土生产量与出口量会对国际市场上的稀土价格产生较大的影响。随着中国政府对稀土资源重要性的认识越来越深刻，对宝贵的稀土资源的供给限制也越来越严，2021年国内稀土配额开始连续两次保持20%的同比增速，而2016—2020年全国稀土开采指标和冶炼分离指标的CAGR分别仅为7.49%和7.91%，稀土指标放量进入新时代[2]。政策打黑常态化，"黑稀土"退出历史舞台。"黑稀土"即未获得政府开采批准而违法采获的稀土产品，根据中国稀土行业协会统计，2014年中国的"黑稀土"总产量超过4万吨，占合法开采量的一半左右，这极大地阻碍了稀土产业的可持续发展。自2017年起，国内持续加大打黑力度。2021年《稀土管理条例（征求意见稿）》进一步强调，要建立完善的稀土产品溯源信息体系，对违反规定的非法开采、分散冶炼、购买和售卖的稀土产品实行严厉的惩戒，打黑力度更上层楼。预计稀土行业第一部法律条文《稀土管理条例》在不久的将来即将

[1] 2021年世界及分国别稀土消费量[EB/OL].中国稀土网/消费量/世界及分国别稀土消费量. https://www.cbcie.com/data/951045.html.2022-01-15/2023-07-24.

[2] 2022年稀土行业发展现状及供需格局分析[EB/OL].未来智库/报告精读/产业研究. https://www.vzkoo.com/read/2022070537aa72aaac80edc70a0ef80e.html.2022-07-05/2023-07-25.

上线，届时将进一步提高稀土行业的管控，"黑稀土"或将无处遁形。随着"黑稀土"在日益严格的监管下逐渐淡出历史舞台，稀土供给将更具刚性，国际市场的稀土价格必然会呈显著的上涨趋势。

6.4.3　政策调控因素

近年来我国相继出台了一系列调控政策，通过采取有效措施，我国主要是对稀土产品生产和供应环节进行严格控制。在相关政策的作用下，稀土企业生产成本增加，价格上涨成为必然趋势。

有关政策措施可归纳为以下两个方面：一是专门立法。2021年初，《稀土管理条例（征求意见稿）》的出台，标志着我国稀土材料行业的首次立法，对稀土行业未来的可持续发展提供了强有力的支撑，也有助于减少和消除不合规的生产活动；此外，近年来，由于稀土原材料的快速消耗，稀土市场需求端出现井喷式增长，供需失衡导致稀土价格暴涨。二是执行指令性生产计划。2021年10月，工信部、自然资源部颁布了2021年全年稀土开采和冶炼分离总量控制指标，分别为168 000吨REO和162 000吨REO。其中，北方稀土获得岩矿型矿产品开采指标为100 350吨，占矿产品指标总量的67%，冶炼分离产品指标为89 634吨，占冶炼分离产品指标总量的55%。

6.4.4　稀土储备与资源整合因素

企业通过实施稀土储备，抑制稀土价格波动。在改革开放初期，由于受到利益驱使，某些地区出现了一些非法行为，如盲目抢占、超额生产、低水平重复建设等。这些行为既破坏了当时的环境，加重了污染，使得水土流失、资源浪费等问题更加突出，还引发了产销失衡，导致稀土价格剧烈波动以及市场的不公平竞争，从而拖累了稀土产业的发展[9]，使稀土产业链总体上停留在中低端，产品附加值较低，限制了其在高性能功能材料及应用领域的扩张[10]。近年来，随着国家日益加大对稀土资源利用的投入，相关企业对稀土资源的保护与储备意识不断增强，包钢稀土高科技股份有限公司（以下简称包钢稀土）牵头组建了包钢稀土国贸公司（以下简称国贸公司），以此来解决稀土资源浪费、企业在稀土国际贸易中的定价权和话语权不高等问题。国贸公司在中国稀土行业的发展史上发挥着至关重要的作用，它不仅建立了国内首个稀土精矿储备库，而且还整合和收购稀土资源，对稀土产品采取统一收购、统一销售的管理办法，极大地增强了包钢稀土在北方地区稀土产业的深远影响、控制力，并在国际上获得了更多的标价权和话语权。2021年其与稀土龙头北方稀土所签订的《稀土精矿供应合同》中提到，稀土精矿价格拟自2021年1月1日起调整为不含税16 269元/吨（干量，REO=51%），REO每增减1%，不含税报价将相应增减319元/吨（干量），稀土精矿2021年交易总量不超过18万吨（干量，折REO=50%），这对稀土价格的重估、稀土价格的上行起到了促进作用。

6.5　本章小结

稀土是一组化学元素组合，指门捷列夫化学元素周期表中第三副族中的17种元素，包括B族的钇（Y，39）和原子序数从第57至第71的15个镧系元素，因其性质彼此非常相似，难以分离，在自然界里是紧密共生于复杂的矿石之中的，故将它们统一归类为稀土元素。稀土按照分离后得到的混合物类型不同可分为铈组和钇组；按物理化学性质可分为轻、中、重稀土三类。稀土主要应用领域可划分为传统领域和新材料领域，传统领域包括冶金、农用及纺织等，新材料领域包括储氢材料、永磁材料及荧光材料等。

从储量方面来看，2021年全球稀土资源储量达到了12 000万吨。其中，中国的占比高达36.67%，越南的占比为18.33%，巴西和俄罗斯的占比相同，均为17.50%，印度的占比为5.75%，美国的占比为1.50%，而其他国家和地区的占比为2.75%；从产量方面来看，中国、美国、澳大利亚、缅甸和泰国等是主要的稀土产出国，其中中国稀土产量近30多年来一直居世界第一位，占全球产量的55%以上；从贸易方面来看，从1998年开始，中国成为世界第一稀土出口大国，2021年中国的稀土出口规模达到了12.68万吨，远超美国的4.48万吨。同时，由于拥有全球最多的稀土资源，可满足各类需求，能够大量供应不同等级、不同品种稀土产品，中国在全球稀土市场中拥有特殊地位。

自20世纪七八十年代以来，由于稀土国际市场供大于求，稀土价格一直处于低迷状态。随着各界对稀土资源的日益重视，我国陆续出台了相关调控政策，通过开展稀土行业治理整顿，促进资源整合，稀土产业集中度得到提高，大企业对稀土资源控制力增强，定价能力上升，对抑制国际稀土价格低迷状况起到了至关重要的作用。以轻稀土领域为例，2021年，由于市场需求、原材料供给、政府监管等多种因素的共同作用，国内稀土市场价格出现显著的增长，其中镨钕的价格创下10年来的最高水平。总的来看，在价格波动影响因素方面，稀土价格变动主要受国际市场供需状况、政策调控及稀土储备与资源整合这四大因素的影响。

本章参考文献

[1] 李仁虎，陈磊，贾立君，等."稀土大国"迈向"稀土强国"[N].经济参考报，2018-09-10（4）.

[2] 孔浩天.中国稀土产业发展现状与路径研究[J].中国市场，2023（20）：73-76.

[3] 王路，汪鹏，王翘楚，等.稀土资源的全球分布与开发潜力评估[J].科技导报，2022，40（8）：27-39.

[4] 罗洺方.中日稀土贸易现状分析[J].中国高新区，2018（4）：201，242.

[5] 张所续，罗晓玲.美国关键矿产政策内涵的演变与启示[J].中国矿业，2020，29（12）：15-21.

[6] 张安迪，葛建平.中美稀土贸易现状与趋势[J].科技导报，2022，40（21）：77-87.

[7] 谭小芬，刘阳，张明.国际大宗商品价格波动：中国因素有多重要：基于1997—2012年季度数据和VECM模型的实证研究[J].国际金融研究，2014（10）：75-86.

[8] 边璐，王晓贺，张江朋，等.稀土产品价格决定：影响因素与预测方法综述[J].稀土，2020，41（4）：146-158.

[9] 罗翔，李政，赖丹.中国稀土矿产品价格波动的经济后果及影响因素研究[J].价格月刊，2023（8）：8-17.

[10] 王世虎.供给侧改革背景下我国稀土行业现状、问题与对策[J].中国矿业，2018，27（6）：6-11.

第三部分　粮食

7 稻米

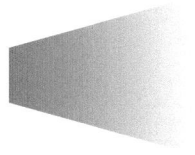

稻米是水稻植物成熟后由外层壳包裹的种子，是世界上最重要的粮食作物之一[1-2]。稻米起源于中国长江流域一带，在大约 10 000 年前的史前时期，人们开始种植和收割野生水稻，并逐渐培育出栽培水稻[3]。稻米的种植和消费方式逐渐扩散到世界各地，成为人类日常饮食的主要组成部分。根据粒型、香气、颜色、糊化性质等特点，稻米可以有多个不同的分类。常见的分类包括：一是籼稻。籼稻的粒型较长且透明，煮熟后颗粒疏松，口感软糯。它在亚洲和南美洲广泛种植，是日常饮食中的常见稻米[4]。二是粳稻。粳稻的粒型较圆，煮熟后颗粒黏稠，口感稍硬。它通常在东亚地区种植，如日本、韩国等国家[5]。三是黄米。黄米是指颜色较浅的稻米，富含维生素和矿物质。它在一些亚洲国家如印度和泰国被广泛种植和消费[6]。

作为主要的粮食作物之一，稻米在人类饮食中发挥着重要的作用，它提供了丰富的碳水化合物供给能量，是人体所需的主要营养素之一。此外，稻米还富含蛋白质、维生素 B、脂肪、纤维和多种矿物质，有助于维持身体的正常功能和健康发展[7]。稻米也可以被加工成多种食品和饮品，如米粉、米饼、米酒等[8]。同时，稻米的种植和消费对农业和经济也有着重要影响。稻田种植提供了大量的就业机会，农民们耕种和收割稻米，创造了农产品供应链和市场[9]。稻米也是许多国家的主要出口农产品之一，为农业和国家经济做出了巨大贡献[10]。

然而，稻米也面临着一些挑战和问题。水稻的种植需要大量的水资源和土地，因此水稻农业对水土资源的利用和管理至关重要[11-12]。气候变化、病虫害和土壤质量等问题也对稻米种植产生压力，需要采取科学的农业管理措施来提高产量和保护生态环境[13-14]。并且随着人们对健康食品的追求和多样化饮食的兴起，稻米的消费也在不断创新和变化。人们开始关注稻米的有机种植和优质品种选择，以追求更健康的饮食方式。同时，稻米的加工也正在扩展，包括米粉、米饼、米酒等多种食品，满足了人们对口感、口味和营养的多样化需求。

7.1 稻米国际贸易概况

7.1.1 全球稻米生产概况

稻米是全球范围内生产最为广泛的农作物之一[15]。根据联合国粮农组织（FAO）的统计数据，全球有122个国家种植稻米。从2021/2022年度的数据来看，全球稻米产量达到了历史新高，供需整体宽松。然而，受主产国的旱涝灾害影响，预计2022/2023年度大米的产量将会减少。根据最新的预测，2021/2022年度全球稻米产量为5.25亿吨，同比增长了1.5%。而2022/2023年度的产量预计为5.12亿吨，比上一年的历史高点减少了2.6%，主要是因为南亚主产国遭受旱涝灾害导致产量下降。亚洲地区是当今世界上较大的稻米消费需求国，它的产量占世界的比重高达89%。非洲和美洲各占5%左右，而欧洲和大洋洲的比重极小，总共才0.5%左右。亚洲地区的农业发展为全球提供了丰富的农作物资源，并且亚洲地区农业的发展与国际市场的需求密切相关。中国的农业在全球农业中处于领先地位，大约在30%的国土面积上拥有丰富的农作物资源；其次是印度、印度尼西亚、孟加拉国、越南、泰国、缅甸、菲律宾等国家。2021年主要稻米生产国产量占世界产量的比重情况如图7-1所示。

全球有超过35亿人以稻米为主食，而稻米在三大粮食作物中的"食用消费比"也是最高的。根据2022年的《世界粮食安全和营养状况》报告，2021年全球约有23亿人（占比29.3%）正面临严峻的粮食危机，这一数字较新冠疫情之前增加了3.5亿[16]。另外，全球近9.24亿人（占比11.7%）面临严重的粮食不安全状况[16]，这两年间增加了2.07亿人，粮食危机已经成为世界性的热门话题。为此，世界各地的政府都在采取措施以缓解贫困，其中包括扩大水稻的播种范围，以及大幅提升水稻的单位产量。

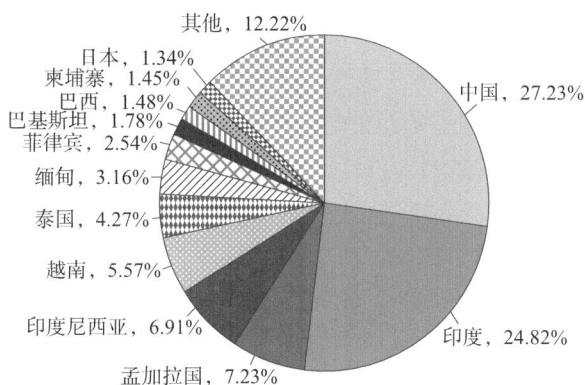

图7-1 2021年稻米主产国产量占世界产量的比重

资料来源：根据FAO《世界粮食及农业统计年鉴》（2022，电子版）整理所得。

根据图7-2的数据，近10年来，全球稻米种植面积和产量都呈上升趋势。种植面积从2011年的161.78百万公顷增加到2021年的165.25百万公顷，增长了约2.14%。这一增长是由国际稻米价格上涨以及各国政府努力减少饥饿问题所推动的。而产量方面，根据2011年的数据，稻米的总产量为719.47万吨，但2021年的数据显示，稻米的总产量已经上升至787.29万吨，大约提升了9.43%。与种植面积相比，产量的增长幅度高出了约4倍。图7-2中两条折线的斜率不一致，即产量和种植面积呈不同比例增加，这种差异可能与稻米的单产量变化以及每年的气候影响密切相关。

根据图7-3，2011年的世界水稻总产量只有4.45百万吨/百万公顷，但是在2021年，这一数字大大攀升至4.76百万吨/百万公顷，增长幅度达到了6.97%。因此，世界稻米产量的逐年提高，在很大程度上是因为世界稻米单产量的提高。2021年，世界稻米种植面积达到165.25百万公顷，相比上一年增长1.32%；世界稻米产量为787.29百万吨，相比上一年增长2.35%。全球稻米总产量提高主要是来自亚洲和非洲稻米产量的增加，亚洲稻米总产量增加2.55%，亚洲5个主要产稻国，中国、印度、印度尼西亚、孟加拉国和越南稻米产量创历史纪录。非洲稻米总产量在2020年的基础上增加了

2.73%。增产主要来自埃及，该国大幅提高了稻米价格，促进了稻农扩大种植面积和增加产量。在拉丁美洲和加勒比海地区，大多数国家的稻米种植面积有显著增加，但墨西哥、秘鲁等国家由于早期干旱导致稻米减产。澳大利亚通过改善水资源状况，稻米总产量显著提高，达到2021年的8倍。欧洲稻米产量减少6.97%，俄罗斯稻米也在减产。

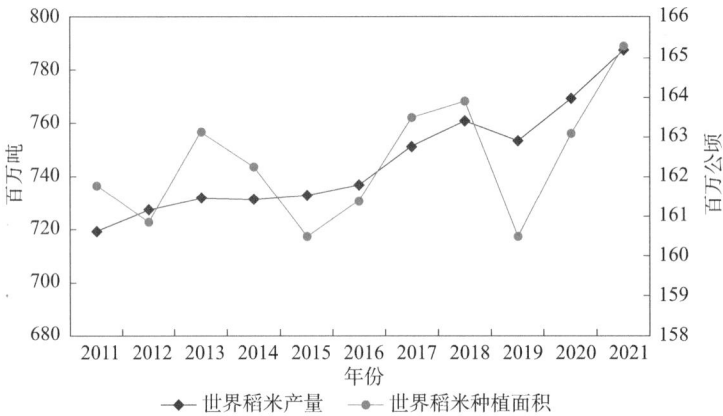

图7-2　2011—2021年世界稻米产量和种植面积变化

资料来源：根据FAO《世界粮食及农业统计年鉴》（2022，电子版）整理所得。

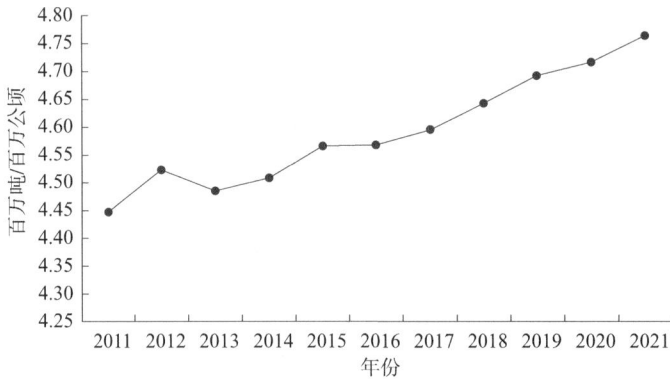

图7-3　2011—2021年世界稻米单产量

资料来源：根据FAO《世界粮食及农业统计年鉴》（2022，电子版）整理所得。

7.1.2　全球稻米消费概况

稻米的全球消费主要以食用为主，占总消费量的80%以上。此外，稻米还用于饲料生产、食品工业原料和其他用途。在加工过程中，稻米可以分为大米和米糠两部分。大米是多数国家和地区人民的主食，全球有超过60%的人口以稻米为主要粮食。发达国家和温湿气候地区通常更喜欢食用质量较高的粳米，而大部分低收入国家和热带地区则更多地食用籼米。

图7-4显示了2011年至2021年世界稻米消费和期末库存的变化情况。近10年来，全球稻米消费量持续增长，原因包括世界人口增加、人均消费量增加和其他强劲需求。消费量从2011年的456.2百万吨增加到2021年的521.4百万吨，增长了14.29%，年均增长率为1.34%。稻米期末库存在这段时间内呈稳定趋势。2011年至2012年，库存总体上升。然而，2013年库存出现下降，这是由于稻米种植面积减少和自然灾害的影响导致产量下降。为了保证稻米供应，各国政府动用库存，维护粮食安全，导致2013年期末库存逐年减少。2014年至2021年，随着产量回升，库存总体上升。2021年稻米消费量为521.4百万吨，比2020年的510.1百万吨增长了2.22%。2021年期末库存为196.0百万吨，比2020年的194.1百万吨增长了0.98%，增长幅度较小。

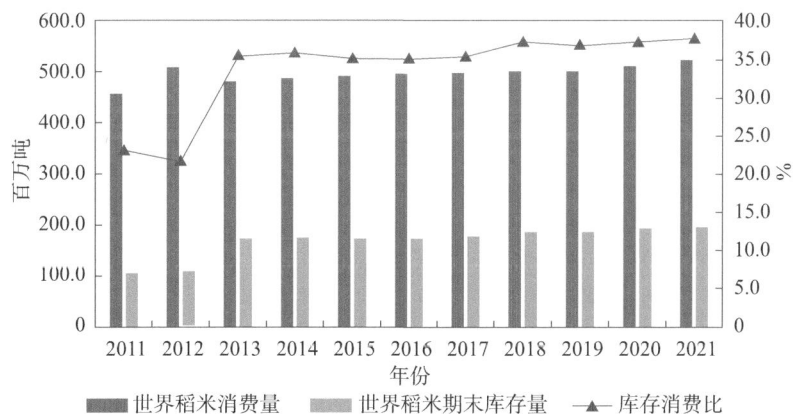

图7-4　2011—2021年世界稻米消费量及期末库存量变化

资料来源：根据FAO《世界粮食及农业统计年鉴》（2022，电子版）整理所得。

　　"库存消费比"是由联合国粮农组织提出的指标，用于评估粮食安全水平。它反映了供给和需求之间的平衡情况。当"库存消费比"较低时，意味着供给不足以满足需求；而当"库存消费比"较高时，表示供给充足。因此，该指标对判断粮食市场的稳定性至关重要。联合国粮农组织确定的粮食安全线水平为17%的库存消费比。从图7-4可以看出，近10年来，世界稻米的库存消费比趋于稳定，除了2011—2013年有一定的波动外。2011—2012年期间，稻米库存消费比保持在20%~25%。然而，2013—2021年，稻米库存消费比一直保持在35%以上，显示了稻米供应相对充足的状态。特别值得注意的是，2021年世界稻米的库存消费比为37.7%，比2020年的37.2%略有增长，增幅为1.34%。这反映了全球人口的持续增长，尤其在非洲、美洲和亚洲等发展中国家，这些地区的稻米消费需求不断增加。亚洲是全球稻米最大的消费市场，中国是稻米消费和生产的主要国家，其稻米消费量居全球首位。2021年，中国的稻米消费量占全球总消费量的30.08%，印度、孟加拉国和印度尼西亚分别占据20.66%、7.05%和6.80%。此外，尽管全球稻米总消费量持续增加，但人均消费量却呈下降趋势。特别是在中高收入国家，人均消费量有所减少，而低收入国家的人均消费量仍在增长。这可能受到饮食习惯变化、经济发展水平以及替代性食品的普及等多种因素的影响。因此，尽管总的消费量增加，但人均消费量的变化情况还需要引起关注。

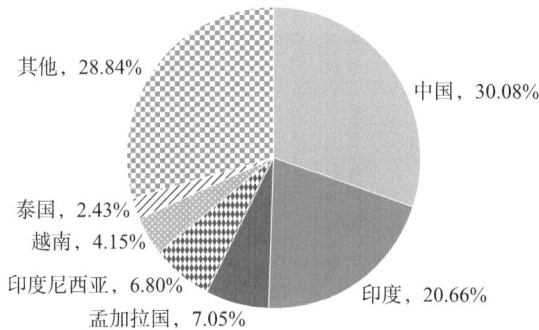

图7-5　2021年稻米消费大国消费量占世界的比重

资料来源：根据前瞻数据库（https://d.qianzhan.com/）相关数据整理所得。

7.1.3 全球稻米贸易概况

（1）全球稻米贸易形势

相比小麦和玉米等作物，稻米一直被视为主要满足本地生活需求的粮食作物。大部分稻米由当地生产并当地消费，只有少量被运往附近地区和城市进行销售，出口到国际市场的数量非常有限。据统计，2011—2012年度全球稻米贸易量仅占当年稻米产量的约5%。自2012年开始，全球稻米贸易总量呈波动增长趋势。2013年，全球稻米贸易总量为4 550万吨，较上一年下降了21.04%。而2012年的贸易总量为3 759万吨，较上一年下降了3.62%。图7-6显示，2011—2021年的世界稻米贸易量呈现出三个明显阶段。首先是2011—2012年的第一个阶段，全球稻米贸易量保持在相对较低的水平，大约在4 000万吨之间波动，并且年际变化较为稳定。其次是2013—2019年的第二个阶段，这段时期全球稻米贸易量呈波动上升趋势，从2013年的4 550万吨增加到2019年的4 580万吨，年均增长率达到0.11%，贸易规模相对稳定。最后是2020—2021年的第三个阶段，全球稻米贸易量出现迅速增长，从2020年的5 220万吨上升到2021年的5 580万吨。尽管世界大米贸易总量保持平稳增长，但相较于其他农产品，稻米贸易量仍然属于较低水平。根据统计数据的观察，稻米贸易呈现出动态的变化趋势。

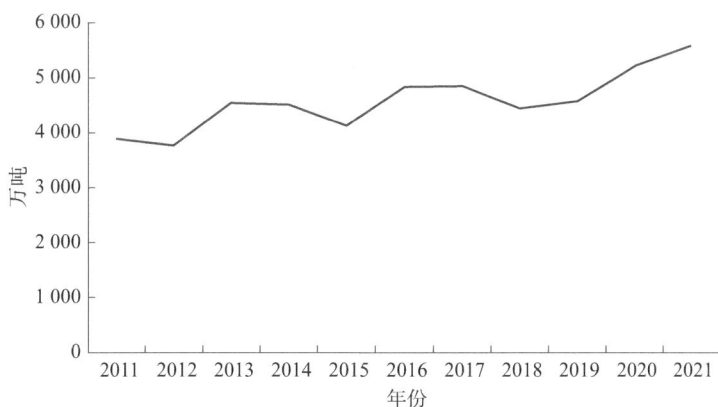

图7-6 2011—2021年世界稻米贸易量变化趋势

资料来源：根据FAO《世界粮食及农业统计年鉴》（2022，电子版）整理所得。

（2）2021年全球稻米进口贸易

自2011年至2021年，全球稻米进口量的变化趋势如图7-7所示。进入21世纪以来，稻米进口量一直呈波动增长的趋势，并没有明显的上升阶段。然而，从2019年开始，稻米进口量出现了显著增长。2011—2021年，全球稻米进口量年均增长2.66%。2021年，全球稻米进口总量为322.76万吨，相比2020年的319.14万吨增长了1.13%。

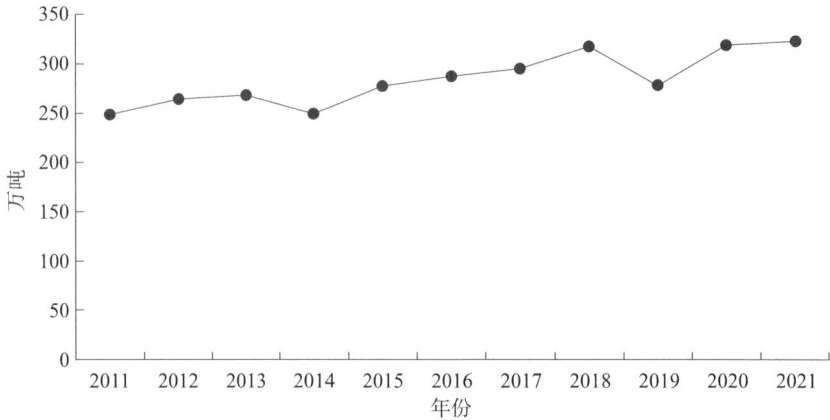

图7-7 2011—2021年世界稻米进口量变化趋势

资料来源：根据FAO《世界粮食及农业统计年鉴》（2022，电子版）整理所得。

美洲是全球稻米进口贸易最大的市场，占据了稻米进口总量的59.32%。其次是亚洲、南美洲、欧洲和非洲，分别占稻米进口总量的30.94%、15.44%、4.98%和4.64%。根据国别来看，主要的稻米进口国包括尼泊尔、墨西哥、委内瑞拉玻利瓦尔共和国和洪都拉斯。表7-1显示了2021年稻米进口量排名前十的国家及其在全球进口总量中所占比重，可以看出，2021年尼泊尔的稻米进口量位居世界第一，达到76.45万吨，占全球进口总量的23.69%。墨西哥的稻米进口量为75.26万吨，位居第二。2021年前十大稻米进口国的进口量总和为267.36万吨，占全球稻米进口总量的82.83%。由此可见，全球稻米进口国相对集中，主要进口国较为稳定。

表7-1　2021年前十位稻米进口国进口量及占世界的比重情况

国家	进口量（万吨）	占世界之比（%）
尼泊尔	76.45	23.69
墨西哥	75.26	23.32
委内瑞拉玻利瓦尔共和国	39.18	12.14
洪都拉斯	15.69	4.86
哥斯达黎加	15.15	4.69
尼加拉瓜	12.92	4.00
危地马拉	10.53	3.26
巴西	9.69	3.00
利比亚	7.00	2.17
也门	5.50	1.70
总计	267.36	82.83

资料来源：根据FAO《世界粮食及农业统计年鉴》（2022，电子版）整理所得。

（3）2021年全球稻米出口贸易

图7-8显示，2011—2021年全球稻米出口量有波动增长的趋势。从21世纪开始，稻米出口量略有增长。然而从2017年开始，稻米出口量出现较大幅度的增长。2011—2021年，全球稻米出口量年均增长3.99%。2021年，全球稻米总出口量为298.27万吨，相比2020年的3 49万吨，下降了5.02%。这一下降幅度较大。

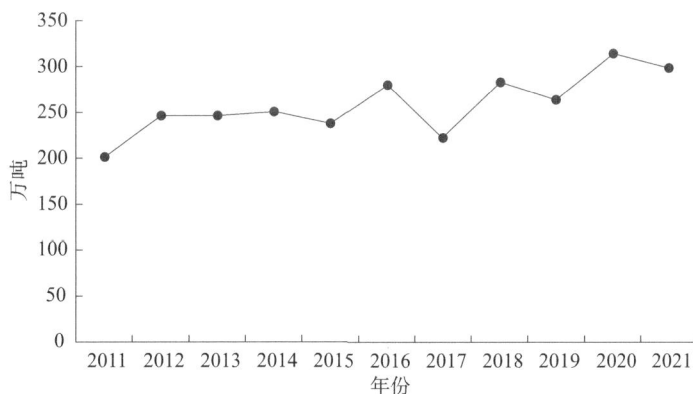

图7-8　2011—2021年世界稻米出口量变化趋势

资料来源：根据FAO《世界粮食及农业统计年鉴》（2022，电子版）整理所得。

近年来，由于稻米出口量在生产总量中占据较大比重（30%～40%），稻米市场容量不断扩大。虽然进口国家的自给能力逐步提升，但各稻米出口国之间仍在竞争激烈地争夺出口市场份额。主要的出口国包括印度、巴西、乌拉圭、巴拉圭、圭亚那等国家。在这个竞争激烈的格局中，稻米出口国都在努力寻求市场份额的增长，并致力于提高自身的竞争力。稻米的国别出口情况显示着多样性和多方面的竞争格局。2021年十大稻米出口国的出口量及占世界的比重情况见表7-2。

根据图7-1、表7-2，印度在稻米的生产量和出口量方面都占据重要地位，分别位居世界第二和第一。尽管巴西、巴拉圭和圭亚那等国家的稻米生产量相对较小，但它们在稻米出口领域具有重要份额。在稻米总产量方面，巴西在2021年排名第十，仅占全球稻米总产量的1.48%，位于中国、印度、孟加拉国、印度尼西亚、越南、泰国、缅甸、菲律宾和巴基斯坦之后。然而，巴西凭借其卓越的质量和有竞争力的价格，在出口中胜过了其他国家。有关数据显示，2021年巴西稻米出口量位居全球第二，达到23.48万吨，占据全球稻米出口总量的7.87%。巴西稻米的出口表现反映出其对国际市场的重要影响力。乌拉圭2021年的稻米出口量为12.83万吨，仅次于巴西，位居全球第三。2021年前十大稻米出口国的出口量总和为133.77万吨，占全球稻米总出口量的44.85%。这说明稻米出口相对集中在少数主要出口国家。

表7-2　2021年十大稻米出口国出口量及占世界的比重情况

	出口量（万吨）	占世界之比（%）
印度	69.10	23.17
巴西	23.48	7.87
乌拉圭	12.83	4.30
巴拉圭	6.52	2.19
圭亚那	4.63	1.55
希腊	4.36	1.46
俄罗斯	4.16	1.39
巴基斯坦	3.28	1.10

	出口量（万吨）	占世界之比（%）
老挝	2.90	0.97
中国	2.51	0.84
总计	133.77	44.85

资料来源：根据FAO《世界粮食及农业统计年鉴》（2022，电子版）整理所得。

7.2 稻米国际价格波动情况

7.2.1 全球稻米贸易市场情况

稻米国际市场可以分为现货市场和期货市场两种交易形式。现货市场起源于农产品集散地，买卖双方按照协议价格进行交易，这种传统交易方式一直延续至今。期货市场是在现货远期交易的基础上逐步发展的，其目的是稳定现货的产销过程并避免价格的季节性波动。现货市场和期货市场在稳定农产品供应和规避价格波动方面扮演着不同的角色，共同构成了稻米国际市场的交易形式。

（1）现货市场

目前，在全球稻米贸易中，主要以现货市场为主，因为稻米国际期货市场相对不够成熟。亚洲是全球稻米生产的主要区域，每年产量占全球总产量的90%左右。由于稻米生产的集中性和广泛需求，与其他农产品如玉米、小麦相比，稻米的流动性更强。目前的稻米出口国主要是印度、越南、泰国、巴基斯坦和美国等国家，其中印度是最大的稻米出口国。因此，全球稻米现货交易市场主要集中在亚洲地区，尤其是泰国稻米现货交易市场发展较为成熟。亚洲地区的稻米贸易市场具有重要的地位和影响力。

近年来，印度一直扮演着全球主要的大米生产国和出口国的角色。根据表7-3的数据，印度平均每年生产约16 877万吨大米。稻米出口方面，印度近年来一直位居全球前列。仅在2021年，印度的稻米出口量就达到了69.10万吨，占据全球总出口量的23.17%。印度之所以在大米产业中取得如此成就，除拥有得天独厚的气候、雨水和适宜的耕地等自然资源外，该国对大米生产的国家制度和政府扶持政策也是其成为世界品牌的主要原因之一。印度在大米产业中的地位得到了全国范围的广泛关注和支持。

表7-3　2017—2021年印度稻米生产、出口情况

单位：万吨

指标	2017年	2018年	2019年	2020年	2021年
产量	16 914	17 472	17 831	18 650	19 543
消费量	9 870	9 920	10 200	10 110	10 700
期末库存	442.7	1 479.4	2 139.1	2 453.9	3 870
印度出口量	16.73	24.27	24.74	41.44	69.10
世界出口量	221.89	282.52	264.29	314.05	298.27
出口量占世界的比例（%）	7.54	8.59	9.36	13.20	23.17

资料来源：根据FAO《世界粮食及农业统计年鉴》（2022，电子版）整理所得。

（2）期货市场

期货市场的发展可以看作现货贸易的演化结果，其建立在现货远期交易的基础上，旨在稳定现货产销和避免季节性价格波动。现代市场体系中，现货商品的供求关系是影响期货价格波动的基础，因此期货市场离不开现货市场的支持。相较其他主要农产品期货品种，稻米国际期货的发展历史短，合约交易规模较小。目前，美国、泰国、印度、巴基斯坦和中国等国家也有稻米（稻谷）期货上市。然而，全球稻米期货市场的发展仍处于初级阶段。

稻米期货在交易合约上有多个选择，包括美国芝加哥期货交易所（CBOT）的糙稻谷期货合约，印度国家商品及衍生品交易所（NCDEX）的多个合约（如印度粗米、普通蒸谷米、A级蒸谷米、A级粗米、印度蒸谷米和普通粗米合约），印度国家多种商品交易所（NMCE）的大米合约，印度多种商品交易所（MCX）的多个合约（如Basmati白精米、大米和Sarbati长粒型、Sortexed大米合约），泰国农业期货交易所（AFET）的白米期货合

约、巴基斯坦国家商品交易所的大米期货合约，以及中国郑州商品交易所的早籼稻期货合约。这些合约提供了多种选择，以满足不同地区和不同需求的稻米期货交易。

美国芝加哥期货交易所和中国郑州商品交易所以粒稻谷作为交易标的，而泰国、印度和巴基斯坦以大米作为交易标的。这种差异可能与这些国家大米在本国的地位以及期货市场的发展程度有关。全球大米贸易量为5 000万吨左右，主要出口国包括印度、巴西和泰国。泰国大米的价格被视为国际大米定价的基准，因此选择以大米作为交易标的。然而，这些国家的期货市场发展相对不够成熟，且大米出口地位稳固，导致对大米期货的关注和利用程度相对较低，交易活跃度不高。相较之下，美国的农产品期货市场主要以原粮为主，因此以稻米原粮作为交易标的。然而，由于美国的稻米总产量较小，无法与小麦、玉米、大豆等农产品相比，因此稻米期货交易相对较少受到关注。

泰国、印度和巴基斯坦的大米期货合约上市时间较短，品种尚不成熟，交易量有限，且波动性较高。中国郑州商品交易所早籼稻期货于2009年上市，期货市场相对不成熟，对全球稻米价格影响不大。相比之下，美国芝加哥期货交易所的粒稻米期货上市时间较早，交易活跃，价格波动较大。因此，全球稻米期货市场主要以CBOT籼稻谷期货价格作为价格基准。

尽管CBOT籼稻谷期货交易量和活跃度在近年有所提高，但与CBOT其他农产品期货相比，交易量仍较小。在我国，籼稻价格主要受最低收购价和库销比影响。2006—2012年，在库销比偏低时期，最低收购价持续上调，稻谷价格上涨；2014—2015年，随着库销比增加，稻谷价格趋于稳定，围绕最低收购价波动；2016—2019年，库销比持续增加，我国调低稻谷最低收购价，稻谷价格下调；自2020年开始，库销比开始下降，稻谷最低收购价上调，稻谷均价近期高于最低收购水平。

根据美国农业部经济研究局的研究报告，籼稻米期货交易量较小的原因有两个方面。首先，稻米在美国农产品中属于较小的品种，其产量不到1 000万吨。全球稻米及大米的生产主要集中在亚洲，美国大米产量仅占全球产量的 1%～3%，对全球稻米定价影响有限，与美国的小麦、玉米、大豆等农产品的国际定价作用存在差距。其次，美国并非主要的大米产区，且受到饮食结构的影响，相较于大豆、玉米等其他主要农产品，美国国内对大米的生产、消费和进口量较少，这对芝加哥期货交易所的粒稻谷期货合约交易有重要影响。反之，由于美国大部分稻米用于出口，其市场受到国际现货价格较大的影响，实际上起到接受稻米国际价格的角色。

7.2.2　近 10 年稻米国际价格波动情况

在全球现货市场上，泰国稻米的地位十分重要，因此泰国稻米价格成为国际大米定价的基准。国际稻米现货价格通常以泰国稻米的出口价格作为参考，其中包括泰国 100% B 级大米曼谷平均离岸价、泰国 5% 破碎率大米曼谷离岸价、泰国 10% 破碎率大米曼谷离岸价、泰国 25% 破碎率大米曼谷离岸价等指标。在这些指标中，泰国 100% B 级大米曼谷平均离岸价和泰国 5% 破碎率大米曼谷离岸价较为常见。因此，选择泰国 100%B 级大米曼谷平均离岸价进行分析。

从过去 10 年的稻米国际价格波动情况来看，尽管存在短期调整，但整体趋势呈现不断上升的走势。在稻米国际现货市场上，使用泰国 100%B 级大米曼谷平均离岸价作为稻米的国际价格（见图 7-9）。将 2011—2021 年的稻米国际价格波动趋势划分为四个阶段，即平稳上升阶段、急跌阶段、稳定阶段和急涨阶段。

2011—2012 年，稻米国际价格持续平稳上升，从 2011 年 1 月的 534 美元/吨上涨到 2012 年 7 月的 603 美元/吨，涨幅为 12.92%。在这段时间里，全球稻米产量稳步增加，但全球稻米消费量也同步增加，导致稻米国际价格持续上升。然而，2013—2016 年，稻米国际价格经历了急剧下跌的阶段。在全球粮食危机期间，稻米价格波动超过其他粮食品种，从 2013 年 1 月的 575 美元/吨下跌到同年 7 月的 519 美元/吨，仅 6 个月时间下跌了 9.74%，之后持续下跌至 2015 年 12 月的 369 美元/吨。然而，2016 年上半年开始出现市场紧张态势的缓解，世界稻米价格从 1 月的 370 美元/吨上涨到 7 月的 432 美元/吨，

涨幅为16.76%。2017—2019年，稻米国际价格处于稳定阶段。2017年1月，
稻米国际价格为379美元/吨，到2019年7月，稻米国际价格为406美元/吨，
在此期间稻米国际价格均处于400美元/吨左右。而2020—2021年，稻米的
国际价格处于急速上涨阶段。从2020年1月的439美元/吨一度上涨到2021
年12月的648美元/吨，涨幅为47.61%。这一上涨趋势是由于全球农业生产
和农产品供应受到疫情冲击的原因。在疫情初期，为了确保国内粮食供应安
全，一些国家采取了限制粮食出口的措施，如越南、泰国、哈萨克斯坦和俄
罗斯等。疫情的蔓延加剧了全球粮食供应的不平衡，削弱了弱势群体获取粮
食的能力[17]。此外，贸易政策的变化也加大了国际粮价的波动。尽管2020
年全球粮食供需总体上比较宽松，但由于各种因素，如新冠疫情、发达国
家货币政策的变化、粮食主产国遭受天气灾害以及资本炒作等，国际市场
粮食价格出现明显上涨，引起了广泛关注[17]。

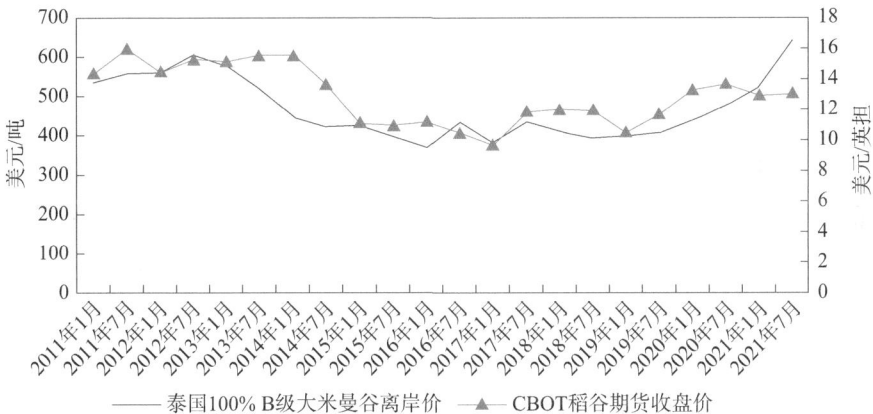

图7-9 2011—2021年世界稻米国际价格波动趋势

资料来源：根据前瞻数据库（https://d.qianzhan.com/）相关数据整理所得。

在稻米国际期货市场上，以CBOT稻谷期货收盘价作为参考价格。
2011—2021年的稻米国际期货价格波动可划分为三个阶段，包括波动上升
阶段、急跌阶段和波动阶段。2011—2013年，稻米国际期货价格持续波动
上升。2011年1月的CBOT稻谷期货收盘价为14.34美分/英担，到同年7月

上涨到15.98美分/英担，达到最高点。随后价格开始下降，2012年1月下降至14.52美分/英担，之后稳步上升，到2013年7月上涨至15.52美分/英担。2014—2015年，稻米国际期货价格急跌，与国际现货价格走势相似。2014年1月的CBOT稻谷期货收盘价为15.56美分/英担，到同年7月下跌至13.67美分/英担，仅6个月时间下跌了12.15%。随后持续下降，到2015年7月下降至10.92美分/英担。2016—2021年，稻米国际期货价格处于波动阶段。2017年1月达到低点，之后开始波动上涨，到2021年7月上涨至13.11美分/英担。

从图7-9可以看出，稻米国际现货价格与期货价格总体上基本吻合。通常情况下，现货价格上涨时，期货价格也呈上升趋势；现货价格下跌时，期货价格也呈下降趋势。期货价格和现货价格是完整价格的两个方面，从不同角度反映价格走势。

7.2.3　2021年稻米国际价格波动情况

2021年稻米国际市场价格表现为"涨—跌—涨"的走势，如图7-10所示。在2021年1—4月，稻米国际价格整体趋于稳定，泰国100%B级大米曼谷离岸价维持在500美元/吨左右，美国CBOT稻谷期货收盘价维持在13美元/英担左右。而在2021年5—7月，两者都经历了下跌阶段，如泰国100%B级大米曼谷离岸价从6月的680美元/吨下降到7月的637美元/吨，而美国CBOT稻谷期货收盘价从5月的13.49美元/英担下降到6月的12.98美元/英担。然而，在8—12月，两者均呈上升趋势，尤其是美国CBOT稻谷期货收盘价的变动幅度较大，从8月的13.35美元/英担上升到12月的13.99美元/英担，增幅为4.79%。总体而言，2021年国际稻米市场价格在2020年的基础上震荡上行，中间有剧烈波动，但总体上走出下跌趋势，在下半年持续上涨，并创下近两年新高。

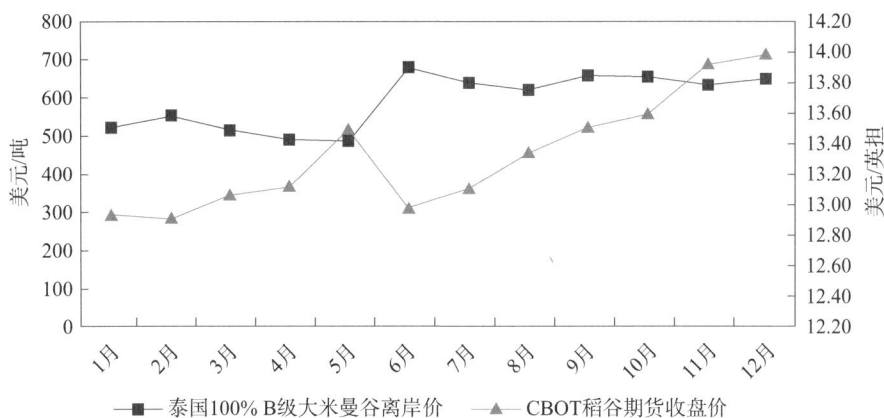

图7-10 2021年世界稻米国际价格波动趋势

资料来源：根据前瞻数据库（https://d.qianzhan.com/）相关数据整理所得。

7.3 2021年稻米国际价格波动影响因素分析

稻米国际价格在2021年走出了"涨—跌—涨"的行情，此现象受到了多种因素的共同影响。稻米价格的波动受到了长期因素的影响，包括世界稻米供求、世界经济波动周期、生产成本和气候变化等，同时受到了投机、市场预期以及美元指数等短期因素的影响。

7.3.1 供求因素

供求是决定稻米价格的根本因素。当供不应求时，稻米价格上涨；相反，当供大于求时，稻米价格下跌。尽管稻米主要是食用，其总需求相对稳定，但需求因素对价格的影响逐渐显现，而供应变化可以迅速引起价格的快速波动。因此，稻米市场的供需平衡是维持价格稳定的关键。

国际稻米供给方面主要由两方面构成：①前期库存量是决定稻米市场供应状况的重要指标。它反映了供应量的紧张程度，当前期库存量较少时，供应短缺，从而导致价格上涨；相反，当前期库存量充足时，供应充裕，价格则有下跌的趋势。因此，前期库存量在稻米市场中扮演着重要的角色，对价格的波动起着关键的影响作用。②当期生产量是稻米市场中的关键因素，受到种植面积和单产水平的影响。种植面积会受到稻米与其他农产品的比较收益以及国家农业政策等因素的影响；而单产水平则受天气和科技水平等因素影响。因此，稻米的播种面积、气候情况、作物生产条件、生产成本以及各国政府的农业政策等的变化，决定了全球稻米生产量的变动。这些因素的变化直接影响着供应量的波动，进而对稻米价格产生重要的影响。

根据2022年《世界粮食及农业统计年鉴》的数据，2021年全球稻米播种面积为165.25百万公顷，较2020年增长了1.32%。尽管增长幅度不大，但单产的提高使得稻米生产量进一步增加。2021年全球稻米生产量为787.29百万吨，而2020年期末库存量为193.6百万吨。因此，2021年全球稻米的总供给量为980.89百万吨，相比2020年增加了2.72%。

稻米价格受到需求方面的多个因素影响，包括消费者购买力的变化、人口增长及结构的变化以及各国的政策影响。根据联合国于2019年发布的《2019年世界人口展望》报告数据，2019年全球人口总数约为77亿，预计到2050年将超过97亿，并在之后维持温和增长，到2100年将超过109亿。随着人口的增长，对稻米的需求也将持续增加。据估计，2021年全球稻米消费量为522.0百万吨，较2020年增长了2.29%。2021年库存消费比约为29.7%，相比2020年供应更为充裕，但总体形势仍然表现为供需偏紧。

7.3.2　世界经济波动周期因素

世界经济在繁荣与衰退的周期性交替中不断发展。经济周期是现代经济社会中不可避免的波动现象，也是经济的基本特征之一。经济周期的波动几乎覆盖了所有经济部门，因此影响全球经济而非特定地区经济。世界GDP增长率被视为衡量世界经济状况的基本指标。经济周期一般包括复苏、繁荣、衰退和萧条四个阶段，不断循环重复。在这个过程中，稻米价格也会相应地波动。

图7-11显示，世界经济增长将增加对国际稻米的需求。如果供给量保持不变，可能导致国际稻米供不应求，推动稻米的国际价格上涨。相反，世界经济衰退将导致稻米需求减少，进而稻米价格下降。因此，世界经济增长率和稻米国际价格波动在一定程度上相关。这说明世界经济状况的变化对稻米市场有重要影响，需求的变化会引起价格波动。2011—2019年，世界经济稳步增长，国际稻米价格也稳步上升。然而，2020年世界经济增长率触及最低点，而进入2021年，全球经济开始复苏，稻米国际价格也呈上涨趋势。

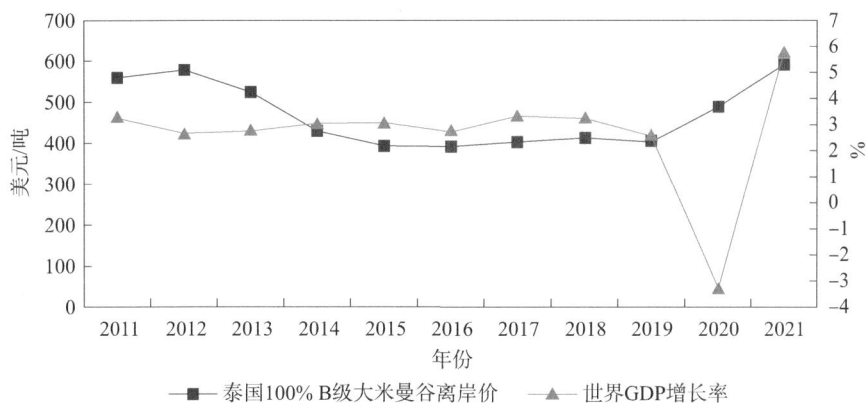

图7-11　2011—2021年世界经济增长和稻米国际价格变化

资料来源：根据前瞻数据库（https://d.qianzhan.com/）、世界银行官网相关数据整理所得。

7.3.3　生产成本

种植稻米需要经历多个过程，这使得生产稻米的种子价格、化肥、农药等成本的变化直接决定了稻米价格的波动。这些成本包括种子费、化肥费、农药费、雇工收割费、农膜费、租赁作业费、机械作业费、燃料动力费、技术服务费、工具材料费、修理维护费等。稻米的成本收益情况是农民种植积极性的重要因素之一，也对市场价格产生影响。当稻米市场价格过低时，农民倾向于保持库存。收益情况还会影响农民对下一年稻米种植的安排，如果收益增加，农民可能会增加种植面积；相反，收益减少则可能会减少种植面积。因此，稻米的生产成本对市场供应量和价格波动具有重要影响。

近年来，生产成本的增加一直推动着稻米价格上涨。种子、农资、人工和土地成本的上升是主要原因之一。劳动力工资普遍呈现刚性增长趋势，而种子费用在一定程度上反映了农业科技水平。随着各国对农业科技的投入增加，种子费用也在逐年上升。化肥和能源的价格居高不下，对稻米生产成本的上升起到推动作用。此外，自然灾害如干旱和洪涝也增加了农民的抗灾成本。农业生产资料、劳动力成本和土地租金的上涨也导致了水稻生产成本的增加。这些因素共同推动了国际稻米价格的上涨。

7.3.4　气候变化

气候变化对农业生产有着重要影响，特别是气温和降水的变化直接影响作物产量，改变供需关系，从而导致农产品价格波动。稻米作为一种种植作物，也受到气候条件变化的直接影响。良好的气候条件可以带来丰收预期，市场供应充足，从而对稻米价格形成下跌压力。然而，恶劣的气候条件会导致稻米减产，市场供应不足，从而推动稻米价格上涨。近年来，与气候变化相关的极端天气事件频繁发生，对稻米生产产生巨大影响。

全球气候变暖导致气温升高，对水稻生产带来了限制和负面影响。虽然气候变暖可能提高气温，但夜间温度升高可能导致现有水稻品种的产量和品质下降。根据国际水稻研究所的研究，每增加1摄氏度的平均夜间最低温度，水稻产量将下降10%。因此，气候变暖对水稻生产产生负面影响，需要进一步关注和采取应对措施。

近年来，全球发生了频繁的极端天气现象，主要稻米生产国相继遭受异常天气，粮食库存减少，刚性需求增加，供需形势紧张。为了确保国内粮食安全，印度和越南也相继降低了大米出口配额，导致全球稻米流动性减少，对粮价上涨产生了重大影响。

7.3.5 投机因素

全球土地面积有限，这使得粮食成为一种宝贵的资源。当各国开始争夺粮食资源时，价格就会上涨。在当今发展中国家，农业部门越来越市场化，这为投资者提供了机会。不同的研究表明，期货价格和贸易量对农产品价格有一定影响。当各国投资者开始囤积粮食以谋求利润时，粮食供应紧张，推动国际粮价上涨。

作为国际大宗商品，稻米既具有商品属性又具备金融产品属性。因此，稻米价格的涨跌受到供求关系和金融市场的投资与投机因素的影响。随着时间的推移，金融市场的投机因素在国际稻米价格上的影响日益重要，不可忽视。2020年3月至2022年4月，美联储实施了大规模量化宽松货币政策，这是推动全球粮价大幅上涨的根本驱动因素。美国联邦基金利率从2020年初的1.55%降至0%~0.25%，一年期国债收益率降至约0.1%。同时，美国狭义货币供应量（M1）在20个月内从4.1万亿美元激增至7.9万亿美元，广义货币供应量（M2）增长了25%。这不仅导致了美国国内通胀率的上升，也推动了国际石油、粮食等大宗商品价格的持续上涨[①]。总体来看，全球粮价上涨主要是由美元流动性扩张所驱动。这导致了大量投机资本涌入大宗商品市场，从而推动了国际稻米价格的普遍上涨。

7.3.6 市场预期因素

市场预期对稻米价格波动有重要影响。预期包括对供需平衡的预期和对世界事件发展形势的预期，两者都会在不同程度上影响稻米价格的波动。

金融危机和新冠疫情的出现往往使粮食成为投机资本的炒作对象。粮食作为生活必需品，供需失衡时容易引发问题。例如，2008年的全球粮食危机由于澳大利亚和阿根廷的干旱天气导致粮食减产预期，全球谷物库存下降，小麦和大米出口价格上涨。全球流动性过剩和国际投机资本的大规模炒

---

① 冯虎.美货币政策是全球粮价大幅波动根本原因[EB/OL]. 经济日报. http://www.ce.cn/xwzx/gnsz/gdxw/202208/16/t20220816_37964865.shtml.2022-08-16/2023-07-11.

作引发了全球市场恐慌，推动国际粮食市场价格全面上涨。而且为了应对新冠疫情对经济的冲击，2020年各国央行采取了宽松货币政策，甚至出现了负利率。全球流动性过剩情况加剧，近期美国宣布的刺激计划进一步推动了流动性过剩问题[18]。2021年，英国、美国、日本等20多个国家出现了新冠病毒的变异毒株，加剧了全球疫情反弹，一些国家限制粮食出口或增加进口规模，导致全球粮价大幅上涨。此外，粮食物流受到疫情影响，部分港口装卸和运输效率下降，运输费用上涨。全球粮食供需存在结构性矛盾，加上美国农业部下调玉米和大豆的产量和库存预期，国际粮价尚未达到历史高位，这可能引发投机资本的炒作。因此，需要警惕投机资本推高国际粮价，可能传导到国内市场带来风险。

7.3.7 美元指数

由图7-12可以看出，2021年1—3月，国际稻米价格和美元指数呈现负相关的走势。但由于后来受到了其他因素的影响，在2021年3—9月国际稻米价格和美元指数没有呈现出负相关的走势。但从10月开始，两者之间的负相关的走势开始呈现出来。进入10月，随着美元指数的走强，国际稻米价格开始出现下跌趋势。到12月，美元指数创下了年度高点，达到96.21，而国际稻米价格由6月的高点下跌到了12月的648美元/吨。由此可以看出，国际稻米价格的波动在一定程度上和美元指数的走势呈负相关的关系。

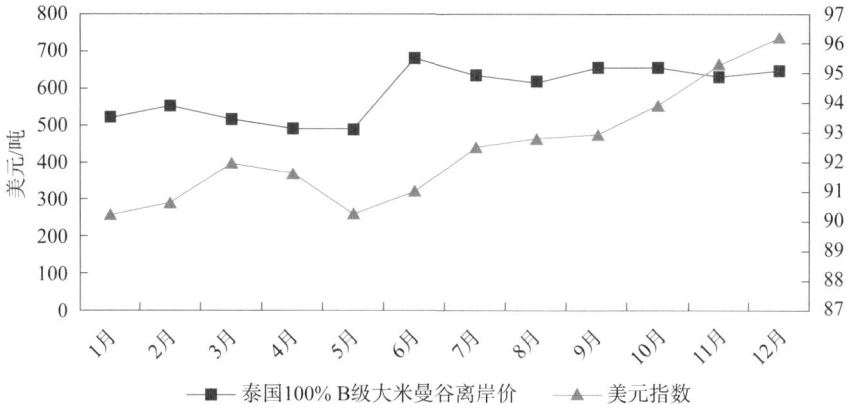

图7-12　2021年美元指数和国际稻米价格波动趋势

资料来源：根据前瞻数据库（https://d.qianzhan.com/）相关数据整理所得。

7.4　本章小结

稻米作为全球最主要的粮食之一，扮演着举足轻重的角色。作为世界上最重要的粮食作物之一，稻米不仅为全球数十亿人口提供主要的食物来源，而且是许多农村地区的主要农作物和收入来源。稻米产业的发展与全球粮食安全密切关联，对于保障世界各地的粮食供应，消除饥饿问题，促进经济增长和社会稳定具有重要的意义。因此，对于稻米的国际贸易概况、价格波动情况以及相关影响因素的研究具有重要的理论和实际价值。本文从稻米国际贸易概况、稻米国际价格波动情况和稻米国际价格波动影响因素这三个方面展开了探讨。

从稻米国际贸易概况来看，在全球稻米生产方面，稻米种植分布不均衡，亚洲占据着绝对主导地位，其产量占全球的89%。中国是世界最大的稻米生产国，其他亚洲国家如印度、印度尼西亚、孟加拉国等也是重要的产稻国。相比之下，非洲、美洲、欧洲和大洋洲的稻米产量较小。在全球稻米消费方面，稻米消费量呈现逐年增长的趋势。尽管总消费量增加，但人均消费量却趋于下降，特别是在中高收入国家。低收入国家的人均消费量仍在增长。稻米供应相对充足，根据粮食安全线水平，稻米库存消费比保持在35%以上。在全球稻米贸易方面，稻米贸易量波动上升。美洲是最大的稻米进口市场，占全球进口量的比重最高。亚洲、南美洲、欧洲和非洲也是重要的稻米进口地区。印度是全球最大的稻米出口国，其出口量居于世界第一位。巴西、巴拉圭、圭亚那等国家的稻米出口量也占有较大份额。总的来说，亚洲在全球稻米生产、消费和贸易中扮演着重要角色。稻米供应相对充足，但稻米贸易量相对较小。稻米消费量在全球范围内逐年增加，但人均消费量呈下降趋势，尤其是在中高收入国家。稻米贸易中，美洲是最大的进口市场，印度是最大的出口国。

从稻米国际价格波动情况来看，近年来，稻米国际价格波动情况呈现出一定的特点。现货市场上，稻米的国际贸易活跃度较高，尤其是在亚洲地区，特别是泰国，成为主要的交易中心。而稻米期货市场交易量相对较小，但在我国则受到最低收购价和库销比的影响。总体而言，2011—2021年的稻米国际价格波动经历了平稳上升、急跌、稳定和急涨的阶段。此外，稻米国际现货价格和期货价格总体趋势相一致。而2021年稻米国际市场价格呈现出"涨—跌—涨"的走势，整体上呈震荡上行的趋势，并在2020年的高位基础上出现了短暂的下跌，但下半年持续上涨，创下了近两年来的新高点。

从稻米国际价格波动的影响因素来看，稻米国际价格波动主要受到供求因素、世界经济波动周期、生产成本、气候变化、投机因素、市场预期因素和美元指数的影响。首先，供求因素是决定稻米价格的关键因素，当供应不足时，价格上涨；反之，价格下跌。其次，世界经济的波动周期也会影响稻米价格，经济增长会推动需求增加，导致价格上涨；经济衰退则降低需求，导致价格下跌。此外，生产成本的增加也是稻米价格上涨的推动因素，包括种子、农资、人工等成本的上升。气候变化引起的极端天气事件导致全球粮食库存减少，供需紧张进一步推高价格。投机因素和市场预期短期内也会对价格有影响。最后，美元指数与稻米价格呈负相关，美元走强会导致国际稻米价格下跌。综合这些因素，稻米国际价格呈现出波动性和相对复杂性，需要密切监测市场并采取相应措施来应对价格波动带来的挑战。

本章参考文献

[1] 冯绪猛，郭九信，王玉雯，等.锌肥品种与施用方法对水稻产量和锌含量的影响[J].植物营养与肥料学报，2016，22（5）：1329-1338.

[2] 牛淑琳，唐苗苗，杜晨阳，等.稻米品质调控的分子基础及非生物胁迫对稻米品质的影响[J].中国稻米，2022，28（3）：10-19.

[3] 张居中，陈昌富，杨玉璋.中国农业起源与早期发展的思考[J].中国国家博物馆馆刊，2014（1）：6-16.

[4] 宋志平，陈家宽，赵耀.水稻驯化与长江文明[J].生物多样性，2018，26（4）：346-356.

[5] 卢宝荣，蔡星星，金鑫.籼稻和粳稻的高效分子鉴定方法及其在水稻育种和进化研究中的意义[J].自然科学进展，2009，19（6）：628-638.

[6] Bin Rahman A N M R, Zhang J. Trends in rice research：2030 and beyond[J]. Food and Energy Security, 2023, 12（2）：e390.

[7] Kowsalya P, Sharanyakanth P S, Mahendran R. Traditional rice varieties：A comprehensive review on its nutritional, medicinal, therapeutic and health benefit potential[J]. Journal of Food Composition and Analysis, 2022：104742.

[8] 王立，段维，钱海峰，等.糙米食品研究现状及发展趋势[J].食品与发酵工业，2016，42（2）：236-243.

[9] 陈秧分，王介勇，张凤荣，等.全球化与粮食安全新格局[J].自然资源学报，2021，36（6）：1362-1380.

[10] Bui T H H, Chen Q. An analysis of factors influencing rice export in

Vietnam based on gravity model[J]. Journal of the Knowledge Economy，2017（8）：830-844.

[11] 金涛.中国粮食作物种植结构调整及其水土资源利用效应[J].自然资源学报，2019，34（1）：14-25.

[12] 李保国，刘忠，黄峰，等.巩固黑土地粮仓 保障国家粮食安全[J].中国科学院院刊，2021，36（10）：1184-1193.

[13] 刘立涛，刘晓洁，伦飞，等.全球气候变化下的中国粮食安全问题研究[J].自然资源学报，2018，33（6）：927-939.

[14] 许吟隆，赵运成，翟盘茂.IPCC特别报告SRCCL关于气候变化与粮食安全的新认知与启示[J].气候变化研究进展，2020，16（1）：37-49.

[15] 余泓，王冰，陈明江，等.水稻分子设计育种发展与展望[J].生命科学，2018，30（10）：1032-1037.

[16] 朱春雨，张楠，聂东兴.全球农药贸易分析与绿色发展趋势[J].世界农药，2022，44（11）：19-26.

[17] 朱聪，曲春红，王永春，等.新一轮国际粮食价格上涨：原因及对中国市场的影响[J].中国农业资源与区划，2022，43（3）：69-80.

[18] 颜波，陈玉中，姜明伦，等.当前全球粮食安全形势与保障国内粮食供给和市场稳定的政策建议[J].中国粮食经济，2021（5）：44-47.

8 小麦

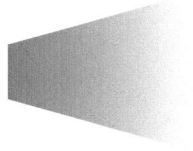

　　小麦是一种一年生草本植物，可在适宜的气候和土壤条件下生长，并在全球范围内被广泛种植和消费[1-2]。小麦的种子是由子实皮包裹的胚乳形成的颗粒，通常被称为麦粒[3]。麦粒富含淀粉、蛋白质、维生素和矿物质等营养物质[4-5]。小麦的起源可以追溯到几千年前的古代中东地区，特别是位于现今伊拉克和伊朗一带的地区[6-7]。古代中东地区的农民们逐渐发展了种植、收割和加工小麦的技术，并将它们传播到欧洲和其他地区。根据品种和用途的不同，小麦可以被分为多个种类，最常见的分类是硬粒小麦和软粒小麦。其中，硬粒小麦的麦粒富含蛋白质，用于制作面包、面条和其他烘焙产品[8]；而软粒小麦的麦粒富含淀粉，常用于制作糕点、饼干和米饭等食品[9]。可见，小麦在人类饮食中具有重要地位。

　　作为主要的粮食作物之一，小麦提供了丰富的碳水化合物来供给能量，是人体所需的主要能量来源[10-11]。此外，小麦还富含蛋白质、纤维、维生素B和矿物质，对人体的正常生长发育和健康维护起着重要作用[12-13]。同时在经济上，小麦在农业和国际贸易中都具有重要地位。小麦种植提供了大量的就业机会，并且对许多国家的农业经济有着重要贡献[14]；小麦也是世界贸易中最重要的农产品之一，许多国家依靠小麦出口来支撑其经济发展[15]。然而，小麦种植也面临着一些挑战和问题。病虫害、气候变化和土壤质量等因素可能对小麦产量和质量造成负面影响，需要采取有效的农业管理措施来应对[16]。而且小麦过敏和不耐受等问题也需要在食品安全和饮食选择方面加以考虑，应采取合适的管理措施来确保产量和质量的稳定性[17]。

8.1　小麦国际贸易概况

8.1.1　全球小麦生产情况

世界粮食作物种类很多，其中，小麦、玉米、水稻是三种最重要的粮食作物。小麦作为全球重要的粮食作物之一，是全世界分布范围最广、种植面积最大、总产量排名第二的粮食作物。从全球范围看，小麦主要集中在温带地区和亚热带地区，如欧洲平原、地中海沿岸、中国的华北、北美洲的中部平原等。如表8-1所示，自2018年以来，全球小麦的种植面积一直维持在1亿公顷至2.25亿公顷之间，由于受气候因素影响，各年份之间会有所差别，但总体来讲，差别不大。

表8-1　全球三大粮食作物

品名	指标	2018年	2019年	2020年	2021年
玉米	收获面积（百万公顷）	195.42	194.56	199.99	205.87
	总产量（百万吨）	1 124.17	1 137.62	1 163.00	1 210.24
	单产（公顷/吨）	5.75	5.85	5.82	5.88
大米	收获面积（百万公顷）	163.89	160.52	163.09	165.25
	总产量（百万吨）	761.03	753.29	769.23	787.29
	单产（公顷/吨）	4.64	4.69	4.72	4.76
小麦	收获面积（百万公顷）	213.83	215.69	217.90	220.76
	总产量（百万吨）	732.24	764.06	756.95	770.88
	单产（公顷/吨）	3.42	3.54	3.47	3.49

资料来源：根据FAO《世界粮食及农业统计年鉴》（2022，电子版）整理所得。

小麦的生产分布非常广泛，从世界范围来看，各大洲均有种植，如图8-1所示，2021年，全球小麦种植面积约为2.21亿公顷，比2010年增加286万公顷。从洲际的分布情况来看，小麦的种植区域主要集中在亚洲、欧洲、北美洲以及大洋洲，2021年种植面积分别为100.40百万公顷、62.82百万公顷、24.29百万公顷、12.69百万公顷。从图8-1可以看出，2021年与2020

年相比，各大洲小麦种植面积基本趋同，没太大的变化，小麦的主要生产集中地在亚洲，其种植面积约占全球的46%，其次是欧洲，约占29%，北美洲约占11%，非洲、大洋洲和南美洲各占5%左右。

2020年各大洲小麦种植面积　　　　　2021年各大洲小麦种植面积

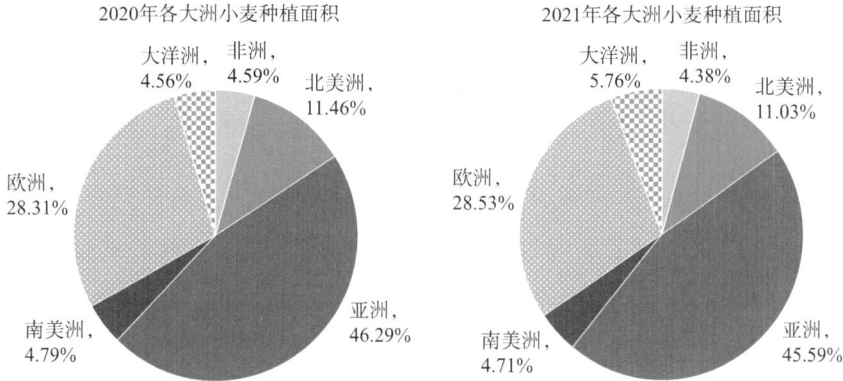

图8-1　2020年与2021年各大洲小麦种植面积

资料来源：根据FAO《世界粮食及农业统计年鉴》（2022，电子版）整理所得。

如表8-2所示，据联合国粮食及农业组织统计，各大洲的小麦产量分布情况与种植面积比重大体上一致，2021年全球小麦总产量合计为770.88百万吨，比2020年增加13.93百万吨，其中在亚洲，2021年小麦总产量为340.46百万吨，约占世界总产量的44%。其次是欧洲，总产量为269.18百万吨，约占世界总产量的35%，北美洲总产量为67.09百万吨，约占世界总产量的8.7%，南美洲、大洋洲、非洲总产量分别为29.29百万吨、32.35百万吨、29.22百万吨，分别约占世界总产量的3.8%、4.2%、3.8%。

表8-2　2020—2021年各大洲小麦产量

洲别	2020年产量（百万吨）	2021年产量（百万吨）	2020年单产（吨/公顷）	2021年单产（吨/公顷）
世界	756.95	770.88	3.47	3.49
非洲	25.37	29.22	2.54	3.03
北美洲	85.19	67.09	3.42	2.76
亚洲	343.76	340.46	3.42	3.39

洲别	2020年产量（百万吨）	2021年产量（百万吨）	2020年单产（吨/公顷）	2021年单产（吨/公顷）
南美洲	29.95	29.29	2.88	2.82
欧洲	254.76	269.18	4.14	4.28
大洋洲	14.93	32.35	1.51	2.55

资料来源：根据FAO《世界粮食及农业统计年鉴》（2022，电子版）整理所得。

从国别来看（如表8-3所示），2021年，全球小麦总产量合计为770.88百万吨，较2020年同比增长1.84%。其中，总产量排名前十的国家分别是中国、印度、俄罗斯、美国、法国、乌克兰、澳大利亚、巴基斯坦、加拿大和德国，总产量分别为136.95百万吨、109.59百万吨、76.06百万吨、44.79百万吨、36.56百万吨、32.18百万吨、31.92百万吨、27.46百万吨、22.30百万吨和21.46百万吨，分别占世界小麦总产量的17.77%、14.22%、9.87%、5.81%、4.74%、4.17%、4.14%、3.56%、2.89%、2.78%。前十位国家和地区小麦总产量合计为539.27百万吨，占世界小麦总产量的69.96%。

表8-3　2021年全球小麦总产量排行榜

全球排名	国家（地区）	总产量（百万吨）	占比（%）
	世界	770.88	100.00
1	中国	136.95	17.77
2	印度	109.59	14.22
3	俄罗斯	76.06	9.87
4	美国	44.79	5.81
5	法国	36.56	4.74
6	乌克兰	32.18	4.17
7	澳大利亚	31.92	4.14
8	巴基斯坦	27.46	3.56
9	加拿大	22.30	2.89
10	德国	21.46	2.78

资料来源：根据FAO《世界粮食及农业统计年鉴》（2022，电子版）整理所得。

8.1.2 全球小麦消费情况

从图8-2可以看出，世界小麦消费量总体上呈增长趋势，2021年，全球小麦消费总量为773.01百万吨，较上一年增长1.46%，高于近年来的趋势值。2011—2021年，全球小麦消费总量从688.85百万吨增长到773.01百万吨，增长幅度约12%。

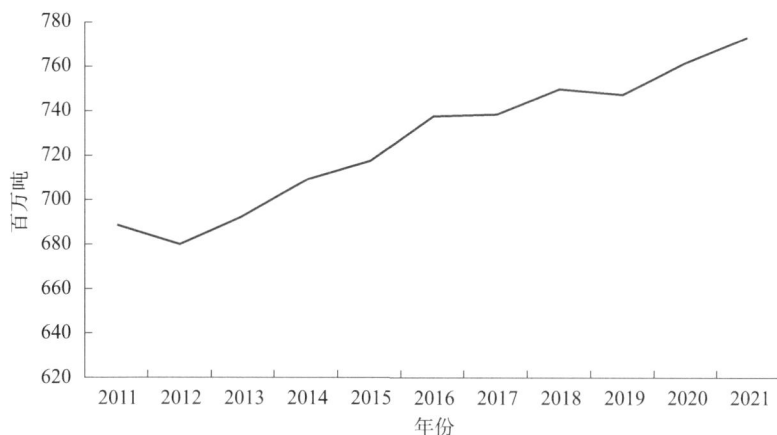

图8-2　2011—2021年全球小麦消费情况

资料来源：根据FAO《世界粮食及农业统计年鉴》（2022，电子版）整理所得。

从图8-3可以看出，世界小麦消费量总体上呈增长趋势，基本与产量大致持平。

分国家（地区）来看（如表8-4所示），2021年，中国、欧盟27国、印度小麦国内消费总量位居前三，分别为150百万吨、104.35百万吨、103.09百万吨，分别占世界总消费量的19.21%、13.36%和13.20%，消费占比达到45.77%。与2020年相比，各主要小麦消费国的消费量都有不同程度的变化，其中中国和印度小麦消费量在上升，增长率分别为19.05%和7.26%，但欧盟27国的消费量在下降，下降幅度为15.16%。

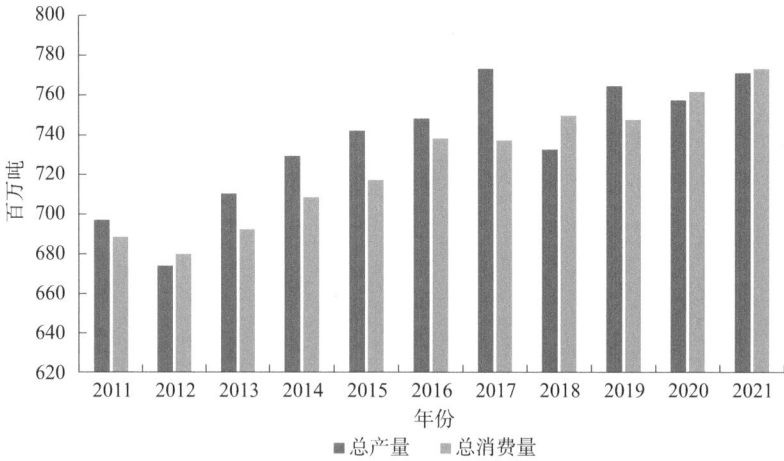

图8-3　2011—2021年全球小麦产量与消费量比较

资料来源：根据FAO《世界粮食及农业统计年鉴》（2022，电子版）整理所得。

表8-4　2020—2021年全球小麦国内消费量排名前五位的国家（地区）

排名	国家（地区）	2020年		2021年		同比增长（%）
		总消费量（百万吨）	占世界之比（%）	总消费量（百万吨）	占世界之比（%）	
	全球	748.55	100.00	780.87	100.00	4.32
1	中国	126	16.83	150	19.21	19.05
2	欧盟27国	123	16.43	104.35	13.36	−15.16
3	印度	96.11	12.84	103.09	13.20	7.26
4	俄罗斯	40	5.34	41.5	5.31	3.75
5	美国	31.49	4.21	30.55	3.91	−2.99

资料来源：根据前瞻数据库（https://d.qianzhan.com/）相关数据整理所得。

　　小麦消费主要包括人类食用、饲料用量以及其他用量（包括工业用量、种子以及收获后损失）。人类直接食用小麦消费量约占世界小麦总消费量的70%。2020年，小麦食用消费量增长1.23%，增加至525.5百万吨，但世界小麦人均年均食用消费量为67.0kg，比上年度减少0.3kg。并且与发展中国家相比，发达国家小麦饲料需求强劲，这是因为与高蛋白原料相比，小麦具有价格优势。如表8-5所示，2020年，全球小麦饲料消费量为147.9百万吨，比2019年增加将近5.87%。2020年，全球小麦的其他消费量为88.5百万吨，约占世界小麦利用总量的11.62%，比2019年减少4.4百万吨，同比下降4.74%。虽然种子和收获后的损失占其他用量中的大部分，但是随着近年来全球（尤其是欧盟国家）对乙醇需求的增加，直接推动了小麦作为该生物燃料的工业用量的扩张。另外，小麦的首要工业用途仍然是淀粉制造，据国际谷物理事会的统计，淀粉制造的小麦用量仍稳定在1 100万吨上下。

表8-5 2017—2021年全球小麦消费情况

	2017年	2018年	2019年	2020年	同比增长	2021年（估算）
产量（百万吨）	1433.7	732.4	760.2	775.0	1.95%	779.3
贸易量（百万吨）[①]	196.6	168.3	183.9	189.4	2.99%	195.7
利用总量（百万吨）	1411.0	751.0	751.8	761.8	1.33%	773.0
食用（百万吨）	211.7	515.2	519.1	525.5	1.23%	529.5
饲料（百万吨）	796.2	141.6	139.7	147.9	5.87%	151.7
其他用途（百万吨）	403.1	94.3	92.9	88.5	-4.74%	91.8
季末库存量（百万吨）[②]	421.8	271.3	279.2	291.5	4.41%	293.7
世界人均年均食用消费（千克/年）	28.0	67.5	67.3	67.0	-0.45%	67.0
低收入缺粮国（千克/年）	36.5	49.6	39.9	58.2	45.86%	57.9
世界库存量与利用量之比（%）	15.7	36.2	36.6	37.6	2.73%	37.9
主要出口国库存量与消耗量之比（%）[③]		18.1	15.3	15.2	-0.65%	16.0

资料来源：根据FAO《粮食展望》（2019—2022，电子版）相关数据整理所得。

注：① 贸易量系指共同的7月/6月销售年度的出口量。

② 季末库存量未必等于供应量（定义为产量加结转库存量）与利用量之差，原因是各国销售年度的时间存在差别。

③ 主要出口国包括主要出口国包括阿根廷、澳大利亚、加拿大、欧盟、俄罗斯、乌克兰和美国等。

8.1.3 全球小麦贸易情况

（1）全球小麦贸易总量

在全球粮食贸易中，小麦是最活跃的品种。它不仅贸易量大，而且涉及的国家范围广泛[18]。根据图8-4，近10年来，小麦的年贸易总量整体呈现稳步增长的趋势。2011年的小麦贸易总量为146.80百万吨，而2021年增加至195.70百万吨，较上一年增长了3.34%。小麦出口国主要集中在北美、西欧和澳洲，而进口国主要集中在亚洲、非洲和东欧地区。

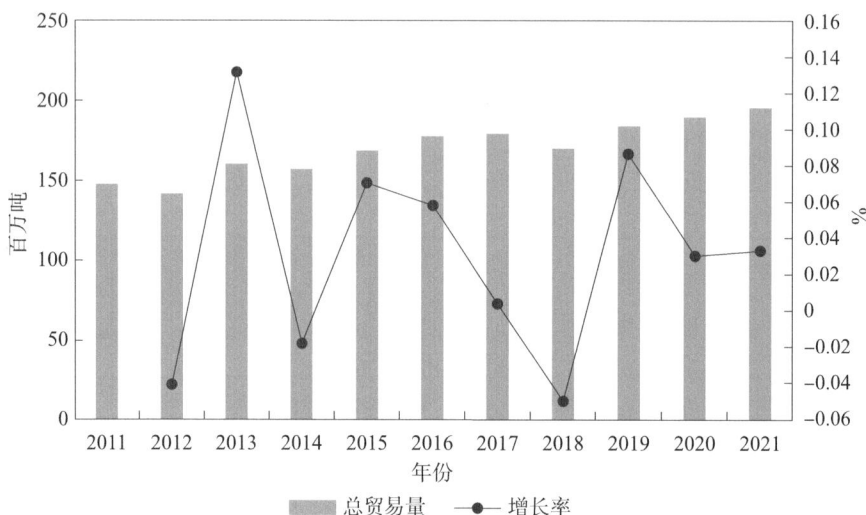

图8-4 2011—2021年全球小麦贸易总量与增长率情况

资料来源：根据FAO《世界粮食及农业统计年鉴》（2022，电子版）整理所得。

（2）全球小麦进口情况

相较于小麦的主产国，全球小麦的消费国和进口国则比较分散，呈现出交易范围广、参与国家较多的特点。世界小麦进口国大致可分为两类，一类是进口补充型，即本国生产小麦的同时进口一部分小麦以补充国内较高的消费需求。这类国家（地区）主要有中国、意大利、欧盟、巴西和埃及[18]。另一类是完全依赖型，即本国几乎不生产小麦但消费需求比较高，所需小麦完全依赖进口，如韩国、日本[18]。

如表8-6所示，2021年，全球小麦进口量合计为20 101.02万吨，比2020年增加638.93万吨，排前十位的国家（地区）依次是欧盟27国、印度尼西亚、中国、阿尔及利亚、意大利、伊朗、孟加拉国、尼日利亚、巴西、菲律宾，进口量分别为3 200.33万吨、1 148.14万吨、1 098.72万吨、802.52万吨、729.85万吨、707.52万吨、698.24万吨、636.97万吨、622.51万吨、602.93万吨。这些国家（地区）小麦进口量合计为10 247.73万吨，占世界小麦进口总量的50.98%。

表8-6　2021年全球小麦进口量排行榜

全球排名	国家（地区）	进口量（万吨）	占比（%）
	世界	20 101.02	100.00
1	欧盟27国	3 200.33	15.92
2	印度尼西亚	1 148.14	5.71
3	中国	1 098.72	5.47
4	阿尔及利亚	802.52	3.99
5	意大利	729.85	3.63
6	伊朗	707.52	3.52
7	孟加拉国	698.24	3.47
8	尼日利亚	636.97	3.17
9	巴西	622.51	3.10
10	菲律宾	602.93	3.00
11	埃及	577.37	2.87
12	日本	512.61	2.55
13	荷兰	496.30	2.47

资料来源：根据FAO《世界粮食及农业统计年鉴》（2022，电子版）相关数据整理所得。

欧盟是全球最大的小麦进口地区。2021年，进口量为3 200.33万吨，占全球进口量的15.92%。其次是印度尼西亚，自20世纪90年代以来，印度尼西亚小麦需求呈增长趋势，随着人口的增长，小麦自1990年以来不断增长，饲料小麦用量所占的比例也稳定增加，在2021年进口量为1 148.14万吨，占全球进口量的5.71%。近年来，随着生物质能源的发展，尤其是乙醇的生产，导致小麦工业需求用量不断增加。

巴西是南美洲最大的国家，人口众多，而大部分地区属于热带气候，只有南方小部分地区（巴拉那州和南大河州）种植小麦。近10年来，随着人口数量的增长，本国所产小麦根本无法供应国内需求，所需小麦需要大规模进口。联合国数据显示（如表8-7所示），巴西人口总数由2011年的1.98亿增长至2020年的2.13亿，小麦进口数量也稳步上升，2013年巴西小麦进口量达727.33万吨，为近10年来最高。随后几年，由于本国产量增加，小麦进口量有所小降，2021年巴西小麦进口量为622.51万吨。

表8-7　2011—2021年巴西小麦进口情况

年份	人口数量（千人）	产量（万吨）	进口量（万吨）
2011	197 515	569.00	574.05
2012	199 287	441.84	658.04
2013	201 036	573.85	727.33
2014	202 764	626.19	578.30
2015	204 472	550.85	517.04
2016	206 163	683.44	686.63
2017	207 834	434.28	602.22
2018	209 469	546.92	681.71
2019	211 049.5	559.08	657.63
2020	212 559.4	634.80	615.99
2021	—	787.45	622.51

资料来源：根据FAO《世界粮食及农业统计年鉴》（2022，电子版）相关数据整理所得。

中国是东亚小麦进口大国。长期以来，小麦一直是中国人饮食的重要组成部分之一，但是生产的优质小麦数量比较少。随着饮食的升级，我国对优质小麦的需求量越来越大，在我国优质小麦产量无法满足需求的情况下，每年都要依赖进口解决。如表8-8所示，近几年，中国小麦进口量位居亚洲第一，进口量由2011年的261.23万吨增加到2021年的1 098.72万吨。2021年，中国小麦总消费量为11 387.5万吨，相较于2020年的12 249.2万吨，下降了

7.03%。但小麦进口量比2020年增长了141.73万吨，进口量占全国消费比同期增长了23.56%。

表8-8　2011—2021年中国小麦进口情况

年份	人口数量 （千人）	产量 （万吨）	进口量 （万吨）	总消费量 （万吨）	进口占消费之比 （%）
2011	1 407 325	11 741.40	261.23	12 007	2.18
2012	1 415 164	12 103.01	505.75	11 078	4.57
2013	1 422 971	12 193.05	683.07	10 485	6.51
2014	1 430 671	12 621.52	426.56	10 860	3.93
2015	1 438 193	13 264.63	431.02	10 340.5	4.17
2016	1 445 524	13 327.46	472.50	10 589.6	4.46
2017	1 452 626	13 424.67	571.60	10 135.8	5.64
2018	1 459 378	13 144.66	411.56	10 108.7	4.07
2019	1 465 634	13 360.11	455.92	13 319	3.42
2020	1 471 287	13 425.60	956.99	12 249.2	7.81
2021	—	13 695.20	1 098.72	11 387.5	9.65

资料来源：根据FAO《世界粮食及农业统计年鉴》（2022，电子版）相关数据整理所得。

（3）全球小麦出口情况

如表8-9所示，2021年，全球的小麦出口量合计为19 813.93万吨，相比2020年的19 856.61万吨，同比减少0.215%。相较于进口量，全球小麦出口量则相对比较集中，排前十位的国家（不含欧盟）依次是俄罗斯、澳大利亚、美国、加拿大、乌克兰、法国、阿根廷、德国、罗马尼亚和印度，小麦出口量合计为16 355.92万吨，占全球小麦出口量的82.55%。其中，俄罗斯、美国、加拿大、法国、阿根廷和德国在2021年度出口量分别为2 736.64万吨、2 401.42万吨、2 154.65万吨、1 609.05万吨、948.52万吨和710.01万吨，与2020年相比分别减少了26.57%、8.10%、17.48%、18.70%、6.98%和23.32%；澳大利亚、乌克兰、罗马尼亚、印度在2021年度出口量分别为2 556.30万吨、1 939.49万吨、690.77万吨和609.06万吨，与2020年相比增加了145.79%、7.42%、60.47%和555.83%。从中，我们也可以看出，虽然2021年中国小麦的总产量位居世界第一，但由于中国人口众多，消费量比较大，小麦主要是自给自足，所以，与欧美相比，中国小麦的出口量较少。

表8-9　2021年全球小麦主要出口国情况

全球排名	国家（地区）	总出口量（万吨）	占比（%）
	世界	19 813.93	100.00
1	俄罗斯	2 736.64	13.81
2	澳大利亚	2 556.30	12.90
3	美国	2 401.42	12.12
4	加拿大	2 154.65	10.87
5	乌克兰	1 939.49	9.79
6	法国	1 609.05	8.12
7	阿根廷	948.52	4.79
8	德国	710.01	3.58
9	罗马尼亚	690.77	3.49
10	印度	609.06	3.07

资料来源：根据FAO《世界粮食及农业统计年鉴》（2022，电子版）相关数据整理所得。

2022年《世界粮食及农业统计年鉴》显示，俄罗斯是全球最大的小麦出口国，虽然2011—2013年的出口量一直在2 000万吨以下，但从2014年开始，出口量突破2 000万吨，达到2 213.93万吨。并在2018年出口量超过其国内生产总量的50%。除2017年、2018年、2020年小麦出口量在3 300万吨以上，其他各年份，小麦出口量都在1 300万吨以上3 000万吨以下徘徊。2021年，俄罗斯小麦出口量为2 736.64万吨，占其生产总量的31.86%。

加拿大是一个传统的小麦出口国，其小麦以高质量而闻名。根据2022年的《世界粮食及农业统计年鉴》数据，近10年来，加拿大小麦的出口量一直稳定在1 500万吨以上。其中，2020年的出口量最高，达到了2 611.05万吨。2011—2021年，加拿大小麦的出口量占其生产量的比例一直保持在60%以上。出口占生产比例最高的是2015年，出口量为2 361.08万吨，占生产总量的比例超过 80%。2021 年，加拿大小麦出口量为 2 154.65 万吨，占当年生产量的 60.80%。

8.2　小麦国际价格波动情况

美国是世界小麦贸易中最大的出口国之一。2022 年《世界粮食及农业统计年鉴》显示，美国 2021 年度小麦总产量达 4 479 万吨，全球排名第四。但其出口量达到 2 401.42 万吨，占总产量的一半以上，占世界小麦出口量的近 15%。因而，美国小麦的价格走向成为各出口国的参照标准，且从美国小麦价格走向可以大致掌握国际小麦市场的价格趋势。因此，在分析价格波动时，相关资料主要来源于美国农业部以及联合国粮农组织的统计数据并加以整理。其中，小麦现货价格采用 2011 年 1 月至 2021 年 12 月美国 2 号软红冬小麦价格的年度和月度价格，期货价格采用的则是芝加哥商品交易所（CBOT）小麦期货收盘价（连续），数据从 2011 年 1 月至 2021 年 12 月。

8.2.1　近 10 年来全球小麦贸易市场情况

2011—2021 年，总体来看，国际小麦价格呈波动下降而后上升的趋势（如图 8-5 所示）。2011—2016 年，全球小麦价格总体呈现下降态势，除 2012 年产量同比增长外，其他年份同比均小幅下降。而自 2017 年以来，全球 8 个主要小麦出口国中有 5 个国家，包括俄罗斯、加拿大、澳大利亚、哈萨克斯坦和美国，小麦产量都受到极端天气的影响而下降。尽管乌克兰、阿根廷等主要产麦国的小麦产量有所增长，但整体上减产趋势已基本形成。短期内，由于极端天气、美元流动性过剩、新冠疫情影响和资本炒作等因素的叠加，国际小麦供需形势趋紧，可能推动国际粮价进一步上涨。从长远来看，全球重要经济体陆续提出碳达峰碳中和目标，加大实施新能源政策的力度，这将增加粮食、油脂和糖的需求，进而给国际粮价带来高位运行的动力。这些原因直接导致小麦平均价格从2017年的4.71美元/蒲式耳上涨至2021年的7.73美元/蒲式耳。

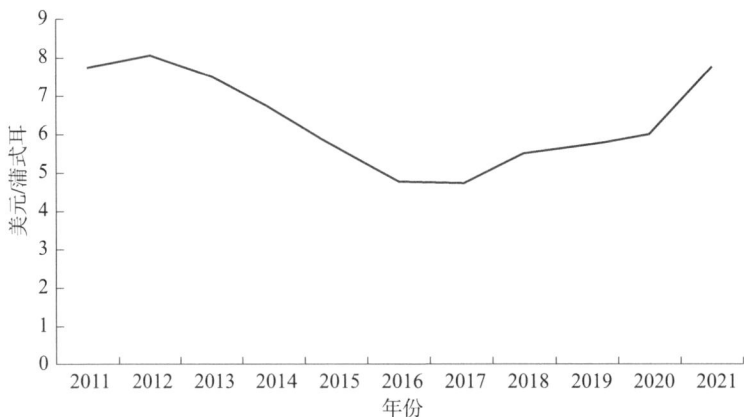

图8-5　2011—2021年国际小麦现货价格波动趋势

资料来源：根据FAO数据库官网（http://faostat.fao.org/）、前瞻数据库（https://d.qianzhan.com/）相关数据整理所得。

期货市场如图8-6所示，CBOT小麦期货收盘价自2011年至2016年呈急增急减态势，虽然在2012年7月20日小麦期货收盘价涨至943.2美分/蒲式耳，并触及合约新高，但在2017年之后，小麦期货价格呈现波动加剧且中轴抬升的态势，2020—2021年，小麦价格再次急速攀升，平均价格从549.45美分/蒲式耳上升至702.26美分/蒲式耳，增长率为27.81%。

由图8-5与图8-6可以看出，从总的运动趋势来看，现货价格与期货价格是基本一致的。即一般而言，现货价格看涨时，期货价格也提升；现货价格下降时，期货价格也降低，期货价格和现货价格是一个完整价格的两个侧面，在本质上是一个事物。

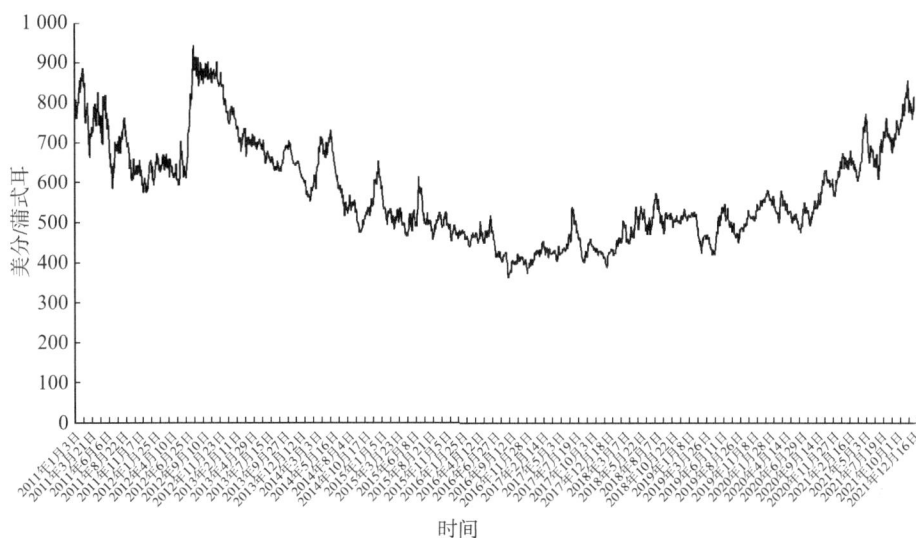

图8-6　2011—2021年国际小麦期货价格波动情况

资料来源：根据FAO数据库官网（http://faostat.fao.org/）、前瞻数据库（https://d.qianzhan.com/）相关数据整理所得。

8.2.2　2021年国际小麦价格波动行情

表8-10显示了2020—2021年美国2号软红冬小麦价格。2021年1—4月国际小麦价格处于平稳上升阶段。美国2号软红冬小麦价格由1月的6.48美元/蒲式耳上涨至4月的7.63美元/蒲式耳，涨幅约17.75%。4月以后，美国2号软红冬小麦价格不断波动，主要原因在于产量和期末库存的预测值。

表8-10　2020—2021年美国2号软红冬小麦价格

单位：美元/蒲式耳

月份	年份		同比增长（%）
	2020	2021	
1	6.66	6.48	-2.70
2	6.49	6.53	0.65
3	6.11	7.21	18.11
4	6.04	7.63	26.33
5	5.67	8.21	44.63

续　表

月份	年份		同比增长（%）
	2020	2021	
6	5.43	7.16	31.92
7	5.75	6.92	20.41
8	5.69	7.46	31.07
9	5.90	7.17	21.45
10	5.91	7.28	23.19
11	5.91	9.02	52.58
12	5.91	8.93	51.06
全年平均价格	5.97	7.73	29.48

资料来源：根据FAO数据库官网（http://faostat.fao.org/）、前瞻数据库（https://d.qianzhan.com/）相关数据整理所得。

图8-7显示的是2021年国际小麦价格走势。2021年，CBOT小麦期货收盘价（连续）上半年日均价为664.09美分/蒲式耳，下半年日均价为739.24美分/蒲式耳。最低时（3月30日）达到601.6美分/蒲式耳，之后，麦价震荡回升，11月23日升高至856美分/蒲式耳，年均价为702.11美分/蒲式耳。

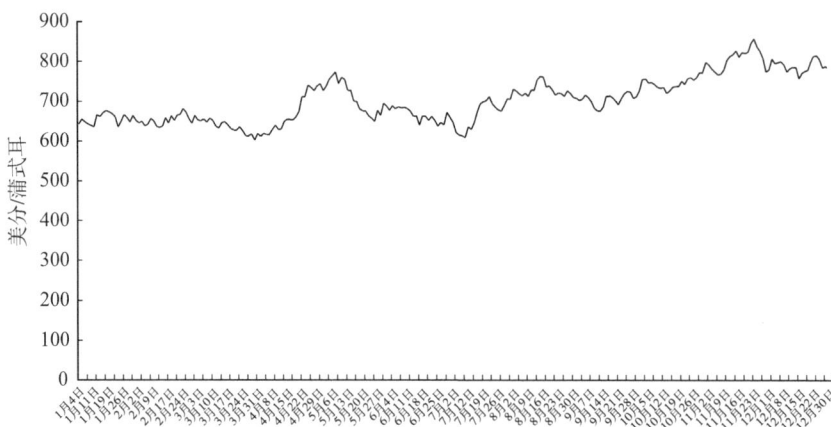

图8-7　2021年国际小麦价格走势

资料来源：根据FAO数据库官网（http://faostat.fao.org/）、前瞻数据库（https://d.qianzhan.com/）相关数据整理所得。

8.3　2021年小麦国际价格波动影响因素分析

影响国际小麦价格波动的因素多种多样，价格的波动不仅受到长期因素的影响，如供需基本面、气候变化，以及石油价格上涨导致的小麦投入成本和运输成本增加的影响，还受到一些如投机、相关机构预期以及金融化尤其是美元指数的影响。

8.3.1　总体供求因素

根据经济学理论，价格波动首先应受到供求因素的影响。分析联合国粮食及农业组织的数据（如图8-8所示）可以发现，与2020年相比，2021年全球小麦产出量总需求量均大幅增长。其中，总产量较2020年增长1.8%左右，而需求量也增长1.46%。从总体来看，国际小麦价格走势总体上经历了先扬后抑的市场行情，但2021年总体价格水平高于2020年。

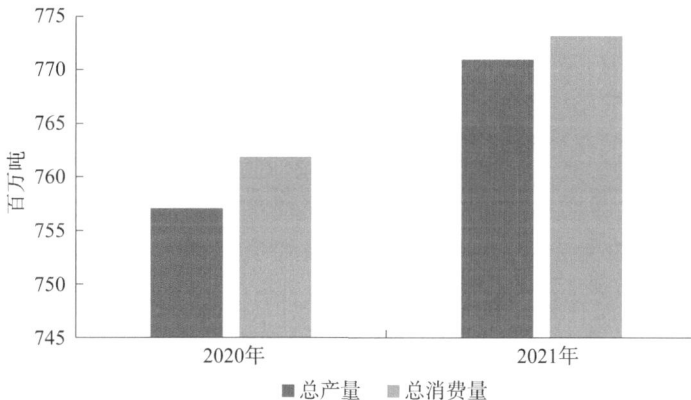

图8-8　2020年与2021年全球小麦总产量与总消费量情况

资料来源：根据FAO《世界粮食及农业统计年鉴》（2022，电子版）相关数据整理所得。

从小麦消费结构来看，食用消费与饲料消费占主要部分，其次是工业小麦用量。影响小麦需求的一个主要因素是基本经济形势，经济的发展会增加对小麦的食用需求、饲料需求以及工业需求，从而引起世界小麦价格的大幅增长；反之，则导致需求下降，价格下跌。当全球GDP年增长率趋于上升时，小麦国际价格趋于上涨；当全球GDP年增长率趋于下跌时，小麦国际价格趋于下降[19]，但两者变动幅度有差异，如图8-9所示。

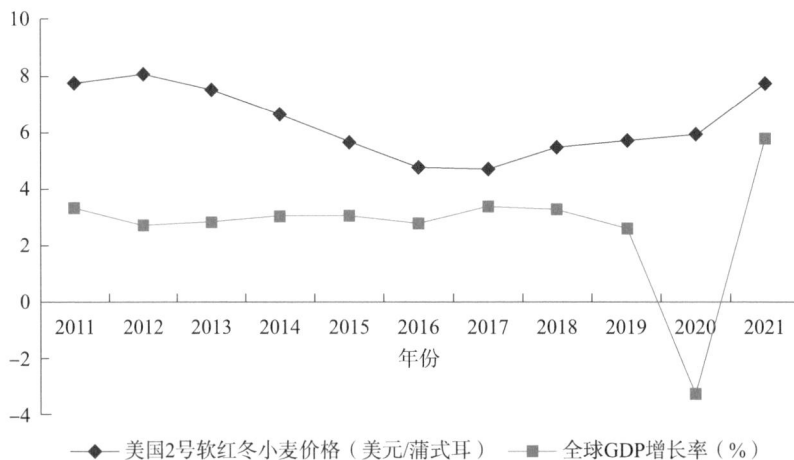

图8-9 全球GDP增长率与国际小麦价格趋势

资料来源：根据FAO数据库、世界银行官网相关数据整理所得。

小麦需求还与人口增长密切相关，人口的刚性增长是推动世界小麦消费量长期增长的主要因素。当前世界人口数量是20世纪中期的3倍多。1950年，全球人口约为25亿，到2022年11月中旬，这一数字已达80亿，自2010年以来增加了10亿，自1998年以来增加了20亿[①]。根据联合国《世界人口展望2022》的预测，未来30年，全球人口将增加近20亿，从当前的80亿人增至2050年的97亿人，并有可能在21世纪80年代中期达到104亿人的峰值。亚洲将拥有全球人口的55%（44亿人），非洲占17%（13亿人），欧洲和北美洲各占14%（共11.2亿人），拉丁美洲及加勒比地区占8%（6.58亿人），剩余的1%（4 300万人）生活在大洋洲。中国和印度仍然是全球人口最多的

---

① 联合国报告：到11月15日全球人口将达80亿[EB/OL].新华社.https://finance.eastmoney.com/a/202211072552992679.html.2022-11-07/2023-07-11.

两个国家，人口数量均超过10亿，分别占据了世界总人口的近18%[①]。预计
到2023年，印度将超过中国成为世界上人口最多的国家，而中国的人口将
在2019年至2050年减少4 800万，即2.7%左右[②]。

经济的发展以及人口的增长会带来人均收入的提高和城市化的发展，使
得很多发展中国家的饮食消费发生变化，带来对畜牧产品、饲料、蔬菜、水
果以及加工食品需求的增加。这些低收入国家，每年新增的人口消耗了世界
绝大多数的小麦消费增长。并且当前俄罗斯和乌克兰小麦的稳定出口是全球
小麦稳定供应的压舱石，在黑海局势稳定之前，全球小麦供应链中断的风险
仍在。在全球粮食安全背景下，无论是出口限制还是贸易流通环节中加紧储
备行为，从供需两端都会对高昂的小麦价格进行消化，高价下需求疲软问题
仍要辩证看待。总的来讲，长周期内小麦高位价格仍有较强支撑。

8.3.2　气候因素

气候与农业生产密切相关，气温和降水的变化直接影响作物产量和供需
格局，从而导致农产品价格波动。近年来，与气候变化相关的极端天气事件
频发，对小麦生产影响加剧。气候对粮食价格波动的预警作用很重要，恶劣
气候不仅影响产量，还导致洪涝灾害等问题，影响耕地质量。气候引发的小
麦供应变化必然导致价格波动。例如，2020年北美地区遭受极端高温天气，
导致美国和加拿大的小麦产量显著减少，进而推高了全球小麦价格。目前，
美洲、欧洲和印度尼西亚的小麦产区面临高温、干旱等问题，同时，澳大利
亚的洪灾也对新一季小麦产量构成威胁。

8.3.3　石油价格

近年来，石油价格的持续上涨成为导致农产品价格普遍上涨的重要因素

① 全世界人口——世界人口超亿的国家排名[EB/OL].世界人口网.http://m.lihaojia.cn/show-134577.html.2023-03-16/2023-07-11.
② 联合国预测：印度这一数据将超中国，成全球第一[EB/OL].中国新闻网.https://baijiahao.baidu.com/s?id=1762982890007496383&wfr=spider&for=pc.2023-04-12/2023-07-11.

之一。自2006年以来，农产品价格与能源价格之间的关联日益密切，能源市场价格的波动对农产品市场价格产生了明显的溢出效应[20]。根据FAO的预测，如果能源价格进一步上涨，农产品价格与能源价格之间的关联将进一步加强[20]。

石油价格对农产品价格的影响主要体现在以下几个方面：首先，石油价格上涨会导致农业生产成本增加，从而直接推动农产品价格上涨。其次，石油价格的波动通过扩大需求，进一步推动了农产品价格的上升。尤其是当石油价格居高不下时，会促使生物质能源产业的发展，增加了对玉米、大豆、糖料等能源作物的需求，从而加深了石油市场与农产品市场之间的紧密联系，并直接将石油价格上涨的动力传导到农产品价格上。

随着生物能源技术的发展和农业机械化水平的提高，原油价格与粮食价格之间的协同关系及传导效应是一个动态变化的过程。例如，当玉米价格上涨超过小麦价格，并产生了玉米与小麦的替代效应时，这会推动小麦价格上涨，进而增强了小麦与原油之间的传导效应。这意味着原油价格的变化会更直接地影响到小麦价格。这种关系会因市场条件和供需因素的变化而发生调整。如图8-10所示，2011年全球原油供给充沛，需求增长较为缓慢，价格不断下降，降至2016年每桶43.73美元，随后又呈现出波动变化。并且由图8-10可以看出，2011—2021年，国际小麦现货价与国际原油价格趋势大致相同，国际原油价格下降，小麦价格下降；反之，国际原油价格上升，小麦价格也随之上升。

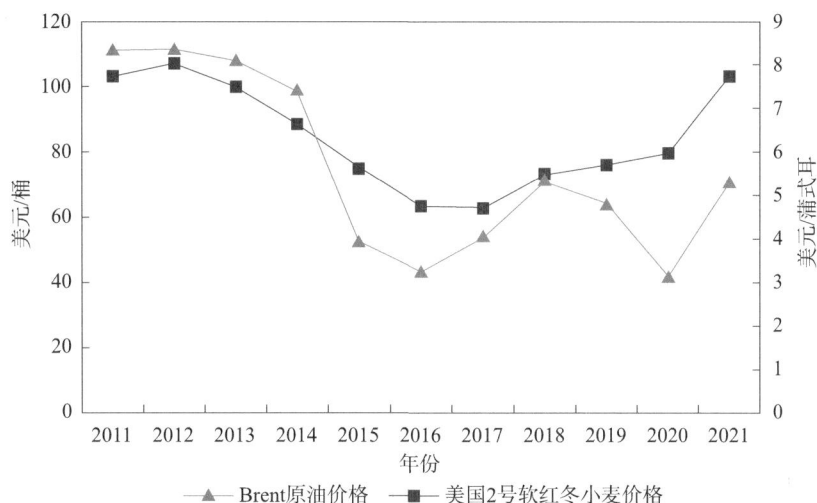

图8-10 2011—2021年国际小麦现货价与国际原油价格走势

资料来源：根据前瞻数据库（https://d.qianzhan.com/）相关数据整理所得。

8.3.4 预期因素

小麦价格波动不仅受极端气候的影响，相关机构的预测值也会对小麦的供需情况产生很大的影响。在库存紧张的支持下，2022/2023年度美国季节平均农产品价格（SAFP）预计将达到创纪录的每蒲式耳10.75美元[①]。在2021/2022年度，由于硬红春麦、杜伦麦和白小麦主要产区的干旱条件导致库存水平下降，这导致美国的产量自2002/2003年度以来达到最小。对于2022/2023年度，预计产量将比上年略有增加，但这仍将是过去20年中的第二低，因为主要硬红冬季种植区普遍干旱。即使国内使用量和出口量预计比上一年有所下降，期末库存预计将再次下降。期末库存与使用比率预计为32.8%，为2013/2014年度以来的最低水平。SAFP预测较高，隐含的其他因素包括现金和期货价格上涨、全球小麦市场的不确定性、其他商品的强劲定价以及农业投入品的高价。

---

① 2022年全球小麦行业专题研究 小麦现状、供需格局及未来展望分析[EB/OL]. 招商证券. https://www.vzkoo.com/read/202208057eb259e5a703df5d59d92062.html.2022-08-05/2023-07-12.

根据美国农业部（USDA）的供需报告，预计2022/2023年度全球小麦产量将为7.75亿吨，相比上一年减少了400万吨。乌克兰是减产幅度最大的国家，其次是澳大利亚。乌克兰的减产主要原因是乌克兰危机持续不断，导致耕地面积减少，从而使产量下降。澳大利亚预计因种植面积的减少而产量创新低。摩洛哥产量预计为2007/2008年度以来的最低水平。中国是全球第二大生产国，但生产大部分在国内消化，预计产量也会略有下降。由于单产提高，预计俄罗斯的收成会更高。土耳其由于天气好转产量预计会增加。哈萨克斯坦产量估计有所增加。美国在经历了干旱困扰的2021/2022年度之后，预计春小麦产量将出现回升。

目前全球食品高通胀，影响消费者在发展中市场购买小麦和小麦产品的能力，并可能引导消费者购买替代粮食。然而，随着大多数国家解除COVID-19限制，全球经济复苏，以及新兴市场消费者普遍转向更多以小麦为基础的饮食，收入增加和城市化进程加快，继续推高食品、种子和工业（FSI）消费。FSI预计在2022/2023年度创下历史新高。

8.3.5　美元指数

一般来说，美元的上行会抑制国际大宗商品的价格上涨，有利于全球控制通胀。比如2011年之后，美元开始逐步升值，同期国际大宗商品价格普遍下跌，全球高通胀问题得以缓解，随着2015年底至2019年初美联储的9次加息，美元中长期处于强势，这导致全球的通胀率普遍不高，大宗商品价格也普遍处于中低位。如图8-11所示，美元指数从2021年1月的90.24上升至3月的91.99，又在5月回落至90.30，随后又上升到年内最高，即12月的96.21。而在2021年，相较于美元指数，国际小麦价格波动幅度较小。

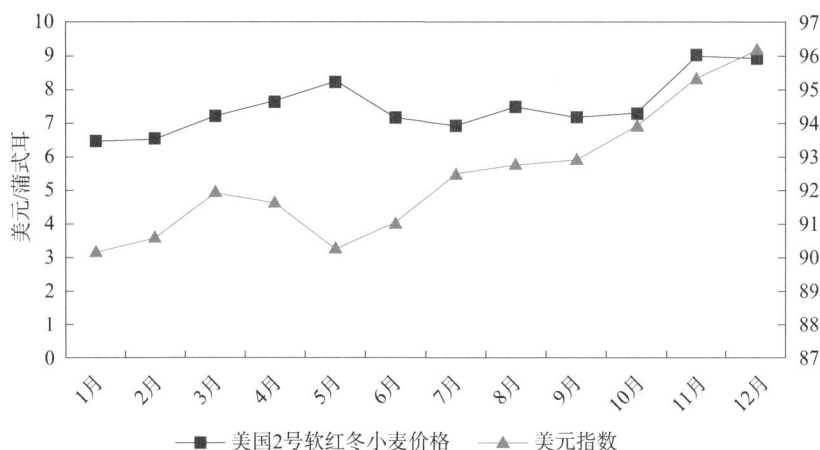

图8-11　2021年美元指数与小麦国际价格趋势

资料来源：根据FAO数据库官网（http://faostat.fao.org/）、前瞻数据库（https://d.qianzhan.com/）相关数据整理所得。

8.4　本章小结

从小麦国际贸易概况来看，在全球小麦生产方面，小麦主要在温带和亚热带地区种植，如欧洲平原、地中海沿岸、中国的华北、北美洲的中部平原等地。种植面积在1亿公顷至2.25亿公顷之间，并在不同年份受气候因素的影响有所差异，但总体变化不大。亚洲、欧洲、北美洲和大洋洲是小麦的主要种植区域。在全球小麦消费方面，全球小麦消费量呈增长趋势，2011—2021年，全球小麦消费总量增长约12%，达到773.01百万吨。中国、欧盟27国和印度是全球最大的小麦消费国。尽管欧盟27国的消费量有所下降，但中国和印度的消费量在上升。在全球小麦贸易方面，全球小麦贸易量保持平稳增长。小麦的出口主要集中在北美洲、西欧和澳大利亚，而进口国主要位于亚洲、非洲和东欧。俄罗斯是全球最大的小麦出口国，而欧盟则是全球最大的小麦进口地区。尽管中国是全球最大的小麦生产国，但由于人口众多和国内需求增长，中国仍需大量进口优质小麦来满足需求。综上所述，全球小麦生产集中在温带和亚热带地区，种植面积稳定且分布广泛。全球小麦消费持续增长，中国、欧盟27国和印度为主要消费国。小麦贸易总体稳定增长，出口主要集中在北美洲、西欧和澳大利亚，进口国主要位于亚洲、非洲和东欧。

从小麦国际价格波动情况来看，近10年来，国际小麦价格呈现波动下降而后上升的趋势。2011—2016年，全球小麦价格总体呈下降态势，除2012年产量增长外，其他年份同比均略有下降。然而，自2017年以后，受极端天气影响，全球8个主要小麦出口国的产量相继下降，导致小麦价格波动加剧且中轴抬升。期货市场上，CBOT小麦期货价格的走势与现货价格基本一致。当现货价格上涨时，期货价格也随之上升；同样地，当现货价格下降时，期货价格也会相应地下降。2021年1—4月，国际小麦价格保持平稳上升势头。然而，随后受到产量和期末库存预测值的影响，美国2号软红冬小麦价格出现了持续的波动。总体而言，2021年全球小麦产量预期有所下调，但仍将达到创纪录水平。与此同时，全球小麦消费量略有下降。在期末库存方面，一些国家的库存进行了调整，进口国的库存有所增加，而一些小麦高产量国家的库存有所下降。至于CBOT小麦期货收盘价，2021年上半年的日均价为664.09美分/蒲式耳，下半年的日均价为739.24美分/蒲式耳，全年平均价为702.11美分/蒲式耳。总体而言，国际小麦市场在过去几年经历了较大的波动和调整。

从小麦国际价格波动影响因素来看，2021年小麦国际价格波动受到多个因素的影响。总体供求因素是主要的影响因素之一，全球小麦产出量和需求量均有增长，由经济形势、人口增长和发展中国家需求增加等因素驱动。气候因素也起到重要作用，恶劣气候导致供应减少，如北美地区的高温和洪涝灾害，以及当前面临的高温干旱天气和洪灾。石油价格与小麦价格存在协同关系，原油价格上升会推动小麦价格上涨。预期因素和相关机构的预测对小麦供需情况产生重要影响，国际通胀、经济复苏和消费习惯改变也会影响小麦价格。此外，美元指数的波动也会对国际大宗商品价格产生影响。

综合而言，以上因素共同作用，导致了2021年小麦国际价格的波动。

本章参考文献

[1] Crespo-Herrera L A, Crossa J, Huerta-Espino J, et al. Genetic gains for grain yield in CIMMYT's semi-arid wheat yield trials grown in suboptimal environments[J]. Crop Science, 2018, 58（5）: 1890-1898.

[2] Jin Z, Shah T, Zhang L, et al. Effect of straw returning on soil organic carbon in rice-wheat rotation system: A review[J]. Food and Energy Security, 2020, 9（2）: e200.

[3] Tian X, Wang X, Wang Z, et al. Particle size distribution control during wheat milling: Nutritional quality and functional basis of flour products—a comprehensive review[J]. International Journal of Food Science & Technology, 2022, 57（12）: 7556-7572.

[4] Arzani A, Ashraf M. Cultivated ancient wheats（Triticum spp.）: A potential source of health-beneficial food products[J]. Comprehensive Reviews in Food Science and Food Safety, 2017, 16（3）: 477-488.

[5] 李金鹏, 翁颖, 田梦杰, 等. 麦苗营养价值研究进展[J]. 麦类作物学报, 2021, 41（9）: 1105-1115.

[6] Zeder M A. Domestication and early agriculture in the Mediterranean Basin: Origins, diffusion, and impact[J]. Proceedings of the National Academy of Sciences, 2008, 105（33）: 11597-11604.

[7] Ghahremaninejad F, Hoseini E, Jalali S. The cultivation and domestication of wheat and barley in Iran, brief review of a long history[J]. The Botanical Review, 2021, 87（1）: 1-22.

[8] 权文利, 刘永安, 陈志国. 小麦子粒硬度与Puroindoline基因关系研究进

展[J].作物杂志，2013（1）：8-13.

[9] Xu J, Zhang Y, Wang W, et al. Advanced properties of gluten-free cookies, cakes, and crackers: A review[J]. Trends in Food Science & Technology, 2020（103）：200-213.

[10] 孙少磊，靖湘峰.基于几何营养模型的昆虫蛋白质和碳水化合物调节的研究进展[J].昆虫学报，2023，66（5）：713-722.

[11] Rezania S, Din M F M, Taib S M, et al. Review on fermentative biohydrogen production from water hyacinth, wheat straw and rice straw with focus on recent perspectives[J]. International Journal of Hydrogen Energy, 2017, 42（33）：20955-20969.

[12] 刘涛.小麦麸皮深加工的探索[J].现代面粉工业，2018，32（1）：42-43.

[13] Oso A A, Ashafa A O. Nutritional composition of grain and seed proteins[J]. Grain and Seed Proteins Functionality, 2021：31-50.

[14] 黄季焜.四十年中国农业发展改革和未来政策选择[J].农业技术经济，2018（3）：4-15.

[15] 陈温福，Hans-Joachim Braun，黄季焜，等.种业创新发展，筑牢全球粮食安全屏障[J].科技导报，2021，39（16）：65-70.

[16] 朱统泉，宋全昊，孟祥锋.不同生长因素变化对小麦产量及品质的影响：以驻马店市近10年小麦生产情况为例[J].作物杂志，2020（6）：80-88.

[17] Brouns F, van Rooy G, Shewry P, et al. Adverse reactions to wheat or wheat components[J]. Comprehensive Reviews in Food Science and Food Safety, 2019, 18（5）：1437-1452.

[18] 郝玉柱，张艳玲.我国小麦在国际竞争中存在的问题及对策[J].中国商贸，2013（22）：153-157.

[19] 王金玉.国际小麦价格波动原因分析[J].合作经济与科技，2015（15）：42-43.

[20] 顾国达，方晨靓.国际农产品价格波动成因研究述评[J].华中农业大学学报（社会科学版），2012（2）：11-17.

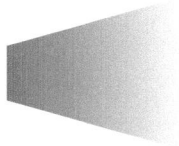

9　玉米

　　玉米，是一种禾本科的谷物植物，源于中美洲墨西哥一带[1-2]。早期的玉米是野生植物穗花受粉而形成的，人们根据早期栽培品种的特征逐渐培育出现代的玉米品种[3-4]。现如今，玉米已成为全球主要的粮食作物之一，在许多国家广泛种植和消费[5]。玉米的种子被包裹在一个较大的果穗内，称为玉米穗。每个果穗上通常有数十行玉米粒排列成聚集的结构，每一颗玉米粒都由胚乳包裹。不同品种的玉米穗形态和颗粒颜色可能会有所差异，包括白色、黄色、红色等。根据不同的用途和特征，玉米可以分为多个主要分类。根据果穗形态，玉米分为普通玉米和甜玉米。其中，普通玉米通常是硬质的，主要用作工业原料、饲料等[6]；甜玉米则具有较高的糖分，口感甜美，可直接食用或加工成罐头、蒸煮食品等[7-8]。根据颗粒颜色，玉米分为白色玉米、黄色玉米和其他彩色玉米[9]。

　　玉米在人类饮食中具有重要作用。作为主要的粮食作物之一，玉米富含碳水化合物，为人体提供能量。而且玉米还富含蛋白质、纤维、维生素和矿物质等营养物质。玉米可以经过炒、煮、烤等多种方式食用，如炒玉米、玉米浓汤、玉米面包等。除了人类食用，玉米在牲畜饲料、工业原料和生物燃料等方面也发挥着重要作用。玉米被广泛用于食品加工行业，制作玉米油、玉米淀粉、玉米葡萄糖等工业原料。玉米饲料是牛、猪和家禽等动物的重要饲料之一，为畜牧业提供营养和能源。工业上，玉米被用于提取玉米油、生产酒精、制作纸张和纤维等。同时，玉米也是生物燃料生产的重要原料之一，可以转化为生物乙醇和生物柴油。

9.1 玉米国际贸易概况

玉米是全球分布最广泛的粮食作物之一，仅次于小麦和水稻，在种植面积上位列第三。它的种植范围从北纬58度（加拿大和俄罗斯）延伸到南纬40度（南美洲）。每年每月都有世界各地的玉米成熟。美国是全球最重要的玉米生产国之一，其产量约占全球产量的1/3，其中大约2/5用于出口。中国是全球第二大玉米生产国，其次是巴西、阿根廷等国。并且玉米产量80%集中于北美洲、亚洲、欧洲，形成了世界上的三大玉米地带：美国中部平原玉米带，中国的华北平原、东北平原、关中平原和四川盆地玉米带，欧洲南部平原玉米带。

9.1.1 全球玉米生产情况

如图9-1所示，2021年，世界玉米产量为1 210.24百万吨，相较于2020年世界玉米产量1 163.00百万吨，同比增长4.06%。从近10年的世界玉米产量来看，2011年世界玉米产量为887.75百万吨，在过去的10年中，世界玉米总产量增长将近36.33%，平均每年增长3.15%。随着世界经济的发展、科学技术的进步以及生活水平的提高，世界玉米产量呈稳步上升趋势，尤其是2012年以来，世界玉米产量增长迅速。2012年世界玉米产量为875.55百万吨，短短8年时间世界玉米产量增加到2021年的1 210.24百万吨，总量上增长了322.48百万吨，增长幅度为38.23%。

如图9-2所示，2021年，分区域来看，世界玉米产量主要集中在北美洲，约占世界玉米总产量的32.88%；其次是东亚，约占世界玉米总产量22.73%。这两个区域的玉米总产量约占世界玉米总产量的55%。排在第三位的是南美洲，约占世界玉米总产量的13.41%。排在第四位的是欧洲，玉米产量为141.85百万吨，约占世界玉米总产量的11.72%。其他几个区域如非洲、东南亚、南亚等地区的玉米产量都比较小，这些区域总的玉米产量加起来占世界玉米总产量的19.26%。

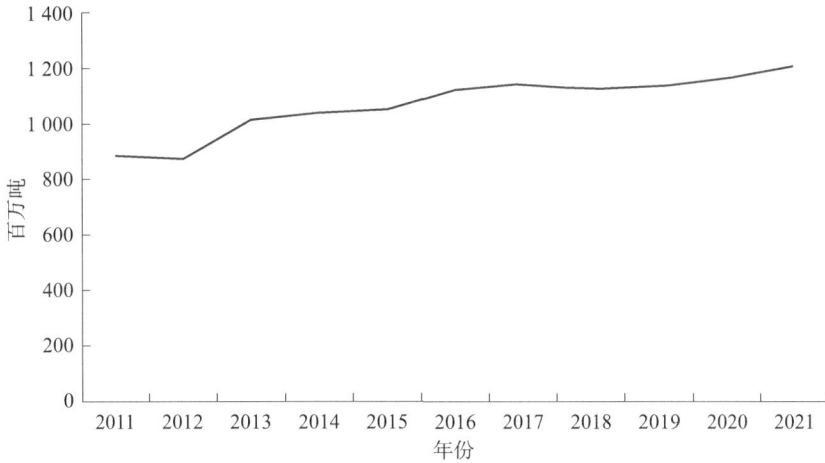

图9-1 世界玉米产量变化

资料来源：根据FAO《世界粮食及农业统计年鉴》（2022，电子版）相关数据整理所得。

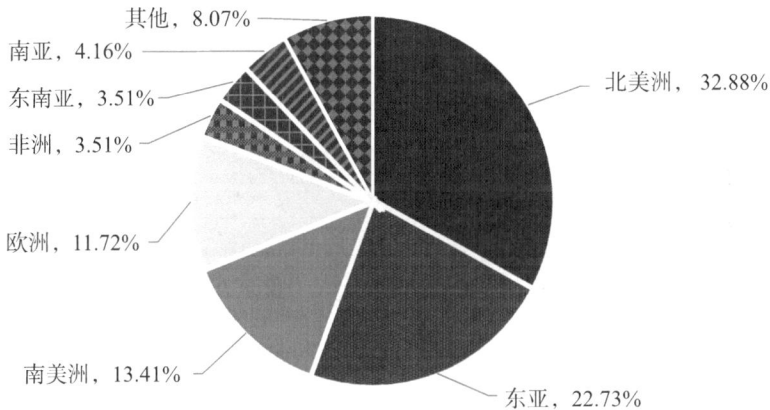

图9-2 2021年各区域玉米产量

资料来源：根据FAO《世界粮食及农业统计年鉴》（2022，电子版）相关数据整理所得。

从表9-1可以看出，2021年世界玉米产量前十位的国家（地区）有美国、中国、巴西、欧盟27国、阿根廷、乌克兰、印度、墨西哥、印度尼西亚和法国。其中，美国是世界玉米产量最大的国家，2021年玉米产量为383.94百万吨，约占世界玉米总产量的31.72%，相当于世界玉米总产量的

1/3。其次是中国，2021年中国的玉米产量为272.76百万吨，约占世界玉米
总产量的22.54%，相当于世界玉米总产量的1/5。其他几个玉米产量前十的
国家（地区）占世界玉米总产量的比例都不到10%，不管是在产量上还是在
占比上，与美国、中国相去甚远。世界玉米产量排名前十的国家（地区）产
量之和为1 015.31百万吨，约占世界玉米总产量的83.89%，由此可见，世界
玉米主要由这些国家（地区）生产。

表9-1　2021年世界玉米产量排名

国家（地区）	产量（百万吨）	占世界的比重（%）
美国	383.94	31.72
中国	272.76	22.54
巴西	88.46	7.31
欧盟27国	72.99	6.03
阿根廷	60.53	5.00
乌克兰	42.11	3.48
印度	31.65	2.62
墨西哥	27.50	2.27
印度尼西亚	20.01	1.65
法国	15.36	1.27
总计	1 015.31	83.89

资料来源：根据FAO《世界粮食及农业统计年鉴》（2022，电子版）相关数据整理所得。

9.1.2　全球玉米消费情况

如图9-3所示，2021年，世界玉米消费量为1 177.94百万吨，相较于
2020年世界玉米消费量1 146.63百万吨，总量上增加了31.31百万吨，同比
增长2.73%。从近10年的世界玉米消费量来看，2011年世界玉米消费量为
882.62百万吨，在过去的10年中，世界玉米消费量呈现出近似直线上涨的
趋势，世界玉米总消费量增长了33.46%，平均每年增长3.35%。虽然2011
年到2012年玉米总消费量略有下降，下降了22.32百万吨，但是2013年之
后，世界玉米消费量稳步增长。

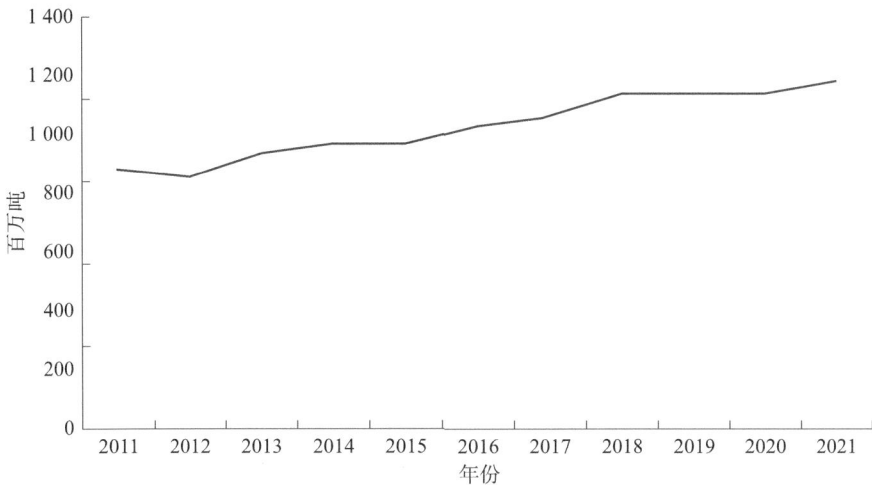

图9-3　2011—2021年世界玉米消费量变化

资料来源：根据FAO数据库官网（http://faostat.fao.org/）、前瞻数据库（https://d.qianzhan.com/）相关数据整理所得。

从表9-2可以看出，2021年世界玉米消费量前五位的国家（地区）有美国、中国、欧盟、巴西、墨西哥。比较之前的玉米产量前五位的国家（地区）可以发现，欧盟的玉米消费量超过巴西成为世界玉米消费量第三位的地区。同时，墨西哥并不是玉米产量前五位的国家，但却是玉米消费量前五位的国家。从这些玉米消费大国来看，它们都有一个共同的特点，都是人口大国，因此玉米消费量与人口有很大的关系。在这些国家中，美国是世界玉米消费量最大的国家，2021年美国玉米消费量为307.23百万吨，约占世界玉米总消费量的26.73%。与之前的产量相比较，美国的玉米消费量所占比例低于美国玉米产量占世界总产量的比例。其次是中国，2021年中国的玉米消费量为289百万吨，约占世界玉米总消费量的25.14%，大约是世界玉米总消费量的1/4。中国的玉米消费量占世界的比例大于产量占世界的比例。其他几个玉米消费量前五的国家（地区）占世界玉米总消费量的比例都不到10%，不管是在消费量上还是在产量占比上，与美国、中国相去甚远。世界玉米消费量排名前五的国家（地区）消费量之和为783.53百万吨，约占世界玉米总消费量的68.17%，由此可见，世界玉米主要由这些国家（地区）消费，其他国家（地区）消费玉米的数量是非常小的。

表9-2   2021年世界玉米消费量前五的国家

国家（地区）	消费量（百万吨）	占世界的比重（%）
美国	307.23	26.73
中国	289	25.14
欧盟	73.3	6.38
巴西	70.5	6.13
墨西哥	43.5	3.78
总计	783.53	68.17

资料来源：根据FAO数据库官网（http://faostat.fao.org/）、前瞻数据库（https://d.qianzhan.com/）相关数据整理所得。

9.1.3   全球玉米贸易情况

（1）进口量

如图9-4所示，2021年，世界玉米进口量为199.32百万吨，相较于2020年世界玉米进口量189.44百万吨，同比增长了5.21%。从近10年的世界玉米进口量来看，2011年世界玉米进口量为108.33百万吨，在过去的10年中，世界玉米进口量呈现出波动上涨的趋势，世界玉米总进口量增长了90.99百万吨，增长幅度将近84%，平均每年增长6.29%。世界玉米进口量变化类似于世界玉米产量、消费量的变化。2011—2013年，可以说是玉米缓慢增长的阶段，2013年世界玉米进口量为120.13百万吨，这段时间世界玉米进口量增长了11.80百万吨，增长幅度为10.89%。全球玉米进口量虽有变化，但是增长缓慢。然而2013年以后，世界玉米进口量增长迅速，尤其是2013—2014年，世界玉米进口量增长率最大。且在短短的7年时间内世界玉米进口量由2014年的140.12百万吨增加到2021年的199.32百万吨，总量上增长了59.20百万吨，增长幅度为42.25%。

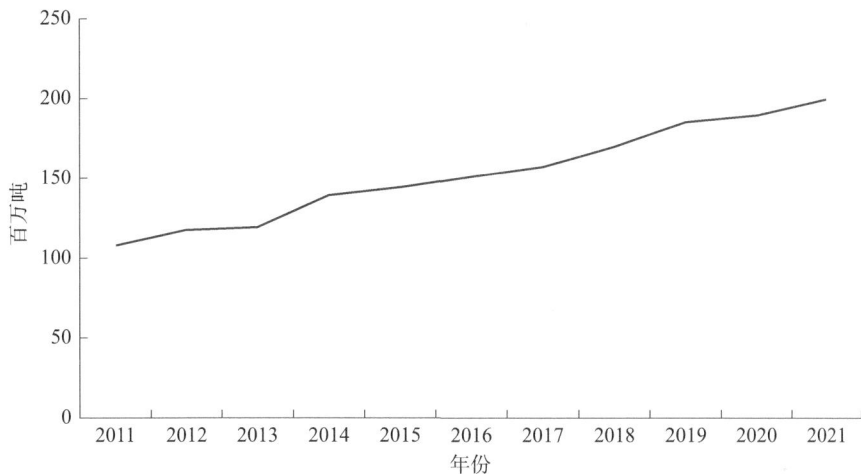

图9-4　2011—2021年世界玉米进口量变化

资料来源：根据FAO《世界粮食及农业统计年鉴》（2022，电子版）相关数据整理所得。

如图9-5所示，2021年，分区域来看，世界玉米进口量主要集中在东亚地区，约占世界玉米总进口总量的30.06%，基本上是世界玉米进口总量的1/3。从之前的分析可以知道北美洲既是世界玉米主要的供给地区，也是世界玉米主要的消费地区，但是玉米进口量最多的地区并不在北美洲，而是在东亚。东亚成为玉米进口最多的地区其中一个主要的原因是该区域的人口比较多。其次是欧洲，约占世界玉米进口总量的17.93%。排在第三位的是东南亚，约占世界玉米进口总量的8.92%。排在第四位的是非洲，约占世界玉米进口总量的8.81%。这四个区域的玉米进口总量占世界玉米进口总量的65.72%。南美洲进口量占世界玉米进口总量的8.21%。其他几个区域，例如南亚、北美洲等的玉米进口量都是非常小的，这些区域总的玉米进口量加起来约占世界玉米进口总量的26.07%。

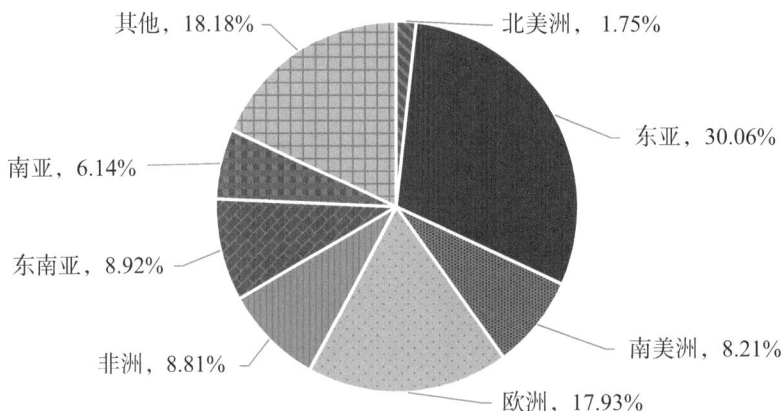

图9-5　2021年各区域玉米进口量

资料来源：根据FAO《世界粮食及农业统计年鉴》（2022，电子版）相关数据整理所得。

从表9-3可以看出，2021年世界玉米进口量前十位的国家（地区）有欧盟27国、中国、墨西哥、日本、越南、伊朗、西班牙、埃及、哥伦比亚和意大利。比较之前的玉米产量前十位的国家（地区）可以发现，欧盟27国的玉米进口量超过美国成为世界玉米进口量最大的地区。2021年欧盟27国玉米进口量为32.72百万吨，约占世界玉米进口总量的16.41%。中国是世界玉米进口量第二大国家，2021年中国玉米进口量为32.71百万吨，约占世界玉米进口总量的16.41%。墨西哥是世界玉米进口量第三大国家，2021年墨西哥玉米进口量为17.40百万吨，约占世界玉米进口总量的8.73%。从这些玉米进口大国（地区）来看，它们都有一个共同的特点，都是人口大国，因此玉米进口量与人口有很大的关系，并且这几个国家（地区）纬度比较高，不适宜农作物的生长，因此如果发展经济需要玉米，就会依靠进口。其他几个玉米进口量前十的国家占世界玉米进口总量的比例都不到8%。世界玉米进口量排名前十的国家（地区）进口量之和为144.97百万吨，约占世界玉米进口总量的72.73%，由此可见，世界玉米进口量前十位的国家（地区）的总进口量比较之前的产量、消费量占世界的比例还是比较低的。

表9-3　2021年世界玉米进口量排名

国家（地区）	进口量（百万吨）	占世界的比重（%）
欧盟27国	32.72	16.41
中国	32.71	16.41
墨西哥	17.40	8.73
日本	15.24	7.65
越南	10.60	5.32
伊朗	9.78	4.91
西班牙	8.29	4.16
埃及	6.98	3.50
哥伦比亚	6.04	3.03
意大利	5.21	2.61
总计	144.97	72.73

资料来源：根据FAO《世界粮食及农业统计年鉴》（2022，电子版）相关数据整理所得。

（2）出口量

如图9-6所示，2021年，世界玉米出口量为196.08百万吨，相较于2020年世界玉米出口量192.90百万吨，出口量增加了3.18百万吨，同比增长了1.65%，增长幅度比较小。从近10年的世界玉米出口量来看，世界玉米出口量呈现波动上涨趋势，世界玉米总出口量增长了86.13百万吨，增长幅度为78.34%，平均每年增长5.96%。世界玉米出口量变化类似于世界玉米产量、消费量的变化。2011—2013年，可以说是玉米出口量缓慢增长的阶段，2013年世界玉米出口量为124.22百万吨，3年的时间里世界玉米出口量增长了14.28百万吨，增长幅度为12.99%。全球玉米出口量虽有变化，但是增长速度缓慢。然而自2014年以来，世界玉米出口量增长较大。2014年世界玉米出口量142.82百万吨，在短短的7年时间内世界玉米出口量增加到2021年的196.08百万吨，出口数量上增长了53.25百万吨，增长幅度为37.29%。

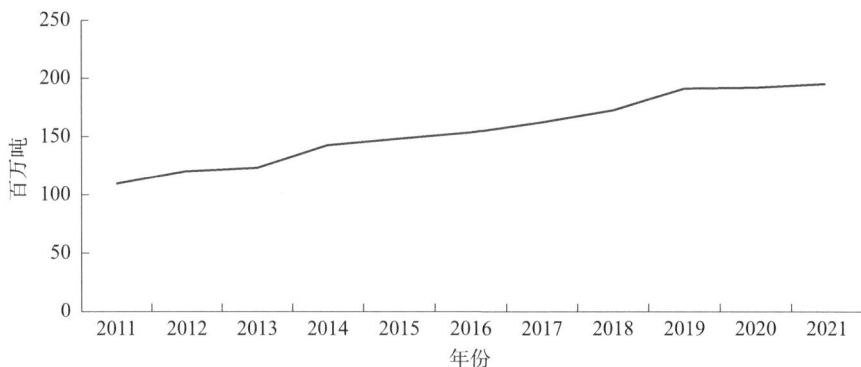

图9-6　2011—2021年世界玉米出口量变化

资料来源：根据FAO《世界粮食及农业统计年鉴》（2022，电子版）相关数据整理所得。

如图9-7所示，2021年，分区域来看，世界玉米出口量主要集中在北美洲地区，约占世界玉米出口总量的36.58%，超过世界玉米出口总量的1/3。北美洲是世界玉米产量、消费量比较多的地区，同时是世界玉米出口量最多的地区。从之前的分析中我们可以知道，南美洲既是世界玉米主要的生产地区，也是世界玉米主要的消费地区，同时是世界玉米出口量第二多的地区。2021年南美洲玉米出口量约占世界玉米出口总量的30.27%，与世界玉米出口量最多的地区北美洲相差大约7%。欧洲约占世界玉米出口总量的27.60%。北美洲、南美洲、欧洲的玉米出口量共占世界玉米出口总量的94.45%。其他几个区域，如非洲、东南亚、南亚等地区的玉米出口量都是非常小的，这些区域总的玉米出口量加起来约占世界玉米出口总量的5%。北美洲、南美洲、欧洲成为玉米主要的出口地区主要得益于它们的自然条件，玉米产量大，供给本国人口以外还有剩余。

从表9-4可以看出，2021年世界玉米出口量前十位的国家有美国、阿根廷、乌克兰、巴西、罗马尼亚、法国、印度、匈牙利、俄罗斯和塞尔维亚。比较之前的玉米产量前十位的国家可以发现，出口前十位的国家与产量前十位的国家基本上吻合。2021年，美国是世界玉米出口量第一大的国家，出口量为70.04百万吨，约占世界玉米出口总量的35.72%。2021年，阿根廷是世界玉米出口量第二大的国家，出口量为36.91百万吨，约占世界玉米出口总量的18.82%。2021年，乌克兰是世界玉米出口量排名第三位的国家，出口量为24.54百万吨，约占世界玉米出口总量的12.52%。巴西是2021年世界玉米出口量排名第四位的国家，出口量为20.43百万吨，约占世界玉米出口总量的10.42%。这四个国家的玉米出口总量约占世界玉米出口总量的77.48%。从这些玉米出口大国来看，它们都有一个共同的特点，都是农业比较发达的国家，并且这几个国家纬度比较低，适宜农作物的生长，因此玉米出口量比较大。其他几个玉米进口量前十的国家占世界玉米进口总量的比例都不到5%。世界玉米进口量排名前十的国家进口量之和为175.25百万吨，约占世界玉米进口总量的89.37%，由此可以看出，世界玉米出口主要集中在几个出口大国中。

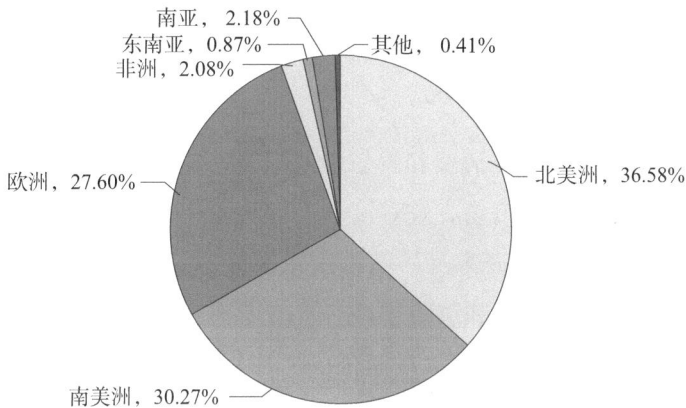

图9-7　2021年各区域玉米出口量

资料来源：根据FAO《世界粮食及农业统计年鉴》（2022，电子版）相关数据整理所得。

表9-4　2021年世界玉米出口量排名

国家	出口量（百万吨）	占世界的比重（%）
美国	70.04	35.72
阿根廷	36.91	18.82
乌克兰	24.54	12.52
巴西	20.43	10.42

国家	出口量（百万吨）	占世界的比重（%）
罗马尼亚	6.90	3.52
法国	4.30	2.19
印度	3.62	1.84
匈牙利	3.27	1.67
俄罗斯	2.94	1.50
塞尔维亚	2.30	1.17

资料来源：根据FAO《世界粮食及农业统计年鉴》（2022，电子版）相关数据整理所得。

9.2　玉米国际价格波动情况

9.2.1　玉米国际市场状况

美国在全球玉米生产、消费和贸易中处于领先地位。CBOT是美国玉米期货市场的代表，与现货市场有效对接。玉米期货价格在该市场形成，被视为全球玉米市场价格的重要参考。美国玉米期货市场规模巨大且具有流动性，能够有效进行价格发现和风险转移。该市场的玉米期货合约和交割规则的设计经验对世界期货市场具有重要价值，其他期货交易所可以借鉴和采用。这些经验成为世界期货市场的宝贵财富。

（1）CBOT玉米期货市场情况

玉米是CBOT最早引入的交易品种之一，也是最为重要和成熟的品种之一，备受投资者的青睐。根据2011—2021年CBOT玉米的年内价格波动情况分析（如图9-8所示），玉米期货价格最低为301.4美分/蒲式耳，最高为831.2美分/蒲式耳，价差近2.8倍。同时，其价格走势又不失稳健，2014—2019年，CBOT玉米年内价格波动幅度最高为515.6美分/蒲式耳，最低为301.4美分/蒲式耳。2020年开始，CBOT玉米价格呈现出波动上涨的趋势，2021年5月7日CBOT玉米价格一度涨到772.6美分/蒲式耳。2021年7—

10月CBOT玉米期货价格有所下降，但是之后CBOT玉米期货价格又急剧上涨。

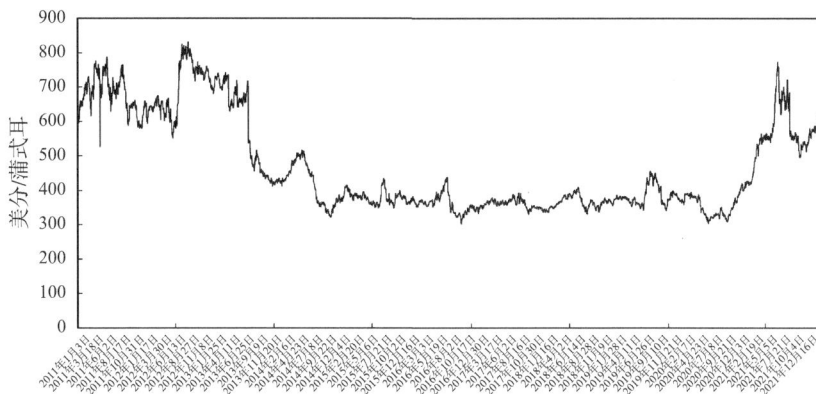

图9-8　2011—2021年CBOT玉米期货收盘价

资料来源：根据前瞻数据库（https://d.qianzhan.com/）相关数据整理所得。

（2）中国玉米期货市场情况

玉米期货自1865年CBOT推出以来，一直以其产量大、商品率高、易于储存、质量均一和价格波动性好等特点，稳居农产品期货交易的领先位置。玉米期货也曾是中国最活跃的期货交易品种，1993年11月18日，大连商品交易所正式开业，并推出了新中国首张玉米期货合约。1995年5月23日中国证监会以"证监发字〔1995〕77号"文件，批准玉米期货合约为正式上市合约。2004年9月22日，在多方努力下沉寂多年的玉米期货终于在大连商品交易所恢复上市，合约规则如表9-5所示。

表9-5　大连商品交易所玉米期货合约

交易品种	黄玉米
交易单位	10吨/手
报价单位	元（人民币）/吨
最小变动价位	1元/吨
涨跌停板幅度	上一交易日结算价的4%
合约月份	1、3、5、7、9、11

交易品种	黄玉米
交易时间	每周一至周五上午9：00—11：30，下午13：30—15：00
最后交易日	合约月份第十个交易日
最后交割日	最后交易日后第二个交易日
交割等级	大连商品交易所玉米交割质量标准（FC/DCE D001—2009）
交割地点	大连商品交易所玉米指定交割仓库
最低交易保证金	合约价值的5%
交割方式	实物交割
交易代码	C
上市交易所	大连商品交易所

由于广大投资者的积极参与，玉米期货成交量和持仓量不断扩大。上市第一天，玉米期货成交量就达155 816手，即1 558 160吨。截至2011年12月31日，玉米期货累计交易量为5.88亿手，共68.8亿吨，成交金额为102 280亿元。玉米期货自恢复上市以来的月度成交量、成交额变化情况如图9-9所示。

由图9-9可以看到，大连商品交易所玉米每年的期货成交量和成交金额是不稳定的，每年的波动幅度比较大。2015年开始，玉米期货成交量变化比较显著。2015年11月，玉米成交量为152.65百万手，达到1 526.5百万吨，成交金额为1 526.55亿元。第二个最为显著的时间是2017年3月，玉米成交量为333.77百万手，达到3 337.7百万吨，成交金额为3 337.68亿元。除去几个比较特殊的时期，大连商品交易所平均每个月的玉米成交量为130百万手，即1 300百万吨。2019—2021年，玉米期货交易量一直在一两百万手之间徘徊，成交额在500亿～2 000亿元徘徊，可以说是玉米期货市场的低迷时期。

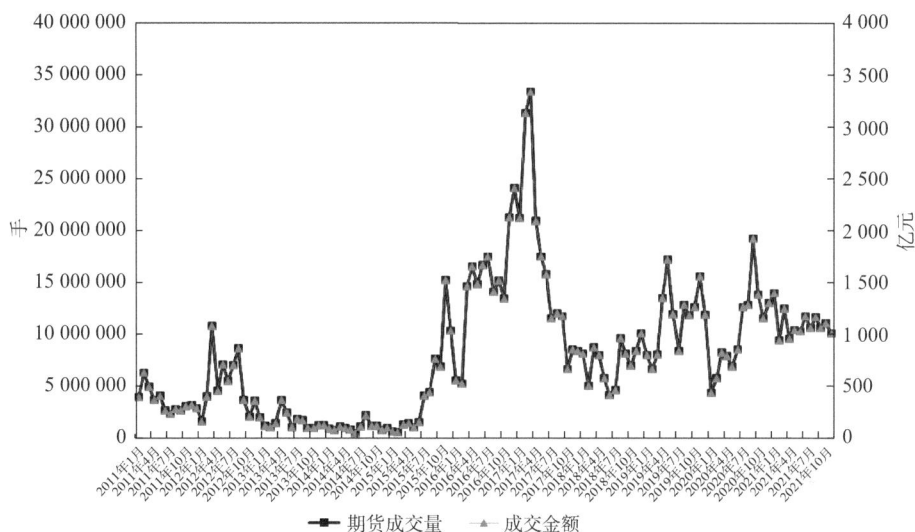

图9-9　2011—2021年黄玉米期货交易量、交易额

资料来源：根据前瞻数据库（https://d.qianzhan.com/）相关数据整理所得。

9.2.2　玉米国际价格波动

（1）期货价格波动

玉米是CBOT最早的交易品种，也是最重要、最成熟的交易品种之一，很受投资者的青睐。如图9-10所示，CBOT玉米价格2011年到2014年上半年一直都处于动荡波动中，从2011年的683.59美分/蒲式耳波动至2014年12月的395.72美分/蒲式耳。2014年下半年一直到2019年，CBOT玉米价格处于稳定状态，维持在300～450美分/蒲式耳之间。2020—2021年，CBOT玉米价格一直处于波动上涨趋势。2021年6月，CBOT玉米价格涨到672.73美分/蒲式耳。因为从2020年9月开始，市场心理预期不断发酵，美玉米自身出口销售预期不断叠加，加之11月末USDA单产的下调给予美玉米自身充分的上涨动能。12月中下旬，南美拉尼娜天气造成巴西二茬玉米减产行情，从预期转为现实，CBOT玉米走出顺畅单边行情。2021年1—3月南美拉尼娜天气导致巴西二茬玉米干旱大幅减产，巴西单产、产量、出口分别下滑21%、16%、50%，而中国采购需求创历史新高。2021年3月底至5月中句，市场对新季美玉米面积及播种季的天气开始炒作，新作优良率下滑，美玉米大豆共振上涨，美玉米旧作平衡表持续紧张。进入6月，外围宏观及原油对CBOT玉米的影响加剧，6月17日，美联储意外转鹰，商品市场迅速收阴，而拜登政府的能源政策转向使美国RINS价格大跌。而后，原油的反弹走强也再次带动商品普涨。

中国大连商品交易所2004年9月才开始恢复玉米期货交易。如图9-10所示，自从恢复玉米期货交易之后，2011—2014年，大连商品交易所玉米期货价格较为平稳，基本维持在2 000～2 500元/吨。从2015年初开始，大连商品交易所玉米期货价格呈现出波动下降的趋势。2015年3月玉米价格为2 542.77元/吨，到2016年9月，大连商品交易所玉米期货价格为1 430.75元/吨，在短短的一年时间内价格下降了1 112.02元/吨，下降幅度为43.73%。

从图9-10中可以看出，CBOT玉米价格与中国大连商品交易所玉米期货价格在前期并没有很大的关联性，而后期，二者呈现的态势基本相似。

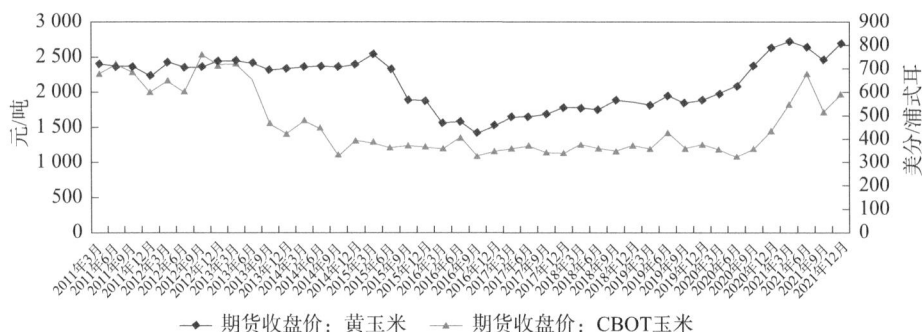

图9-10　2011—2021年玉米期货价格

资料来源：根据前瞻数据库（https://d.qianzhan.com/）相关数据整理所得。

如图9-11所示，2021年玉米CBOT期货价格从整体上看，并没有大起大落，只是在少数几个月份有变化。如2021年5月上升至年度最高点，为697.31美分/蒲式耳。在9月的时候价格有所下降，降至518.51美分/蒲式耳。而中国大连商品交易所玉米期货价格可以总结为先降后增。2021年1—

4月玉米期货价格持续下降，从1月的2 812.45元/吨降至4月的2 695.86元/吨，下降了116.59元/吨。5月，玉米期货价格有所上涨，但随后又开始下降，一直到9月，降至2 470.15元/吨，为本年度最低点。而在10—12月，玉米价格又持续上升。从图9-11可以看出，2021年CBOT玉米价格与中国大连商品交易所玉米期货价格前期没有很强的关联性，但后期发展态势较为相同。

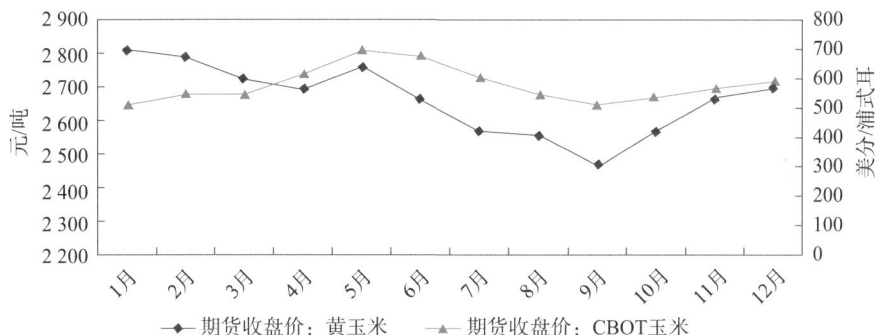

图9-11　2021年玉米期货价格

资料来源：根据前瞻数据库（https://d.qianzhan.com/）相关数据整理所得。

（2）现货价格波动

玉米国际现货价格主要选取了2号黄玉米现货价。如图9-12所示，2011年初，国际玉米现货价格为6.57美元/蒲式耳，此后一段时间，国际玉米现货价格一直处于波动下降的趋势。直到2017年9月，国际玉米现货价格下降到3.25美元/蒲式耳，在这6年半的时间里，国际玉米现货价格下降了3.32美元/蒲式耳，下降幅度为50.53%。2017年下半年国际玉米现货价格有所上升。从图9-12中可以看出，国际玉米现货表现出很强的周期性，每年的六七月是玉米价格的高涨期，其他几个月份的价格都比这几个月的价格要稍微低一点。如图9-13所示，2021年玉米的现货价格从整体上看，并没有大起大落，只是在少数几个月份有变化。从图9-13也可以看出，2号黄玉米现货价格是两端价格比较低，中间月份主要是五六月价格比较高。

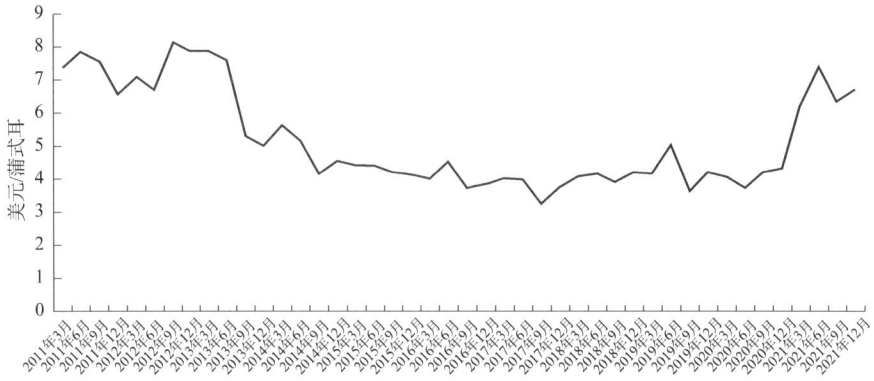

图9-12　2011—2021年玉米现货价格

资料来源：根据前瞻数据库（https://d.qianzhan.com/）相关数据整理所得。

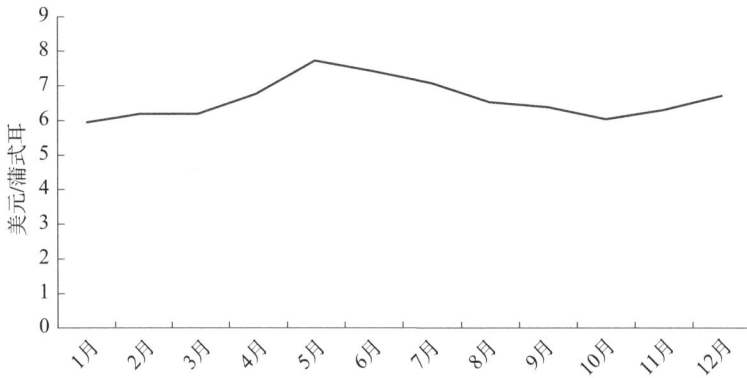

图9-13　2021年玉米现货价格

资料来源：根据前瞻数据库（https://d.qianzhan.com/）相关数据整理所得。

9.3 国际玉米价格波动影响因素分析

9.3.1 经济周期

经济周期与玉米价格之间存在着密切联系，其中经济周期的变化对玉米价格变化起着重要的制约作用。随着经济周期的阶段性变化，玉米价格也呈现出相应的阶段性变化。在经济复苏和繁荣阶段，投资和消费增加，从而带动了对玉米的需求增长。然而，由于玉米供给无法迅速增加，供需缺口出现时，玉米价格就会出现迅速上涨的情况，反之亦然。因此，经济周期的起伏直接影响着玉米价格的波动。

图9-14的数据显示，全球经济增长将推动玉米需求的增加。如果供应保持不变，将面临玉米供需不平衡的情况，导致玉米价格上涨。相反，全球经济衰退将导致对玉米需求的减少，进而引起玉米价格下跌。因此，可以得出结论，全球经济增长率和玉米价格增长率之间存在正相关关系。2011—2017年经济表现出较高的经济增长率，但在这一阶段，国际玉米价格却呈下降趋势。虽然在2012年由于"粮食危机"价格有所上涨，但随后价格开始下降，一直降至2017年的150.58美元/吨。2017—2019年，世界经济和国际玉米价格都处于平稳阶段。而2020年开始，由于疫情的冲击，经济增长率急剧下降，此时世界经济增长率达到最低点，为–3.27%，国际玉米价格也有所下降。2021年，各个国家经济开始复苏，世界经济增长速度较快，发展态势良好，国际玉米价格呈现出良好的上涨态势。

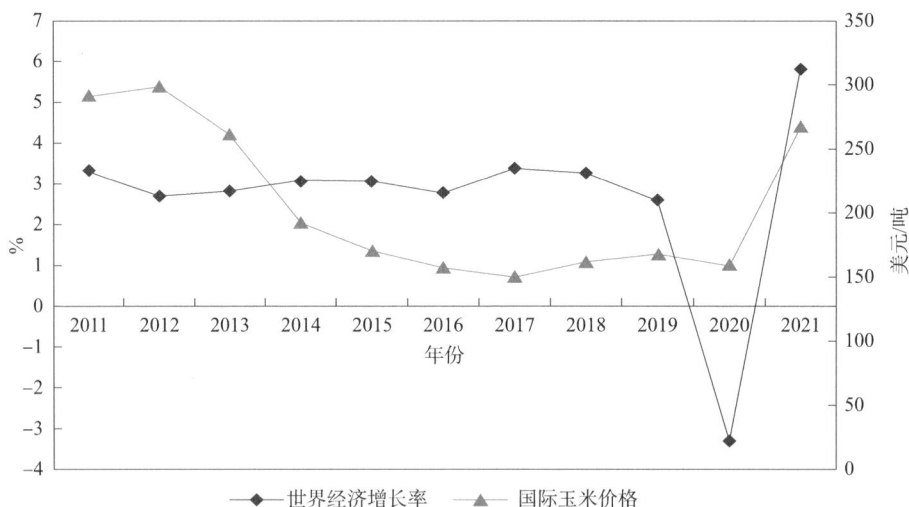

图9-14 世界经济增长率与价格波动

资料来源：根据前瞻数据库（https://d.qianzhan.com/）相关数据整理所得。

9.3.2 供求关系

价格围绕价值波动的最主要因素是供求的变化。供求关系对价格的形成和运动起着重要作用。下面对玉米的供求状况进行分析。

（1）玉米产量

如图9-15所示，2021年世界玉米产量为1 210.24百万吨，与2011年玉米产量887.75百万吨相比较，10年的时间内增长了322.49百万吨，增长幅度为36.33%。世界玉米产量波动上涨，但是玉米总产量变化并不是很大，而国际玉米价格也呈现出波动下降后上涨的趋势。因此，从产量这一个因素来说，对价格的影响不能直观地看出来，因为还要受到消费量的影响，因此产量增加会导致价格上升，世界对玉米的消费需求增加；也有可能会导致价格下降，供给过多。

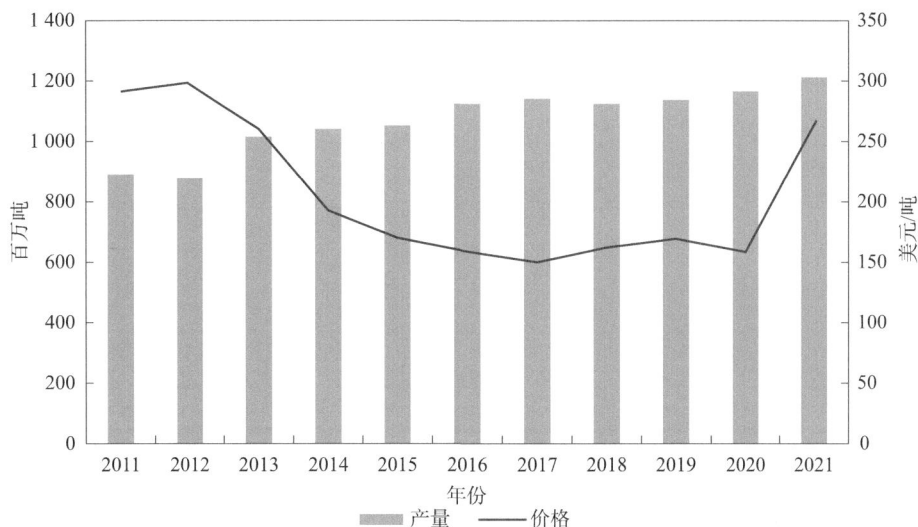

图9-15 世界玉米产量与价格变化

资料来源：根据FAO数据库官网（http://faostat.fao.org/）、前瞻数据库（https://d.qianzhan.com/）相关数据整理所得。

（2）玉米库存量

从图9-16可以看出，近几年来，全球玉米的库存量基本上维持在较低的水平。2011年世界玉米库存量为127.56百万吨，此后持续上升，一直到2016年涨至223.9百万吨，随后2017年、2018年世界玉米库存量下降，2019年世界玉米库存量又急速上升，上升至325.38百万吨，是2011—2021年世界玉米库存量最多的一年，主要原因是世界经济增长缓慢，对玉米的消费量减少，库存增加。此后2020—2021年世界玉米库存又有所下降。

剔除世界经济危机、新冠疫情等因素的影响，我们可以看到世界玉米库存量的增加与国际玉米的价格呈负相关，也即世界玉米库存量越多，世界玉米价格越下降。

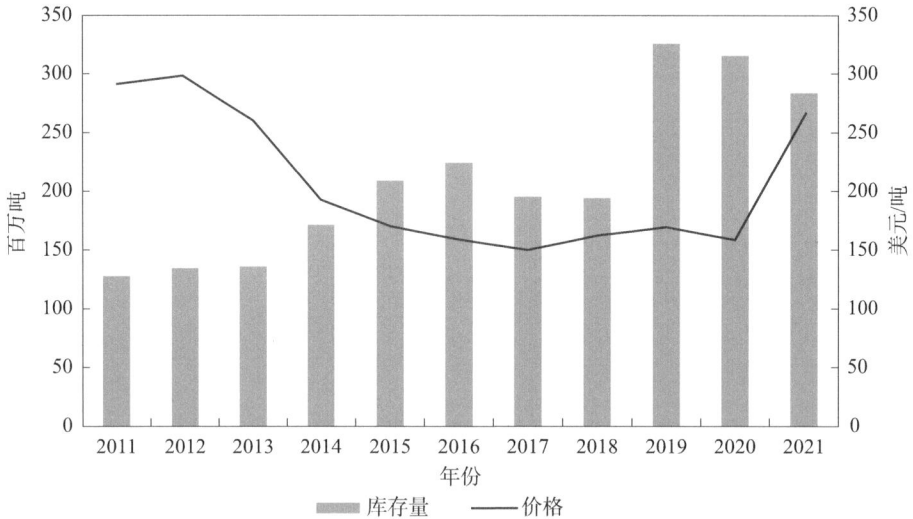

图9-16 世界玉米库存量与价格变化

资料来源：根据前瞻数据库（https://d.qianzhan.com/）相关数据整理所得。

（3）玉米的需求分析

随着全球经济的发展和人类需求的不断提升，世界对玉米的整体消费需求呈稳定增长的趋势。图9-17展示了消费量基本上呈直线上升的趋势。2011年世界玉米消费量为882.62百万吨，2021年世界玉米消费量为1 177.94百万吨，短短10年的时间，世界玉米消费量增加了295.32百万吨，增长幅度为33.46%。

剔除世界经济危机、新冠疫情等因素的影响，可以看到世界玉米消费量的增加与国际玉米的价格呈近似正相关的关系，也就是世界玉米消费量越多，世界玉米价格越上涨。消费越多意味着需求越多，需求增加导致价格上涨。

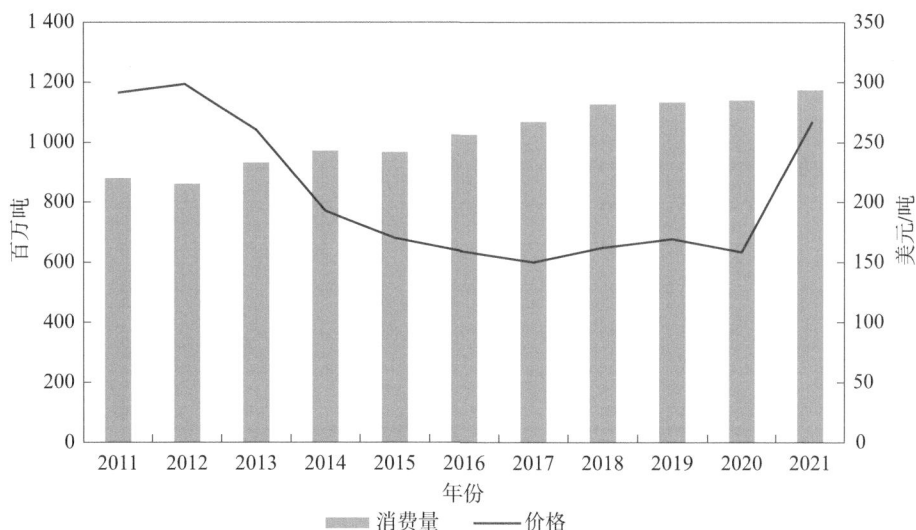

图9-17 世界玉米消费量与价格变化

资料来源：根据前瞻数据库（https://d.qianzhan.com/）相关数据整理所得。

（4）世界玉米消费构成分析

玉米消费主要包括食用、饲料、工业、粮种等领域。随着经济的不断发展，玉米的消费结构也发生了变化，由以食用为主逐渐转向以饲料为主。同时，随着玉米深加工和乙醇产业规模的扩大，工业消费比重逐年增加。

①食用需求。目前，世界玉米的食用消费量约占总产量的20%，而且呈逐步上升的趋势。按绝对数量来看，全球每年食用玉米的消费量稳定在1亿吨以上，并且呈现自然增长的态势。

②饲料需求。如图9-18所示，2011年世界玉米饲料消费需求为508.48百万吨，占世界玉米消费总量的57.61%，2021年世界玉米饲料消费需求达到730.34百万吨，大约占世界玉米产量的比重为62%。

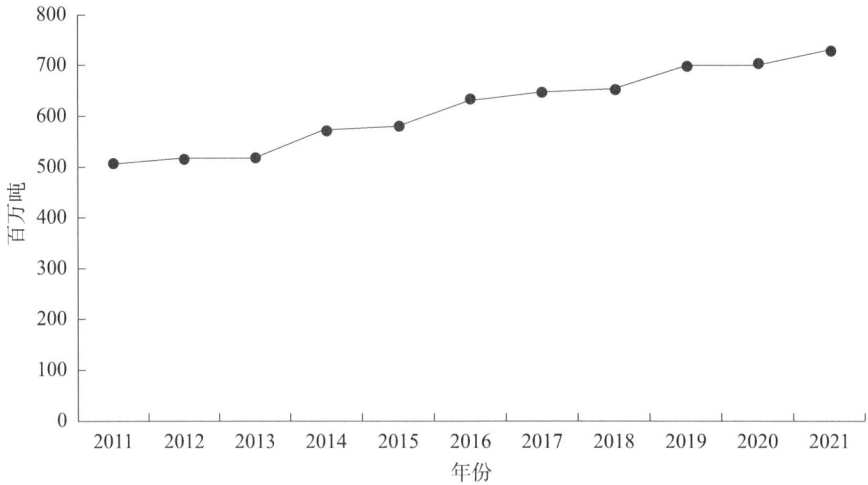

图9-18 世界玉米饲料消费量

资料来源：根据前瞻数据库（https://d.qianzhan.com/）相关数据整理所得。

③工业需求。玉米是重要的工业原料，可用于生产淀粉、葡萄糖和酒精等多种工业产品。淀粉和酒精加工对玉米的工业需求至关重要。淀粉在医药、化工等行业发挥重要作用。燃料乙醇和食用酒精是酒精行业的重要需求点，且呈现快速增长。随着玉米深加工技术的发展，玉米在工业中的消费量也在增加。其他国家在玉米转化为工业乙醇技术成熟后，也将积极发展乙醇产业，进一步增加对玉米的工业需求。

从图9-19可以看出，2018年全球玉米消费量明显超过了当年的玉米总产量，而其他年份则略有剩余或基本持平。这表明玉米供需存在一定的缺口。如果短期内玉米需求保持不变，而供给继续保持强势，势必会导致玉米价格下跌。

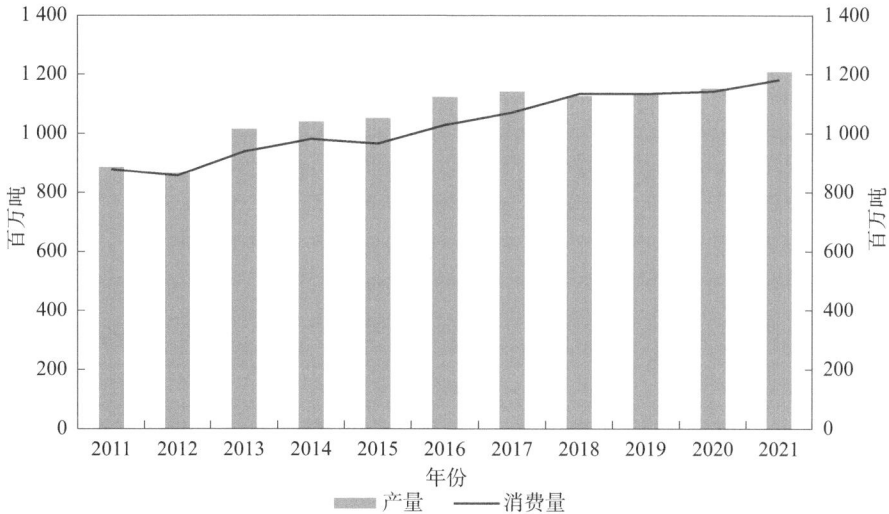

图9-19 玉米产量与消费量

资料来源：根据FAO数据库官网（http://faostat.fao.org/）、前瞻数据库（https://d.qianzhan.com/）相关数据整理所得。

9.3.3 成本变化

根据相关调查，玉米种植成本增加的主要原因是种子、农资、人工和土地成本的大幅上涨[10]，而世界各国劳动力工资也呈现刚性增长趋势[11-12]。种子费用在一定程度上反映了农业科技水平，随着农业科技的提升，种子费用逐年上升。此外，化肥和能源价格居高不下，进一步提高了粮食生产成本。原油和其他资源性原材料价格上涨，导致农用生产资料价格普遍增加，推动了农业生产成本上升。以中国为例，其玉米生产的变化将直接影响国际玉米市场的价格走势。从图9-20可以看出，中国玉米成本从2011年的78.91元/50公斤上升到2021年的110.93元/50公斤，10年的时间玉米成本上升了32.02元/50公斤，增长幅度为40.58%。玉米总成本在2015年以前增长速度加快，从2015年开始，增长速度放缓，甚至有所下降。

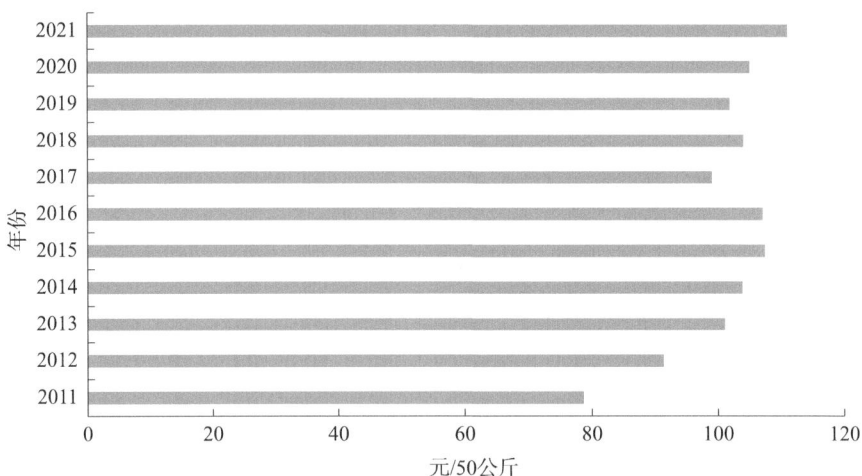

图9-20　中国玉米成本变化

资料来源：根据前瞻数据库（https://d.qianzhan.com/）相关数据整理所得。

如图9-21所示，2011—2021年，中国玉米成本处于波动上涨趋势，国际玉米价格波动下降后上升，这说明生产成本的上升对玉米价格的上扬有着重要的影响。在一定程度上，玉米成本与国际玉米价格呈正相关。

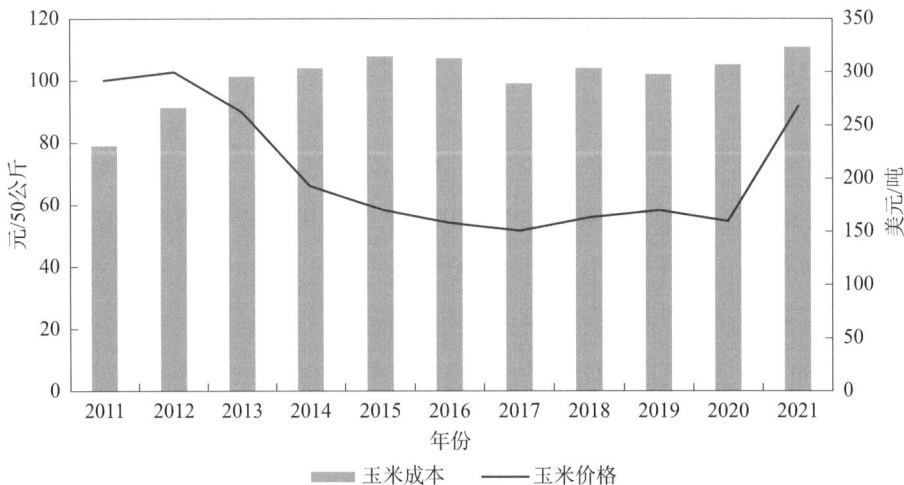

图9-21　中国玉米成本与世界玉米价格

资料来源：根据前瞻数据库（https://d.qianzhan.com/）相关数据整理所得。

9.3.4　相关商品价格

玉米与饲料小麦是密切相关的粮食品种[13]。根据历年的价格实践，玉米和小麦在消费过程中存在一定的替代作用。在正常情况下，饲料小麦和玉米的比价关系约为0.9∶1.0。如果两者的比价关系超过这一水平并且幅度较大，就会引发它们在使用上的替代情况。因此，小麦的价格成为影响玉米价格走势非常重要的因素之一。如图9-22所示，2011—2021年玉米和小麦的总体价格的变动趋势大体上是一致的。但是在2021年初，小麦的价格高于玉米的价格，小麦和玉米的比价关系超过正常比价关系，因此在一定程度上导致了玉米对小麦的替代情况，这种情况下对玉米的需求增加，导致对小麦的需求减少，可以看出5月开始小麦的价格急剧下降，玉米的价格在上半年则变化不是很大。2021年下半年小麦价格与玉米价格虽然差距较大，但波动趋势基本一致。此外，玉米目前主要用于饲料生产，玉米价格的变动将受到饲料需求量的影响，如图9-23所示。

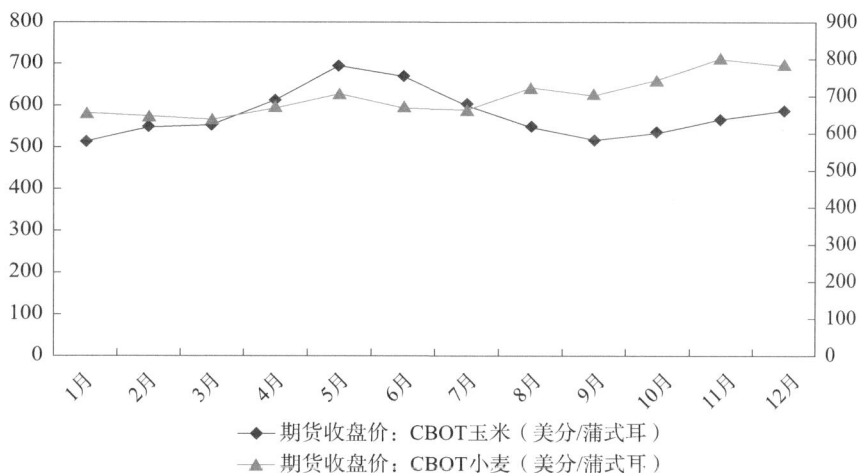

图9-22　2021年玉米和小麦CBOT价格

资料来源：根据前瞻数据库（https://d.qianzhan.com/）相关数据整理所得。

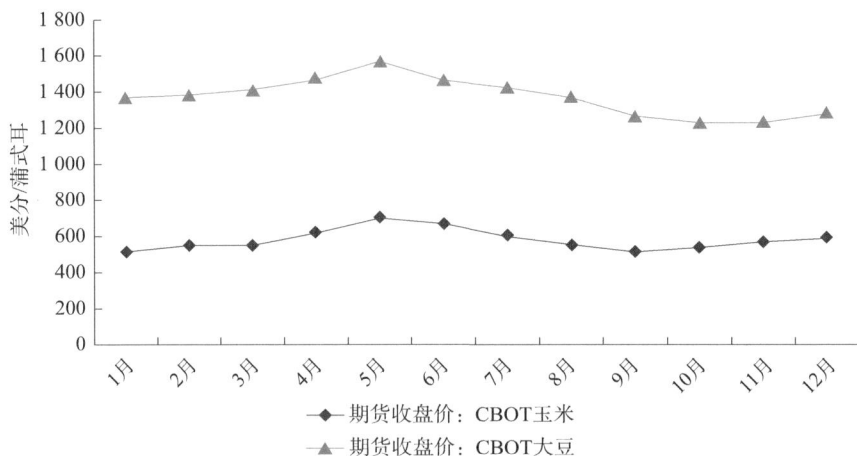

图9-23　2021年玉米和大豆CBOT价格

资料来源：根据前瞻数据库（https://d.qianzhan.com/）相关数据整理所得。

9.3.5　气候影响

天气因素对玉米价格具有重要影响[14-16]。改善天气条件可以提高玉米产量，对价格造成下跌压力。相反，干旱等不利天气因素可能导致供给紧张，推动价格上涨。美国玉米的关键生长阶段通常在6月至9月，然而，2022年中西部地区持续高温和干旱，导致超过43%的州受到干旱的影响，美国玉米的优良率持续下降。这些数据表明，天气对美国玉米产量产生了不利影响。美国是全球最大的玉米生产国之一，其产量变动将对国际玉米市场产生重要影响。基于对天气等因素的考虑，美国农业部已下调了对2022/2023年度美国玉米单产和产量的预期。据最新预测，2022/2023年度美国玉米单产预期为175.4蒲式耳/英亩，产量预期为143.59亿蒲式耳。

9.3.6　货币汇率与利率

除供求量和经济周期等主要因素之外，货币汇率是影响玉米期货价格的另一个重要因素[17]。在图9-24中，从2021年美国CBOT玉米价格走势与美元指数的关系可以看出，美元指数上涨，意味着美国股市和一些国际大宗商品的价格可能会下跌。

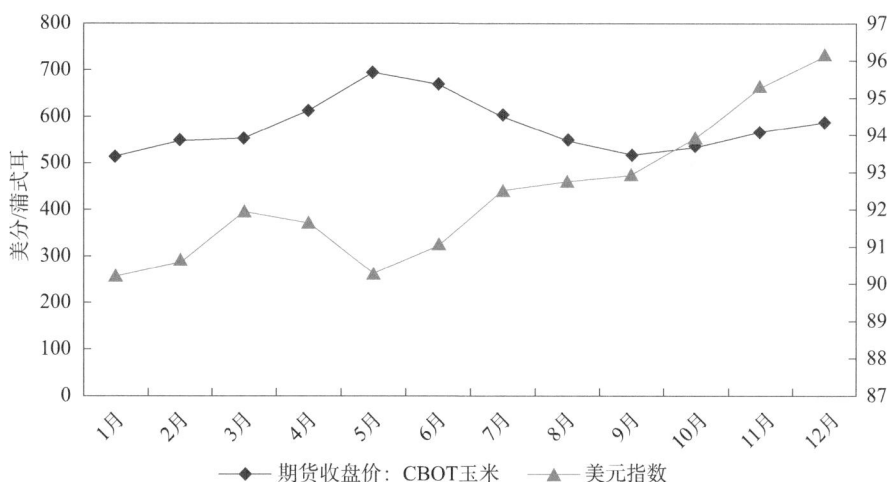

图9-24　2021年CBOT玉米价格与美元指数

资料来源：根据前瞻数据库（https://d.qianzhan.com/）相关数据整理所得。

9.4　本章小结

玉米作为全球最重要的粮食作物之一，其研究对于揭示粮食供应的稳定性、推动农业经济的发展以及解决全球粮食安全问题具有重要意义。在探索玉米的研究领域时，我们不仅需要关注其生产、消费和国内市场情况，还需要深入探讨玉米的国际贸易概况、国际价格波动情况以及国际玉米价格波动的影响因素。本章通过这些方面的探讨，能够深入了解玉米的影响力及其在全球经济中所扮演的角色。

从玉米国际贸易概况来看，在全球玉米生产方面，随着世界经济的发展和技术进步，世界玉米产量呈稳步上升的趋势。尤其是自2012年以来，世界玉米产量增长迅速，增加了322.48百万吨，增长幅度达到38.23%。北美洲是世界玉米产量最大的地区，占世界产量的32.88%，紧随其后的是东亚和南美洲。美国是世界最大的玉米生产国，产量占全球的31.72%，中国排名第二。在全球玉米消费方面，2011—2021年，世界玉米消费量持续增长，平均每年增长3.35%。美国、中国、欧盟、巴西和墨西哥是世界玉米消费量最大的国家（地区）。这些玉米消费大国（地区）均拥有庞大的人口基数，说明玉米消费与人口有密切关系。在全球玉米贸易方面，世界玉米进口量和出口量均呈增长趋势。东亚是全球玉米进口量最大的地区，占进口总量的30.06%，欧盟27国是玉米进口量最大的地区。北美洲是全球玉米出口量最大的地区，占出口总量的37%。美国、阿根廷、乌克兰和巴西是世界玉米出口量最大的国家，这些国家多为农业发达国家，并且地理位置适宜农作物种植。综上所述，全球玉米生产、消费和贸易呈现出一定的地域特点和人口关联性。北美洲和东亚是世界玉米的主要产区和消费区，同时欧盟27国在进口量上超过美国成为最大玉米进口地区。在贸易方面，北美洲和南美洲是主要出口地区，而东亚是最大的进口地区。因此，了解全球玉米的生产、消费和贸易情况对于进行有效的市场分析和决策具有重要意义。

从玉米国际价格波动情况来看，玉米国际价格在CBOT玉米期货市场和中国玉米期货市场都表现出一定的波动性。从CBOT玉米期货市场来看，2011—2021年玉米期货价格经历了波动上涨和稳定的阶段，2020年以后呈明显的上涨趋势。中国玉米期货市场在2019—2021年处于低迷状态，交易量和成交额相对较低。玉米国际现货价格也呈现一定的周期性，每年的六七月价格较高，其他月份相对较低。总的来说，玉米国际价格在不同市场和时间段都存在波动，但整体趋势向上。

从国际玉米价格波动影响因素分析来看，国际玉米价格的波动受多种因素影响。首先，经济周期对玉米价格有一定的影响，但并非直接相关。经济增长期间可能提高玉米价格，但疫情等不可预测的因素也可能导致经济下滑和玉米价格的下降。其次，供求关系是影响玉米价格的重要因素。玉米产量的增加可能导致价格上涨，但也要考虑到消费量的影响。玉米消费量的增加与价格呈正相关关系，而库存量的增加与价格呈负相关关系。因此，供给和需求的平衡对价格有重要影响。同时，成本变化对玉米价格的上涨也有重要影响，玉米成本与国际玉米价格呈正相关关系，成本上升将推动价格上涨。此外，玉米与其他相关商品的价格关系也会影响国际玉米价格。例如，与小麦和豆粕等替代品的价格关系、玉米消费结构的变化都会对价格产生影响。而且天气因素、货币汇率与利率以及国家政策也是影响玉米价格的重要因素，不利天气、货币贬值等都可能对价格产生影响。总而言之，了解和分析国际玉米价格的影响因素对于把握市场走势和制定决策至关重要。经济周期、供求关系、成本变化、相关商品价格、天气影响、货币汇率与利率等因素的综合作用将决定玉米价格的波动。

本章参考文献

[1] 黄宏文，邹帅宇，程春松.从植物引种驯化史轨迹探讨野生果树驯化与育种[J].植物遗传资源学报，2021，22（6）：1463-1473.

[2] 杨利艳，郭晓娣，张玉荣，等.外源乙烯利对禾谷炭疽菌生物学特性的影响及转BtACO基因植物的抗病性评价[J].中国农业大学学报，2022，27（3）：33-40.

[3] 田有辉，万向元.玉米花药发育的细胞生物学与分子遗传学的研究方法[J].中国生物工程杂志，2018，38（1）：88-99.

[4] Iriarte J, Elliott S, Maezumi S Y, et al. The origins of Amazonian landscapes: Plant cultivation, domestication and the spread of food production in tropical South America[J]. Quaternary Science Reviews, 2020（248）: 106582.

[5] 朱莹，姜韬，杨益众.玉米田节肢动物群落研究进展[J].植物保护，2017，43（6）：1-5.

[6] 于斌，潘忠，许克家，等.陈化水稻生产燃料乙醇发展趋势和现状[J].中国酿造，2018，37（2）：19-23.

[7] 孙丽娟，赵志宏，贺娟，等.我国鲜食玉米相关标准问题分析及对策[J]. 作物杂志，2019（2）：46-50.

[8] Onyeoziri I O, Torres - Aguilar P, Hamaker B R, et al. Descriptive sensory analysis of instant porridge from stored wholegrain and decorticated pearl millet flour cooked, stabilized and improved by using a low - cost extruder[J]. Journal of Food Science, 2021, 86（9）：3824-3838.

[9] Žilić S, Aktağ I G, Dodig D, et al. Acrylamide formation in biscuits made of different wholegrain flours depending on their free asparagine content and baking conditions[J]. Food Research International, 2020（132）：109109.

[10] 刘同山.新时代保障国家粮食安全的内涵、挑战与建议[J].中州学刊，2022（2）：20-27.

[11] 吴海民.货币工资增长、效率空心化与复合型通货膨胀：基于2000—2015年中国省级面板数据的实证研究[J].贵州财经大学学报，2018（2）：1-12.

[12] 柏培文，杨志才.劳动力议价能力与劳动收入占比：兼析金融危机后的影响[J].管理世界，2019，35（5）：78-91.

[13] 辛翔飞，王济民.我国粮食自给水平目标设定：研究综述与政策启示[J]. 自然资源学报，2019，34（11）：2257-2269.

[14] 王柳，熊伟，温小乐，等.温度降水等气候因子变化对中国玉米产量的影响[J].农业工程学报，2014，30（21）：138-146.

[15] 李少昆，王克如，王延波，等.辽宁中部地区玉米机械粒收质量及其限制因素研究[J].作物杂志，2018（3）：162-167.

[16] 马晓玲，吴洪生，杨光耀，等.种植方式对玉米田温室气体排放及产量的影响[J].环境科学与技术，2020，43（1）：71-77.

[17] 魏梦升，孟维，陈雪婷，等.我国油菜产品价格波动的金融化因素分析：基于TVP-SV-VAR模型[J].中国油料作物学报，2022，44（2）：268-279.

10 大豆

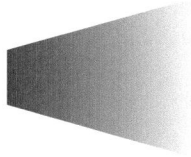

大豆，是一种重要的粮食作物和油料作物，也是一种豆科植物[1-2]，起源于中国东北地区，在全球范围内广泛种植[3-4]。大豆是一种一年生草本植物，具有一根主茎和多个分枝，茎上生长着羽状复叶和有花苞的花序。大豆的花朵呈蓝紫色或白色，之后结成袋状的豆荚，内含有多颗种子。根据豆荚的颜色和用途，大豆可以有不同的分类。最常见的分类是根据豆荚的颜色分为黄皮大豆和黑皮大豆。其中，黄皮大豆通常用于饮食和食用油的制取[5]，而黑皮大豆多用于食用和药用[6]。

大豆在人类饮食和工业领域具有重要作用。作为主要的粮食作物之一，大豆提供了丰富的蛋白质、碳水化合物、脂肪、维生素和矿物质等营养物质[7]。大豆蛋白质是植物源蛋白质中营养价值最高的一种[8]，其组成的氨基酸对人体生长发育和维持正常功能至关重要。并且大豆油是一种健康的植物油，富含不饱和脂肪酸和维生素E，对心血管健康有益[9]。大豆可以提取豆腐、豆浆、豆腐干等多种食品，常见于亚洲和多个国家的传统饮食中[10]。同时，大豆也是生产大豆油、豆蛋白、豆粉等工业原料的重要来源[11]。此外，大豆还是制备食品添加剂和饲料的重要成分[12-13]。同时，大豆对农业和生态环境也有积极影响。大豆是一种天然氮肥固定植物，能够吸收大气中的氮气，并将其固定在根部的根瘤中，增加土壤肥力，减少对化学肥料的依赖[14]。大豆的栽培也能够预防土壤侵蚀，并改善环境可持续性[15]。

尽管大豆在食品和工业中具有广泛用途，但它也面临一些问题。大豆的种植需要合适的气候和土壤条件，并对水分、光照和温度有较高的要求[16]。此外，大豆也容易受到病虫害的侵袭，需要采取适当的农业管理措施以保证产量和质量[16]。

10.1 大豆国际贸易概况

10.1.1 全球大豆生产情况

大豆是世界四大油料作物之一，其主要生产国家（地区）包括美国、拉美地区和中国[17]。前五大生产国是巴西、美国、阿根廷、印度和中国，它们的产量占全球大豆生产量的80%以上。自20世纪90年代以来，大豆产量呈现显著增长趋势，且生产区域由北美洲逐渐向南美洲转移。美国、巴西和阿根廷在全球大豆供应中扮演着关键角色。近年来，全球大豆生产的整体趋势是，收获面积稳步增加，单产水平趋于稳定，并且总产量显著提高。

（1）全球大豆收获面积稳步增加

由于大豆的单产增长缓慢，大豆产量的增加主要依赖于扩大收获面积。根据近年来的面积变化趋势（如图10-1所示），在过去的10年间，平均每年新增的大豆收获面积约为250万公顷。在2011年之前，大豆收获面积的增长相对较缓慢。2011—2021年，美国、巴西和阿根廷3个国家的大豆收

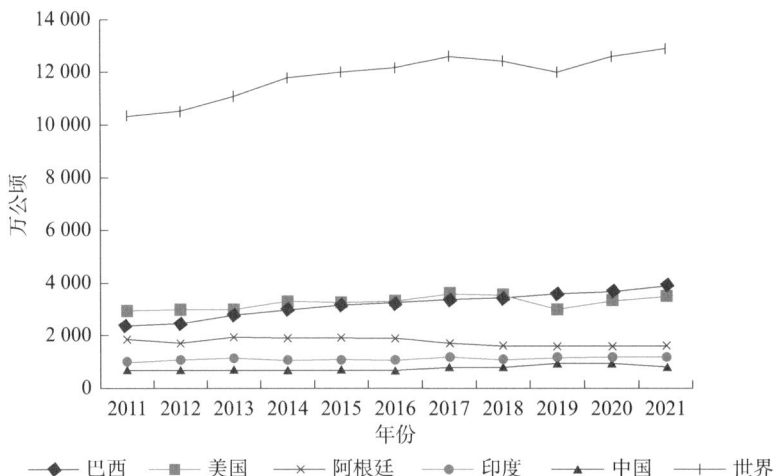

图10-1　2011—2021年全球大豆收获面积

资料来源：根据FAO《世界粮食及农业统计年鉴》（2022，电子版）相关数据整理所得。

获面积平均每年增加约200万公顷。5个主要的大豆生产国分别是巴西、美国、阿根廷、印度和中国。根据2021年的数据，它们的大豆收获面积分别为3 916.81万公顷、3 493.77万公顷、1 646.67万公顷、1 210.00万公顷和840.34万公顷，合计占据了全球收获面积的85.76%。从历年各国大豆收获面积的变化来看，2011年时，美国的收获面积与巴西和阿根廷相当，均在2 000万公顷左右，使其成为世界主要的大豆生产国之一。

（2）全球大豆单产趋于平稳

如图10-2所示，世界大豆平均单产一直呈波浪式发展趋势。2011年世界大豆平均单产为2 518.8公斤/公顷，到2012年下降到2 288.4公斤/公顷，达到近10年最低。而后开始上升，一直到2017年达到2 856.4公斤/公顷。2018—2019年有所降低，分别为2 778.9公斤/公顷、2 769.7公斤/公顷。2021年达到近10年来最高，为2 869.7公斤/公顷。

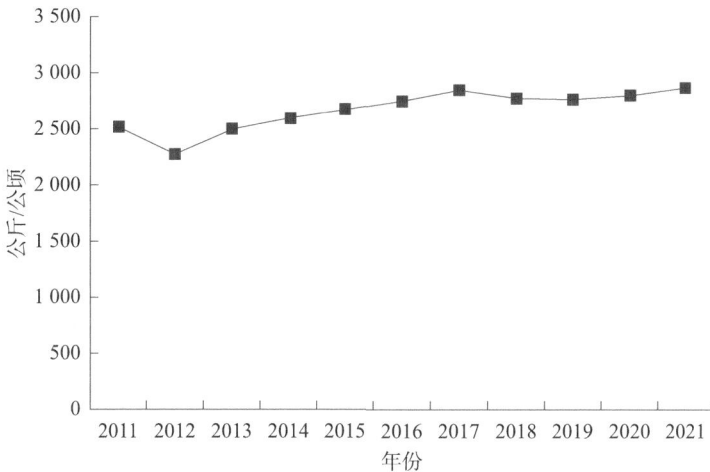

图10-2　2011—2021年全球大豆单产

资料来源：根据FAO《世界粮食及农业统计年鉴》（2022，电子版）相关数据整理所得。

（3）大豆总产量显著提高

如图10-3所示，世界大豆总产量水平一直呈上升态势，全世界的大豆产量由2011年的2.62亿吨增加到2021年的3.72亿吨，增长了42.08%。大豆产量的提高除新技术的使用这一原因外，更重要的是由于除草剂的使用，使得机械化作业更为简便。

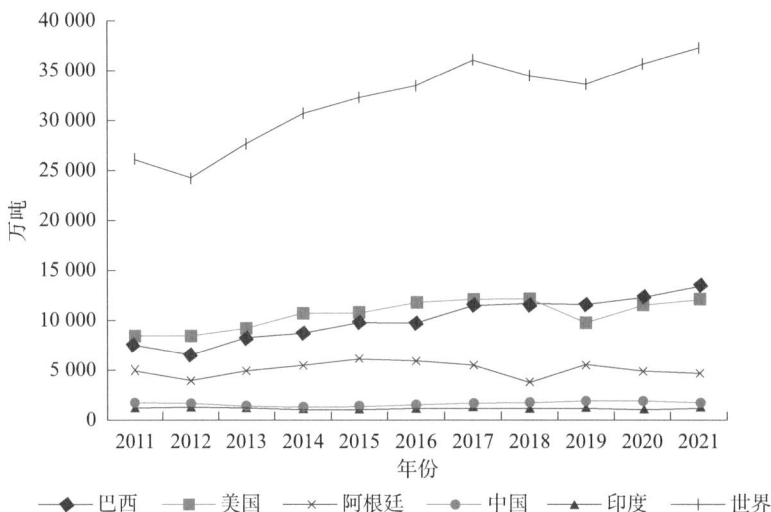

图10-3　2011—2021年全球及主要经济体大豆产量

资料来源：根据FAO《世界粮食及农业统计年鉴》（2022，电子版）相关数据整理所得。

（4）区域结构发生改变

根据2022年的《世界粮食及农业统计年鉴》数据，2021年巴西的大豆总产量为13 493.49万吨，居世界第一位，并且呈现强劲增长势头。美国的大豆总产量为12 070.72万吨，位居世界第二，且增长相对稳定。阿根廷的大豆总产量达到4 621.79万吨，排名世界第三。中国的大豆总产量为1 640.42万吨，位居世界第四。印度的大豆总产量为1 261.00万吨，排名世界第五。这5个主要产豆国的总产量占全球总产量的89.02%。单产水平差异明显，处于前两位的巴西和美国单产最高，为每公顷3 400～3 500千克，而其他国家基本上在每公顷2 000千克以下。虽然世界平均水平为每公顷2 869.7千克，但是中国的单产量只有每公顷1 952.1千克，还有很大的上升空间。

10.1.2 主产国大豆收获面积和产量

如表10-1所示，2021年世界大豆收获面积为12 952.40万公顷，较上一年增加246.68万公顷。2021年阿根廷大豆收获面积为1 646.67万公顷，比上年减少25.47万公顷；印度大豆收获面积为1 210.00万公顷，比上年减少9.27万公顷。尽管中国农业部在2021年12月发布的《"十四五"全国种植业发展规划》中表示将调整优化种植结构并提高大豆油料产能和自给率，但中国的大豆收获面积仍呈下滑趋势，导致大豆生产持续减少。2021年中国大豆收获面积为840.34万公顷，较上一年减少148.25万公顷。但是2021年巴西、美国大豆收获面积有所增加，收获面积分别为3 916.81万公顷和3 493.77万公顷，分别比上年增加197.99万公顷和150.91万公顷。

表10-1　2020—2021年全球及主要经济体大豆收获面积

单位：万公顷

	2020年	2021年	年变化
巴西	3 718.82	3 916.81	197.99
美国	3 342.86	3 493.77	150.91
阿根廷	1 672.14	1 646.67	−25.47
印度	1 219.27	1 210.00	−9.27
中国	988.59	840.34	−148.25
世界	12 705.72	12 952.40	246.68

资料来源：根据FAO《世界粮食及农业统计年鉴》（2022，电子版）相关数据整理所得。

根据表10-2，2021年全球大豆总产量比2020年有所增加。2021年的总产量约为3.72亿吨，比上一年增加了1 632.28万吨，增长了约5个百分点，相比过去5年的平均产量增加了243.58万吨。2021年全球大豆单产为2.87吨/公顷，比过去5年的平均单产2.81吨/公顷略有增加。巴西、美国和阿根廷3个主要产豆国在2021年的总产量中占比81.21%，与近5年的平均值相当。其中，巴西、美国和阿根廷的产量分别为13 493.49万吨、12 070.72万吨和4 621.79万吨，分别占全球大豆总产量的36.30%、32.47%和12.43%。

2021年巴西的大豆单产为3.45吨/公顷，略高于去年，也高于近5年的平均值3.33吨/公顷；美国的大豆单产为3.45吨/公顷，比2020年减少0.02吨/公顷，高于近5年的平均单产3.36吨/公顷；阿根廷的大豆单产为2.81吨/公顷，比上年下降0.11吨/公顷，低于过去5年的平均单产2.91吨/公顷。2021年中国的大豆总产量为1 640.42万吨，单产为1.95吨/公顷，略低于上一年，单产较上一年减少0.03吨/公顷。中国的大豆总产量约占全球总产量的4%，大豆单产为全球平均单产的68%。印度的大豆总产量为1 261.00万吨，单产为1.04吨/公顷，单产较上一年减少0.12吨/公顷。印度的大豆总产量约占全球总产量的3.5%，大豆单产为全球平均单产的36%。

表10-2　2020—2021年全球及主要经济体大豆产量

单位：万吨

	2020年	2021年	年变化
巴西	12 179.77	13 493.49	1 313.72
美国	11 474.89	12 070.72	595.83
阿根廷	4 879.67	4 621.79	−257.88
中国	1 960.44	1 640.42	−320.03
印度	1 122.59	1 261.00	138.42
世界	35 537.08	37 169.36	1 632.28

资料来源：根据FAO《世界粮食及农业统计年鉴》（2022，电子版）相关数据整理所得。

10.1.3　世界大豆消费动态与结构变化

（1）世界大豆消费量

根据表10-3，2021年全球大豆消费量为3.7亿吨，比上一年增加了2 163万吨。中国、美国、巴西和阿根廷是主要的大豆消费国。中国是全球主要的大豆消费国，随着经济的发展和人民生活水平的提高，尤其是畜牧业养殖结构转变，中国对大豆制品的需求迅速增长，大豆消费量急剧增加。2021年中国的大豆消费量为11 450万吨，占全球大豆消费量的31%。其中，大豆压榨需求为9 600万吨，占消费量的83.84%。2021年美国的大豆消费量为6 247万吨，占其产量的51.75%，约占全球大豆消费总量的16.91%。其中，压榨消费量为5 960万吨，约占美国大豆消费总量的95.41%。巴西和阿根廷的大豆消费量分别为4 940万吨和4 870万吨，分别占其产量的36.61%和105.37%，约占全球大豆消费总量的13.38%和13.19%。巴西和阿根廷的大豆消费也以压榨需求为主，2021年两个国家的大豆压榨消费量分别为4 675万吨和4 150万吨，占各自消费总量的85%以上。

表10–3　2020—2021年大豆主要消费国的消费量

单位：万吨

	2020年	2021年	年变化
中国	10 420	11 450	1 030
美国	6 057	6 247	190
巴西	4 690	4 940	250
阿根廷	4 869	4 870	1
世界	34 770	36 933	2 163

资料来源：根据FAO《世界粮食及农业统计年鉴》（2022，电子版）相关数据整理所得。

（2）世界大豆期初库存和期末库存

如表10-4所示，2021年世界大豆期初库存量为9 652万吨，比2020年初减少了1 600万吨。其中阿根廷、巴西和美国的期初库存均在减少，2021年期初库存量分别为2 670万吨、2 074万吨、1 428万吨。但中国2021年的期初库存比2020年增加了734万吨。由于2021年世界大豆产量仅为3.7亿吨，消费量趋近于产量，也约为3.7亿吨，2021年大豆期末库存量为8 655万吨，比2020年减少了1 372万吨。

表10–4　2020—2021年全球大豆期初库存和期末库存

单位：万吨

期初库存	2020年	2021年	年变化
世界	11 252	9 652	−1 600
中国	1 946	2 680	734

期初库存	2020年	2021年	年变化
阿根廷	2 889	2 670	−219
巴西	3 248	2 074	−1 174
美国	2 474	1 428	−1 046
期末库存	2020年	2021年	年变化
世界	10 027	8 655	−1 372
中国	2 523	3 180	657
阿根廷	2 700	2 335	−365
巴西	2 573	2 204	−369
美国	1 579	325	−1 254

资料来源：根据FAO《世界粮食及农业统计年鉴》（2022，电子版）相关数据整理所得。

10.1.4　世界大豆贸易量和贸易额

（1）进口量和进口额

如图10-4、表10-5和图10-5所示，2021年世界大豆进口量为16 336.09万吨。近年来由于中国大豆总产量下降而消费需求急剧增长，大豆供应严重短缺，使中国大陆由原来的世界大豆第一生产大国成为世界第一进口大国，2021年中国大陆大豆进口量为9 651.68万吨，占世界大豆进口总量的59.08%，中国大陆进口大豆总额为53 528.19百万美元。阿根廷、墨西哥、荷兰和泰国大豆进口量分别为486.60万吨、459.71万吨、416.29万吨、399.68万吨，大豆单位进口额分别为539.19美元/吨、552.05美元/吨、522.07美元/吨、567.12美元/吨。

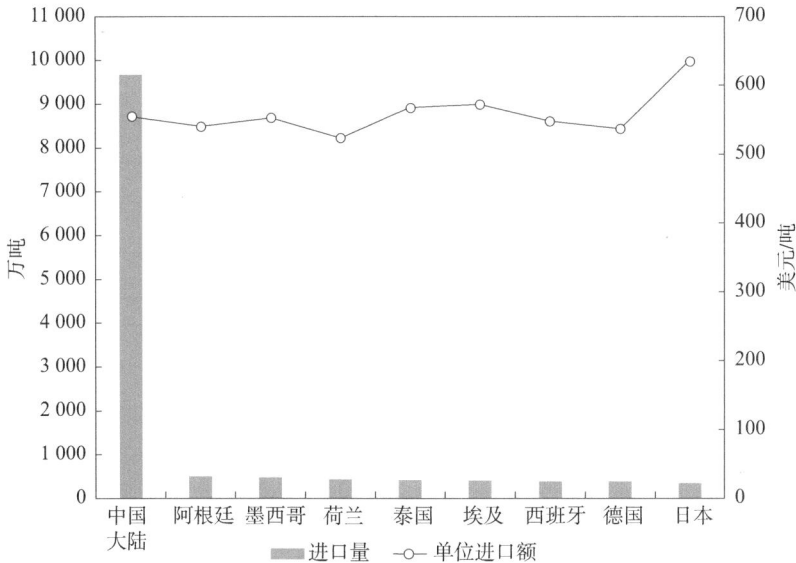

图10-4　2021年世界主要大豆进口国家（地区）

资料来源：根据FAO《世界粮食及农业统计年鉴》（2022，电子版）相关数据整理所得。

表10-5　2021年世界主要大豆进口国家（地区）大豆进口量

排名	国家（地区）	进口量（万吨）	进口额（百万美元）	单价（美元/吨）
1	中国大陆	9 651.68	53 528.19	554.60
2	阿根廷	486.60	2 623.69	539.19
3	墨西哥	459.71	2 537.82	552.05
4	荷兰	416.29	2 173.33	522.07
5	泰国	399.68	2 266.64	567.12
6	埃及	377.32	2 156.20	571.45
7	西班牙	365.68	2 001.68	547.38
8	德国	359.07	1 923.27	535.62
9	日本	327.12	2 074.64	634.21
10	中国台湾	258.54	1 497.07	579.05
11	印度尼西亚	248.97	1 482.85	595.60
12	巴基斯坦	247.03	1 368.48	553.97
13	意大利	241.13	1 312.90	544.47

排名	国家（地区）	进口量（万吨）	进口额（百万美元）	单价（美元/吨）
14	孟加拉国	234.88	1 170.91	498.52
15	俄罗斯	200.67	1 261.41	628.59
16	越南	194.69	1 129.82	580.33
17	伊朗	192.40	974.89	506.70
18	葡萄牙	140.89	661.40	469.44
19	阿尔及利亚	98.94	520.24	525.79
20	巴西	86.37	408.32	472.75

资料来源：根据FAO《世界粮食及农业统计年鉴》（2022，电子版）相关数据整理所得。

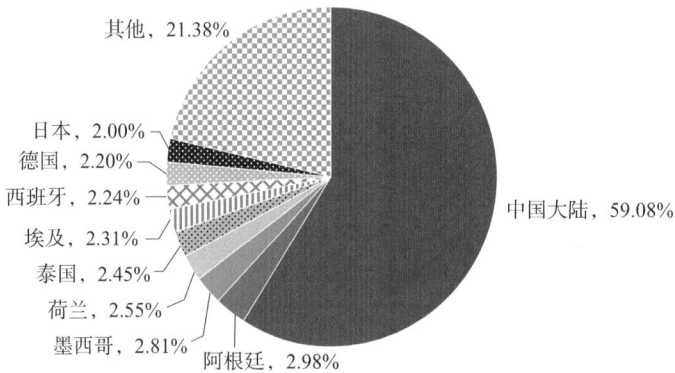

图10-5　2021年大豆主要进口国家（地区）大豆进口占世界总进口量的比重

资料来源：根据FAO《世界粮食及农业统计年鉴》（2022，电子版）相关数据整理所得。

（2）出口量和出口额

如图10-6、表10-6和图10-7所示，2021年世界大豆出口总量为16 121.26万吨。巴西和美国为大豆出口大国，2021年大豆出口量分别为8 610.98万吨和5 305.05万吨，两国合计大豆出口量占世界大豆出口总量的86.32%，出口额分别为38 638.73百万美元和27 522.86百万美元。巴拉圭2021年大豆出口量为632.95万吨，占世界出口总量的3.93%，世界排名第三，出口额为2 975.12百万美元。

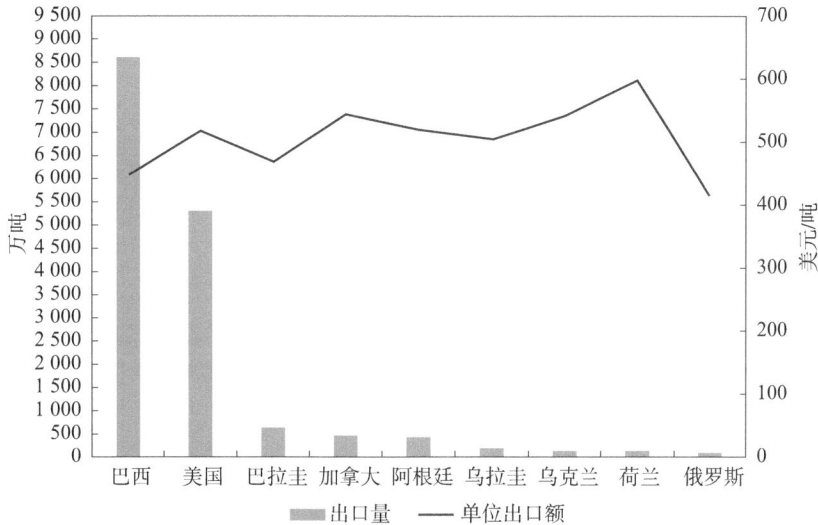

图10-6　2021年世界大豆主要出口国家

资料来源：根据FAO《世界粮食及农业统计年鉴》（2022，电子版）相关数据整理所得。

表10-6　2021年世界主要大豆出口国大豆出口量

排名	国家	出口量（万吨）	出口额（百万美元）	单价（美元/吨）
1	巴西	8 610.98	38 638.73	448.71
2	美国	5 305.05	27 522.86	518.80
3	巴拉圭	632.95	2 975.12	470.04
4	加拿大	450.45	2 449.99	543.90
5	阿根廷	428.45	2 232.37	521.04
6	乌拉圭	176.83	896.99	507.27
7	乌克兰	114.47	621.43	542.88
8	荷兰	98.80	591.30	598.45
9	俄罗斯	98.22	408.03	415.41
10	克罗地亚	18.64	130.95	702.40
11	比利时	16.56	107.65	649.88
12	罗马尼亚	15.79	103.78	657.19
13	坦桑尼亚	10.83	75.47	696.73
14	法国	10.64	76.74	721.40

排名	国家	出口量（万吨）	出口额（百万美元）	单价（美元/吨）
15	马拉维	10.06	69.34	689.45
16	斯洛伐克	9.14	52.66	576.07
17	匈牙利	8.77	50.98	581.12
18	玻利维亚	8.70	44.44	510.75
19	奥地利	8.39	68.36	814.59
20	中国	7.44	85.76	1 153.13

资料来源：根据FAO《世界粮食及农业统计年鉴》（2022，电子版）相关数据整理所得。

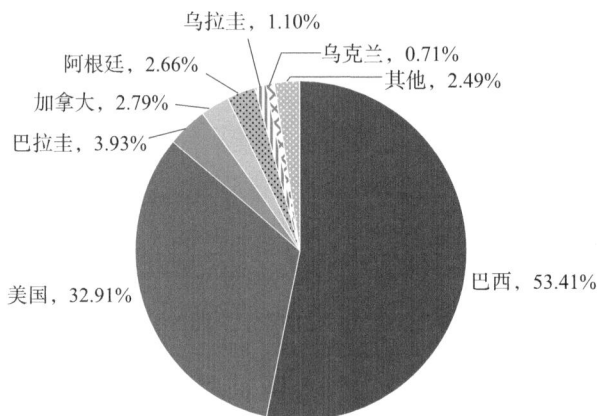

图10-7　2021年大豆主要出口国家（地区）大豆出口占世界总出口的比重

资料来源：根据FAO《世界粮食及农业统计年鉴》（2022，电子版）相关数据整理所得。

10.2　大豆国际价格波动情况

10.2.1　大豆定价中心的形成

目前，大宗商品的定价通常以期货市场为基准。石油的定价以纽约商品交易所的WTI和英国国际石油交易所的布伦特期货价格为参考；有色金属的定价以伦敦金属交易所和纽约商品交易所中的金属期货价格为基准；而大豆的定价则以CBOT的农产品期货价格为基准。

19世纪40年代，芝加哥凭借其地理位置（临近北美五大湖和中西部肥沃农场），迅速发展成为谷物集散地。然而，市场管理方面存在着买卖需求信息、运输、仓储等一系列问题，导致管理混乱。因此，期货市场的出现是必然的选择。随着南部和东部电报通信工作的完成，芝加哥能够及时获取来自纽约的价格信息。为了满足建立一个集中市场的需求，芝加哥的82位商人发起创立了CBOT。CBOT成立后，不断完善交易规则，并在1865年引入了标准的期货合约，取代了远期合同，并实施了保证金制度。大豆期货交易始于1936年，并在1950年至1951年引入了与大豆相关的其他品种，如大豆油和豆粕。1984年，CBOT开始进行大豆期货合约的期权交易，标志着农产品期货合约的期权合约交易的开始。

众所周知，期货市场的一项主要功能是价格发现。CBOT在全球大豆市场中具有重要地位，对价格有着重要影响。CBOT市场上形成的价格为美国大豆的现货价格提供了定价基准。由于美国经济实力强大且是最大的大豆出口国，其价格逐渐成为其他国家（地区）大豆价格的参考标准。在大豆定价体系中，美国作为世界上最大的大豆生产和出口国，农业部、贸易商、CBOT和基金各有其不同的角色，它们相互联系紧密。

（1）美国农业部

美国农业部（USDA）是负责管理农业事务的政府部门，其主要职责是定期公布数据以指导美国农民的种植决策。这些数据报告包括月度供需平衡报告、出口检验报告、种植意向报告和最终种植面积报告等。每个月8—12日的上午7：30发布的月度供需报告包含了本年度产量的预估值、出口、国内用量、上年度期末结转库存以及本年度年终期末库存预估值等信息。在美国农业部月度报告发布前一周，几家私人企业会公布它们的估计值，这些估计值的平均值通常被市场视为农业部报告的预测值。如果美国农业部的数据与私人企业的报告相差较大，CBOT大豆期货价格就会出现较大波动。每年1月的月度报告是最重要的，因为只有该报告的数据是基于上一年的最终实际数据，其他11个月的数据都是估计值。除了月度报告，美国农业部还发布两个重要的农作物种植报告：3月底的种植意向报告和6月底的最终种植面积报告。种植意向报告提供了关于本年度产量预估的指导信息，而最终种植面积报告则揭示农民的实际种植面积。此外，在种植季节，美国农业部每周一下午发布农作物生长状况报告，每周一公布进口检验报告，每周二早晨公布出口销售额。农作物生长状况良好且优良率达到90%以上的报告结果通常意味着价格可能下跌。如果出口销售额大幅下降，并且与农业部的预测值不一致，那么美国农业部很可能会在随后的报告中调低预测值。

（2）大豆贸易商

国际大豆贸易主要由以美国公司为主的国际粮商掌控，通常被称为ABCD，如ADM、邦吉、嘉吉和路易·达孚。这些公司在巴西等国家扮演着重要角色，控制着大豆的收购、运输和销售。在巴西中西部等大豆种植历史较短的地区，缺乏合作社，农民将大部分收获的大豆通过与ABCD公司进行换购化肥的方式进行销售。ABCD公司对于定价具有较大的控制权，虽然农民可以在交货前最晚在11月定价，但实际上，定价权完全掌握在这些公司手中，而且ABCD公司对水分和杂质有较严格的扣价标准。此外，ABCD公司也控制着巴西大豆的运输，拥有大部分铁路、河流运输和港口的管理权。因此，巴西的大豆必须通过这四大粮商才能被运输到世界各地。美国的大豆贸易商在国际现货市场上起着主导作用，并在期货市场上进行套期保值和投机交易。尤其是当现货订单数量庞大时，贸易商可以通过期货投机获利，即使在现货交易中没有或仅有较少的利润。

（3）芝加哥期货交易所

CBOT是世界上交易规模最大、最具代表性的农产品交易所。CBOT的期货价格对美国农业生产、贸易和国际农产品贸易都具有重要的参考价值。在CBOT的农产品交易中，套期保值和投机交易分别占约60%和30%。与中国的大豆期货交易类型不同，美国有许多榨油企业通过套期保值进行交易，并且每笔现货交易都对应一个期货头寸。此外，美国农业法案的修改促使农民利用期货市场进行价格风险管理，并使CBOT成为公开的价格形成平台。

为了防止操纵行为，交易所采取控制交易头寸的措施，并通过自律机制进行监控。美国联邦商品期货交易委员会（CFTC）也对交易进行监控，并定期向政府部门报告大宗交易情况。因此，可以说CBOT大豆期货市场形成的价格相对公正、公平和公开。

（4）基金

近年来，期货市场的波动常与基金的活动密切相关。基金在美国期货市场扮演着重要角色，其资金规模通常达到10亿美元甚至更高。当这些大型基金进入商品期货市场并迅速建立仓位时，它们会推动能源、金属和农产品期货的价格创下近期甚至历史新高。随后，这些基金在价格遭受抛售后开始平仓，导致期货价格大幅下跌。一般来说，参与商品期货市场的基金可以分为期货投资基金、对冲基金和指数基金三类。基金通常根据基本面和技术面尽量捕捉价格的大趋势，很少追逐涨跌。大型基金往往雇用多个技术和基本分析人员，当两者得出一致结论时，它们会大举进入市场。由于基金资金庞大，它们对市场价格的上涨和下跌具有放大效应。然而，基本面的变化往往会打破基金推动价格的势头，导致价格反转。因此，基金通常集中在交易量最大的近期合约上，以便灵活地建立和平仓仓位。因此，密切关注基金在主要合约上的头寸变化可以提前预知市场即将反转的信号。

10.2.2　近10年大豆国际价格波动情况

如图10-8所示，2011—2015年国际大豆价格整体呈波动下降趋势。2012年7月，国际市场对豆类的需求十分强劲推动了国际大豆现货价格不断走强，创出多年以来的高点。随着美国播种面积大幅增加，加之美国天气改善，美国大豆生长状况良好，对新大豆构成压力，又使得大豆价格一路下滑。2016—2019年，大豆价格较为稳定，维持在800～1100美分/蒲式耳。但随后由于新冠疫情的影响，全球许多国家（地区）的农业生产出现了不同程度的下滑，这在一定程度上推动了全球粮食供应偏紧，提升了国际贸易领域粮食类产品价格的增长，从2020年7月的893.26美分/蒲式耳，急速上升到2021年7月的1 424.85美分/蒲式耳。

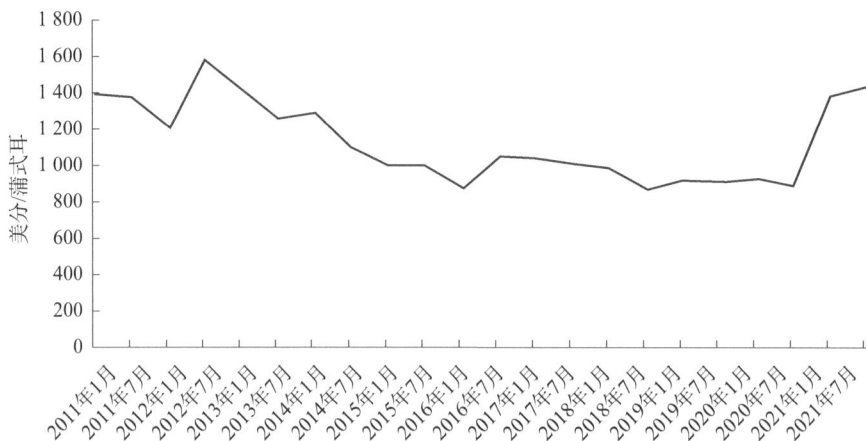

图10-8　2011—2021年世界大豆价格走势

资料来源：根据前瞻数据库（https://d.qianzhan.com/）相关数据整理所得。

10.2.3　2021年国际大豆期货价格波动情况

2020年8月北美大豆产区出现持续的干旱，大豆价格随之上涨。在2021年初，即南美大豆的收获时节，巴西大豆主要生产地区遭遇持续降雨，导致局部地区洪水泛滥，道路和桥梁被冲毁，庄稼受损，也导致了南美大豆集中收割上市窗口的延迟，使得全球主要依赖北美大豆的出口，引发大豆价格继续上涨。并且2021年初以来的地缘冲突进一步推升了以原油为首的大宗商品价格。同时，乌克兰危机干扰了乌克兰菜籽油与葵花籽油的生产与出口，俄乌合计葵花籽产量占全球的58%，菜籽产量占全球的8%，油脂油料间存在的替代关系也是大豆价格上涨的原因之一。此外，乌克兰危机导致化肥价格上涨，或进一步推升全球大豆种植成本，尤其是化肥成本占比较高的巴西大豆种植成本，进而推升全球的大豆价格。如图10-9和表10-7所示，在2021年5月，CBOT大豆平均价格为1 572.17美分/蒲式耳，环比上涨7.28%，同比增加86.62%，成为2021年的最高价。而随着南美大豆的集中上市，且产量超预期，全球大豆价格有所回落。10月CBOT大豆平均价

格为 1 230.133 美分/蒲式耳，环比下降3.71%，同比增加16.69%，成为2021
年的最低价。而后又由于北美再次出现持续的干旱，导致了2021/2022年度北
美大豆减产，价格再次提升，到2021年12月，价格上涨至 1 289.427 美分/蒲
式耳。

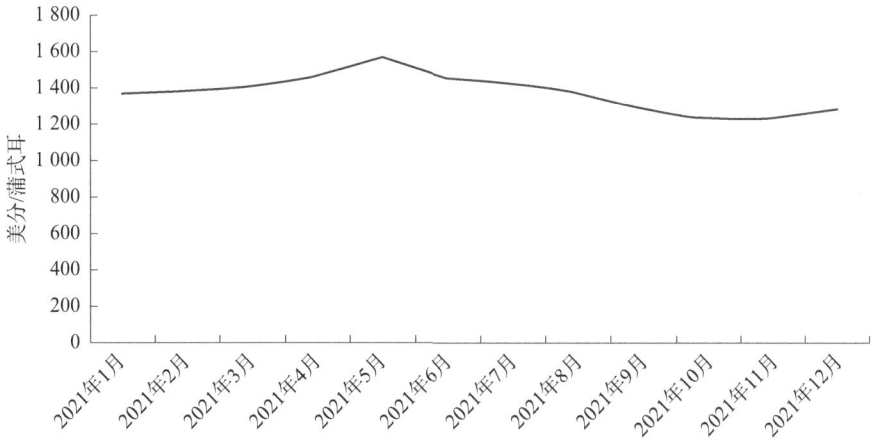

图 10-9 2021年世界大豆价格

资料来源：根据前瞻数据库（https://d.qianzhan.com/）相关数据整理所得。

表 10-7 2021年CBOT大豆价格

月份	价格（美分/蒲式耳）		环比变化（%）	同比变化（%）
	2020年	2021年		
1	921.76	1 372.43	—	48.89
2	887.65	1 381.97	0.69	55.69
3	871.29	1 414.79	2.38	62.38
4	847.44	1 465.43	3.58	72.92
5	842.46	1 572.17	7.28	86.62
6	866.51	1 462.37	−6.98	68.77
7	893.26	1 424.85	−2.57	59.51
8	903.34	1 371.70	−3.73	51.85
9	995.50	1 277.53	−6.86	28.33
10	1 054.16	1 230.13	−3.71	16.69

月份	价格（美分/蒲式耳）		环比变化（%）	同比变化（%）
	2020年	2021年		
11	1 144.44	1 237.10	0.57	8.10
12	1 206.88	1 289.43	4.23	6.84

资料来源：根据前瞻数据库（https://d.qianzhan.com/）相关数据整理所得。

10.2.4 2021年国际大豆现货价格波动情况

如图10-10所示，2021年国际大豆现货价格在1—5月保持持续上涨态势，从2021年1月的12.49美元/蒲式耳上升至5月的14.68美元/蒲式耳，提升了2.18美元/蒲式耳，增长率为17.49%。5月之后国际大豆价格开始逐步下降，一直到2021年10月，下降至12.06美元/蒲式耳。随后价格又有所提升，到12月的国际大豆现货价格为12.71美元/蒲式耳。与上述CBOT大豆价格相比可以看出，二者基本保持相同的态势。

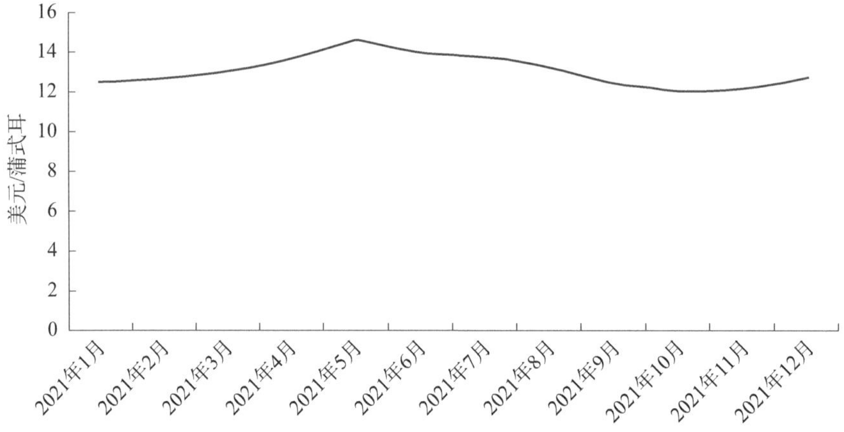

图10-10 2021年国际大豆现货价格走势

资料来源：根据前瞻数据库（https://d.qianzhan.com/）相关数据整理所得。

10.3 大豆国际价格波动影响因素分析

2021年国际大豆市场受到金融市场动荡和国际市场需求变化的影响。与以往的先抑后扬不同，整体趋势呈现为高位震荡后的破位下行，然后又有所回升。这一走势的形成受到多方面因素的影响，包括2020年至2021年国际宏观事件持续发酵、恶劣天气状况以及消费需求增加等。由于这些因素的作用，国际大豆价格连续破位并不断创下新高。

10.3.1 市场供给和需求

如表10-8所示，总体而言，2021年，世界大豆消费总量约为3.7亿吨，比2020年增加2163万吨。中国大豆消费量增加了1030万吨，美国消费量增加了190万吨，巴西消费量增加了250万吨。如表10-9所示，世界大豆生产量约为3.72亿吨，相比2020年增加了1632.28万吨。其中巴西产量增加了1313.72万吨，美国产量增加了595.83万吨，阿根廷产量减少了257.88万吨，中国产量减少了320.03万吨，印度产量增加了138.42万吨。

表10-8 2021年大豆消费前五位国家的消费量

单位：万吨

国家（地区）	2020年	2021年	年变化
中国	10 420	11 450	1 030
美国	6 057	6 247	190
巴西	4 690	4 940	250
阿根廷	4 869	4 870	1
欧盟	1 746	1 792	46
世界	34 770	36 933	2 163

资料来源：根据前瞻数据库（https://d.qianzhan.com/）相关数据整理所得。

表10-9　2021年大豆生产前五位国家的生产量

单位：万吨

国家	2020年	2021年	年变化
巴西	12 179.77	13 493.49	1 313.72
美国	11 474.89	12 070.72	595.83
阿根廷	4 879.67	4 621.79	−257.88
中国	1 960.44	1 640.42	−320.03
印度	1 122.59	1 261.00	138.42
世界	35 537.08	37 169.36	1 632.28

资料来源：根据前瞻数据库（https://d.qianzhan.com/）相关数据整理所得。

（1）美国市场

2021年，美国大豆种植面积为3 493.77万公顷，同比增长4.51%。由于收益较低，种植面积增加，导致产量也增加。根据2021年度美国大豆种植意向报告，预计当年美国大豆种植面积将达到8 760万英亩，同比增长4.95%。29个州中的23个州，有意向种植大豆的面积较前一年有所增长或保持稳定。

（2）南美市场

从现实角度来看，2022年第一季度南美大豆减产和第三季度美国大豆单产下调，再加上消费稳步增长，导致2022/2023年度全球大豆期初库存偏低，美国大豆期价于高位开局。从预期角度来看，关注焦点逐渐转向市场对南美新作物大豆生长情况的预期。由于种植面积增加和强度预计减弱，预计巴西的新作物大豆产量将增加约20%，达到约1.5亿吨。然而，目前巴西西南部、阿根廷和巴拉圭的主要大豆产区正面临高温和缺雨的天气影响，因此一些机构对阿根廷和巴拉圭的新作物大豆产量持谨慎态度。预计在2023年1月，美国农业部的报告可能会调降南美大豆产量预估。然而，在报告公布之前，预计美国大豆价格将保持坚挺。

（3）中国市场

自2021年以来，受到种植效益和农业结构调整等因素的影响，我国农户对玉米的种植积极性较高。同时，2020年玉米价格的优势也产生了明显的影响。表10-8和表10-9显示，在我国，大豆的消费市场逐步扩大，但产量有所下降，导致供给市场有所减少。因此，2020—2021年，中国的大豆市场价格整体呈上升趋势。截至2021年10月，中国的大豆市场价格达到了308.86元/百斤的新高，相比2020年1月上涨了27.32元/百斤。大豆价格的上涨反映了我国目前大豆供需紧张的状况。随着国外进口大豆逐渐到港，供应紧张的情况可能会得到一定程度的缓解。

10.3.2　相关农产品价格和成本因素

大豆和玉米的种植面积竞争早已存在，因为它们的种植纬度大面积重叠[18-19]。种植面积的竞争主要取决于收益，通过比较大豆和玉米的价格比值可以直观地衡量其竞争力。如果大豆/玉米比值较高，农户更倾向于种植大豆，反之则倾向于种植玉米。随着国际原油价格不断攀升以及新能源和替代能源需求的强劲增长，玉米乙醇产业得到快速发展，带动了对玉米的需求大幅增加，进而推升了玉米价格。由于种植玉米的收益远超过大豆，农户更有利益驱动地转向种植玉米。USDA数据显示，2021年大豆和玉米的种植利润分别为159美元/英亩和260美元/英亩。因此，大豆和玉米的种植面积均出现增加，大豆种植面积增加了380万英亩，玉米种植面积增加了254万英亩，两者面积之差达到了616万英亩[①]。2021年的美国大豆/玉米比价走势为近10年来的相对低位，且整体走势处于下行通道。2022年1—2月CBOT大豆涨幅高于玉米，大豆/玉米比值虽有所上升，但仍不算处于历史高位，相反仅处于历史中位数水平。并且进入2022年3月以来，大豆/玉米比值出现一波下行，截至3月25日大豆/玉米比值约2.27，低于2.5这个大豆/玉米种植意向的分水岭。因此，从这一因素思路，美国农户应该种植更多的玉米，而不是大豆。

---

① 邹洪林.煤炭2023年投资策略：发现[EB/OL].我的钢铁网/综合资讯/热点分析/正文.https://news.mysteel.com/22/0328/23/L515FAAB0755390C7.html.2022-03-28/2023-07-20.

10.3.3　气候因素

气候因素也是导致国际大豆价格波动的一大原因[20]。通常情况下，厄尔尼诺出现时，中美洲与南美洲北部地区易出现干旱，导致巴拿马运河受到水位偏低影响中断或延误物流运输；在某些地区，降水量有所增加，如加拿大南部和美国北部经历异常温暖的冬季。美国南部，特别是墨西哥湾地区、路易斯安那州和密西西比州，降水偏多。而南美洲的秘鲁、厄瓜多尔、阿根廷、巴西南部和巴拉圭等地易遭受洪涝灾害。

2021年是由强烈的厄尔尼诺现象转变为拉尼娜现象的一年。与过去的拉尼娜现象相比，2021/2022年度大豆产量的增速可能放缓。然而，这次拉尼娜现象的持续时间和强度都不算太强，最多只能称为中性拉尼娜现象。USDA月度供需报告数据显示，预计2021/2022年度全球大豆产量将减少0.65%，达到3.638 6亿吨。虽然转变为拉尼娜现象引发了对南美大豆减产的担忧，但由于今年的种植面积和产量都有显著增长，预计全球大豆产量的下降幅度将相对较小。就价格而言，全球大豆价格有望继续上涨。

10.3.4　经济因素

在当今经济全球化进程不断深入的背景下，各国的贸易关系日益紧密，每个国家的经济政策变动都会对全球经济产生冲击[21]。诸如国际危机、重大政策变动等不确定性事件的发生会提高经济政策的不确定性水平，并对大豆期货价格产生冲击效应[22]，既有正向影响，也有负向影响。本文选择中美贸易摩擦和新冠疫情等特殊时期，分析这些时期的不确定性事件对中国黄大豆1号期货和黄大豆2号期货价格的影响。

中美贸易摩擦发生于2018年3月至2019年5月。该贸易摩擦起因于中美贸易失衡，美国前总统发起了相应的贸易摩擦，限制了对中国高新技术产品的出口等。中国采取了应对贸易战的措施和政策，包括积极展开贸易协商、通过WTO对美国提起诉讼，并针对美国的汽车、大豆、飞机等出口产品加征关税等。前瞻数据库的数据显示，在此期间，黄大豆1号的月度收盘价为

3 745～3 598元/吨，下跌了3.93%；黄大豆2号的月度收盘价为3 424～3 120元/吨，下跌了8.88%。

新冠疫情的暴发对全球经济产生了一定的冲击。在2019年12月至2022年2月，受疫情和其他因素的影响，许多国家停止了大豆的出口。由于中国是大豆的主要消费国，大部分大豆需要依赖进口，这导致大豆价格大幅上涨。前瞻数据库的数据显示，在这段期间，黄大豆1号的月度收盘价为3 857～6 035元/吨，上涨了56.47%；黄大豆2号的月度收盘价为3 312～5 033元/吨，上涨了51.96%。

总的来看，各个特殊时期的不确定事件对大豆期货价格产生了影响，而经济政策的不确定性也是重要因素之一。全球经济受到经济政策变动的冲击，这些不确定事件对金融市场产生深远影响，并对大豆期货价格产生冲击，既正向又负向。

10.4　本章小结

大豆作为世界上最重要的粮食和经济作物之一，其在全球市场上的研究和分析备受关注。本章从大豆国际贸易概况、大豆国际价格波动情况以及大豆国际价格波动的影响因素三个方面进行探讨，以全面了解大豆在全球经济中的重要地位和对全球市场的影响。从这些方面的研究分析中，能够更好地理解大豆产业的发展现状和未来的挑战，进而制定相应的政策和战略，以促进大豆产业的可持续发展和全球粮食安全。

从大豆国际贸易概况来看，在全球大豆生产方面，近年来大豆产量呈现较大幅度的增长。大豆作为最重要的油籽作物，在全球范围内的种植面积逐步扩大，同时单产水平也有所提高，总产量显著增加。然而，大豆生产的区域结构却在发生变化，表现为从北美洲向南美洲的转移趋势。曾经领先的北美地区在2003年以后被南美地区超过，并且目前主要的大豆产量集中在亚洲的中国和印度、北美洲的美国，以及南美洲的巴西和阿根廷。主产国的大豆收获面积和产量也有一定的变化。中国的大豆收获面积持续下降，尽管近期提出了相应的发展规划，但实际上产量仍在减少。与此相反，巴西和美国的大豆收获面积有所增加。在世界大豆消费方面，中国是最主要的消费国。随着经济的发展和人民生活水平的提高，中国对大豆制品的需求急剧增长。同时，其他主产国如美国、巴西和阿根廷也是大豆的重要消费国。在世界大豆贸易方面，中国已经从原来的大豆生产大国转变为最大的进口国。由于国内大豆供应紧缺，中国大陆的大豆进口量占据了世界进口总量的很大比例。巴西和美国是主要的大豆出口国，并且在世界大豆出口总量中占据了较大的比重。综上所述，全球大豆产量正在增长，但区域结构发生了变化，中国的大豆产量持续下降，而巴西和美国的大豆产量有所增加。全球大豆消费则主要集中在中国等主产国，且中国已成为最大的进口国。大豆贸易量也呈现出明显的变化，巴西和美国是主要的出口国，中国是最大的进口国。这些变化将对全球大豆市场产生重要影响。

近年来，国际大豆价格呈现出较大的波动情况。2011—2015年，价格整体呈波动下降的趋势，受美国大豆生产和天气状况等因素的影响。然而，2016—2019年，大豆价格相对稳定，保持在800～1 100美分/蒲式耳。然而，由于全球新冠疫情的影响，从2020年开始，许多国家和地区的农业生产出现下滑，导致粮食供应偏紧，进而推动了大豆等粮食类产品价格的快速增长。2021年，国际大豆期货和现货价格均出现波动。期货价格在5月达到年内最高值，随后由于南美大豆产量超预期和全球供应增加而回落，但由于北美干旱等因素的影响，价格再次上涨。现货价格在1—5月持续上涨，之后逐渐下降，并在年底有所回升。总体而言，国际大豆价格与芝加哥期货交易所的定价基本保持一致。

从大豆国际价格波动影响因素分析来看，大豆国际价格的波动受多种因素影响。市场供给和需求是其中一个重要因素，全球大豆消费总量逐年增加，尤其是中国和美国的消费量呈上升趋势，而生产量也有所增加。南美市场的天气情况和相关农产品价格也会对大豆价格产生影响。气候因素，如厄尔尼诺和拉尼娜现象，会对大豆产量造成影响。而经济因素，如欧债危机、中国股灾和中美贸易摩擦，也对大豆价格有一定影响。此外，新冠疫情的暴发也导致了大豆价格的上涨。综合考虑这些因素可以更好地理解大豆国际价格的波动情况。

本章参考文献

[1] 王建国，张佳蕾，郭峰，等.强化豆科作物在北方现代农业结构中的作用[J].中国油料作物学报，2019，41（5）：663-669.

[2] 魏正欣，孙虎，向艳涛，等.病毒诱导基因沉默技术在豆科植物中的应用[J].中国油料作物学报，2022，44（3）：497-502.

[3] 黄青，唐华俊，周清波，等.东北地区主要作物种植结构遥感提取及长势监测[J].农业工程学报，2010，26（9）：218-223，386.

[4] 刘启振，张小玉，王思明."一带一路"视域下栽培大豆的起源和传播[J].中国野生植物资源，2017，36（3）：1-6.

[5] Serventi L, Wang S, Zhu J, et al. Cooking water of yellow soybeans as emulsifier in gluten-free crackers[J]. European Food Research and Technology, 2018（244）: 2141-2148.

[6] Xuan Y, Ma B, Li D, et al. Chromosome restructuring and number change during the evolution of Morus notabilis and Morus alba[J]. Horticulture Research, 2022（9）: ubab030.

[7] 王婉君，赵立艳，汤静.新型米酒产品研究与开发进展[J].中国酿造，2018，37（5）：1-4.

[8] 刘梦然，毛衍伟，罗欣，等.植物蛋白素肉原料与工艺的研究进展[J].食品与发酵工业，2021，47（4）：293-298.

[9] Zhao X, Xiang X, Huang J, et al. Studying the evaluation model of the nutritional quality of edible vegetable oil based on dietary nutrient reference

intake[J]. ACS Omega, 2021, 6（10）: 6691-6698.

[10] 马翛然，张洛莎，王鹏，等.固相萃取——反相高效液相色谱测定食品中大豆异黄酮含量的方法研究[J].中国酿造，2018，37（11）：147-153.

[11] 李荣和，姜浩奎.自主创新振兴中国大豆加工业[J].中国工程科学，2006（10）：80-84.

[12] 王宝贝，蔡舒琳，李丽婷，等.小球藻在食品中的应用研究进展[J].食品工业科技，2017，38（17）：341-346，352.

[13] 陈梦言，白洁，柯文灿，等.青贮饲料微生物群落组成与功能研究进展[J].生物技术通报，2021，37（9）：11-23.

[14] Xiu L, Zhang W, Wu D, et al. Biochar can improve biological nitrogen fixation by altering the root growth strategy of soybean in Albic soil[J]. Science of the Total Environment, 2021（773）: 144564.

[15] 潘康乐，郭梁，陈欣，等.农林复合生态系统服务功能研究进展[J].生态与农村环境学报，2022，38（12）：1535-1544.

[16] 崔琼，盛春岩，周丽娟.提高大豆种植生产效益的栽培技术[J].中国科技信息，2019（17）：49，52.

[17] 田志喜，刘宝辉，杨艳萍，等.我国大豆分子设计育种成果与展望[J].中国科学院院刊，2018，33（9）：915-922.

[18] 赵建华，孙建好，李伟绮.玉米播期对大豆/玉米间作产量及种间竞争力的影响[J].中国生态农业学报，2018，26（11）：1634-1642.

[19] 李明，甄善继，高祺，等.黑龙江省作物种植结构演变特点与调整对策研究[J].中国农业资源与区划，2018，39（5）：46-53.

[20] 周寂沫.粮食贸易"金融化"趋势分析及对策研究[J].社会科学辑刊，2011（3）：111-115.

[21] 岳圣淞."轴辐体系"与"涟漪式关系"：中美在亚太区域网络化进程中的博弈[J].世界经济与政治论坛，2020（4）：1-31.

[22] 苏芳，刘钰，黄德林，等.经济政策不确定性对中国粮食安全的影响[J].中国农业大学学报，2021，26（7）：245-258.